KAMPENWAND
VERLAG

ISBN: 978-3986601751

© 2024 Kampenwand Verlag
Raiffeisenstr. 4 · D-83377 Vachendorf
www.kampenwand-verlag.de

Versand & Vertrieb durch Nova MD GmbH
www.novamd.de · bestellung@novamd.de · +49 (0) 861 166 17 27

Text: Mathias Dorn
Lektorat: Literaturagentur Scripta
Bilder: Shutterstock: alyaBigJoy
Druck: CUSTOM PRINTING, Wał Miedzeszyński 217, 04-987 Warszawa, Polen

MATHIAS DORN

ELVIS

Drei Tage, drei Nächte

Für Go

Plötzlich standen sie vor dem Portal. Es war ein fast unwirklicher Moment. Zu leicht, zu unkompliziert war der Weg über das weitläufige, von Bäumen gesäumte Gelände gewesen, der sie direkt vor das Haus geführt hatte, das sich majestätisch vor ihnen im Halbdunkel erhob. Bisher war alles eher ein Spiel gewesen, ein Nervenkitzel, eine Tollerei, die sie sich ohne den Einfluss des Alkohols wahrscheinlich nie getraut hätten. Doch nun standen sie tatsächlich vor der großen, schmiedeeisernen Glastür, eingelassen in das weiße Marmorportal, das auf Bildern stets so mächtig wirkte und in seiner Bescheidenheit überraschte, wenn man davorstand.

Alles war ruhig. Nur gelegentlich zerriss ein vorüberfahrendes Auto auf dem *Elvis Presley Boulevard* für einen kurzen Moment die Stille, bevor sich diese erneut wie ein unsichtbarer Schleier über die Szenerie legte.

Der Marshal bewegte spielerisch den Messingknauf und konnte nur mit Mühe einen überraschten Ausruf unterdrücken: Die Tür war nicht verschlossen. Er hätte sie einfach öffnen und hineingehen können, doch er zögerte und schaute den Irren fragend an. Da dieser ihn nur unbewegt anstarrte und keine Anstalten machte, ein Wort über die Lippen zu bringen, fasste sich der Marshal ein Herz und drückte die Tür sanft auf, jederzeit bereit, die Beine in die Hand zu nehmen, sollte das Schrillen einer Alarmanlage ertönen.

Doch nichts geschah.

Der Kopf des Marshal war überraschend klar. Der Alkohol, der noch wenige Momente zuvor durch seine Adern pulsiert war, schien sich in Luft aufgelöst zu haben. Möglicherweise ging es dem Irren ähnlich, da seine ungewohnte Heiterkeit ab dem Moment, als sich die Tür öffnete, abrupt jener scheinbaren Teilnahmslosigkeit gewichen war, die dem Marshal mittlerweile gut vertraut war.

Sie traten ein.

Leise.

Wie auf Zehenspitzen, die Gefahr witternd, als seien sie Tiere auf der Pirsch, jederzeit zum Rückzug bereit.

Der Marshal registrierte in seiner Aufregung kaum die widerstreitenden Gefühle und wilden Gedanken, die wie Blitze durch seinen Kopf schossen. Es fühlte sich nicht richtig an, wie dahergelaufene Einbrecher in Elvis' Haus einzudringen. Niemand hatte sie eingeladen, niemand hatte ihnen die Erlaubnis erteilt. Aber würde der Hausherr, der seit über vierzig Jahren nicht mehr da und dennoch immer irgendwie Hausherr geblieben war, tatsächlich etwas dagegen haben? Schließlich waren sie ja auch hier, weil der Marshal glaubte, von der Straße den verdächtigen Schein einer Taschenlampe im Haus erspäht zu haben. Es ging also vielmehr darum, potenzielle Einbrecher zu stellen, die in den heiligen Hallen möglicherweise ihr Unwesen trieben.

Und vielleicht … vielleicht konnte man bei der Gelegenheit auch einen kurzen Blick auf den „Schrein" erhaschen, wie der Irre das sagenumwobene Obergeschoss von Graceland einmal treffend beschrieben hatte. Das geheime Herz von Graceland, das auch vierzig Jahre nach dem irdischen Ableben des Hausherrn über den Köpfen der Besucherscharen schlug, die fast täglich durch den unteren Teil des Hauses geschleust wurden. Nur einmal kurz die weiße Treppe hinaufhuschen, die direkt vom Foyer nach oben führte. Nur einen raschen Blick auf die Räume werfen, die sie sich schon so oft in allen Details ausgemalt hatten und die streng vom Licht der Öffentlichkeit abgeschirmt waren.

Lisa-Maries Zimmer. Elvis' Büro. Und natürlich das Schlafzimmer mit der doppelt gepolsterten Tür und dem angrenzenden Badezimmer, in dem er …

„Ich hasse offene Türen!" Der Irre, der diese Worte gemurmelt hatte, schloss behutsam die Eingangstür, die mit einem kaum hörbaren Klicken ins Schloss fiel. Es war offenkundig, dass er der Taschenlampe, die der Marshal entdeckt haben wollte, keinerlei Bedeutung beimaß oder sie als billigen Vorwand betrachtete, unerlaubt in das Gelände einzudringen.

Die Stille war hier im Haus fast noch mehr mit Händen zu greifen als draußen. Die Männer schwitzten und wischten sich unwillkürlich die feuchten Hände an den

Hosen ab. Der Flur und das Wohnzimmer zur Rechten waren in mattes Licht getaucht. Das Esszimmer zur Linken schien weitgehend im Dunkeln zu liegen, und sie beachteten es nicht weiter. Sie standen still und lauschten. Versuchten, das Halbdunkel um sich herum mit ihren geröteten Augen zu durchdringen.

Nichts.

Der Blick des Marshal fiel auf die Treppe. Die Treppe. Die Mutter aller Treppen, schoss es ihm durch den Kopf. Und wäre er nicht so aufgeregt gewesen, hätte ihn die alberne Formulierung vielleicht für einen Moment schmunzeln lassen. Doch nun stand eine wichtige Entscheidung an.

„Sollen wir da hoch?", flüsterte er.

Der Irre starrte ihn an und zeigte zunächst keine Regung. Dann antwortete er unvermittelt und ohne jedes Bemühen, seine Stimme zu senken:

„Elvis has left the building!"

Mit diesen Worten schickte er sich an, am Marshal vorbei die Treppe zu besteigen.

„Not really!", ertönte in diesem Moment eine sonore Männerstimme aus dem Dunkel des Esszimmers. „And think twice about going up those stairs, son!"

Den Männern erstarrte das Blut in den Adern, zumal diese Worte von einem metallischen Klicken begleitet wurden, wie man es aus alten Westernfilmen nur zu gut kannte.

Obgleich die Stimme angenehm, ja entspannt klang, ließ die Warnung an Deutlichkeit nichts zu wünschen übrig. *Überlegt euch gut, ob ihr wirklich diese Treppe hochwollt.*

Die Männer versuchten, mit ihren Blicken das Dunkel des Esszimmers zu durchdringen und erkannten schemenhaft die Umrisse einer Gestalt. Sie schien auf einem der Stühle am Esstisch zu sitzen.

„Who are you?", fragte der Marshal mit zitternder Stimme.

Anstelle einer Antwort ertönte das zischende Geräusch eines aufflammenden Streichholzes, das für wenige Sekunden das Gesicht der Gestalt in ein fahles Licht tauchte.

„Elvis!", hauchte der Irre.

„Welcome to Graceland", erwiderte die Gestalt und steckte sich mit der rechten Hand ein Zigarillo an. In der linken hielt sie lässig einen Revolver.

Die Anfrage

Zwei Monate zuvor ...

Pling!

Dieses Geräusch erkannte er trotz des Schleiers, der ihn umgab. Er hatte eine E-Mail erhalten.

Erstaunlich.

Viel zu lange war sein Computer verstummt, hatte das nächste *Pling!* auf sich warten lassen. Und das, obwohl der Juni zur Hochsaison zählte. Es war die Zeit, in der seine Dolmetschkollegen auf den großen Konferenzen rund um den Globus jetteten, wie er nicht ohne Neid ihren selbstverliebten Posts in den sozialen Medien entnahm:

„So stolz, meinen Kunden wieder bei seiner Jahrestagung in Toronto unterstützen zu dürfen!"

„Tolle Stadt und super Team!"

Wenn er ehrlich mit sich war, machte es für ihn keinen Unterschied mehr, ob Haupt- oder Nebensaison herrschte. Sein Telefon stand genauso still, wie er selbst.

Der Marshal fluchte und richtete sich ein Stück auf. Er hatte, halb sitzend, halb liegend, an der kalten Heizung verharrt, und sein Schädel dröhnte noch vom Alkohol. Der Blick auf sich selbst und die Realitäten war auch im Rausch quälend scharf. Mühsam schaffte er es auf die Knie. Er verharrte in dieser Pose und hatte für einen Moment das Gefühl, sich selbst aus der Perspektive eines Außenstehenden zu betrachten. Die am Boden kauernde Gestalt erfüllte ihn mit einer Mischung aus Abscheu und Verachtung.

Kein Zweifel, der Marshal war ein Wrack.

Das Blut pumpte aufgescheucht durch seine Adern, und er fürchtete für einen Moment, zurück auf den Boden zu stürzen, doch als er die Augen öffnete, kniete er immer noch. Müde ließ er den Blick schweifen, als ob er seine Umgebung zum ersten Mal betrachtete. Er hätte jedes Zimmer nehmen können, die zweistöckige Eigentumswohnung war groß genug, und er musste sie mit niemandem teilen, aber als er von der Erbschaft erfahren hatte, stand seine Wahl sofort fest: Das alte Kinderzimmer unter dem Dach sollte es sein.

Mit der großen Schornsteinsäule in der Mitte, die den kleinen Raum in zwei Hälften teilte, bot es nicht viel Platz, doch das störte ihn nicht. Dieses Zimmer, das er trotz der bescheidenen Größe in seiner Kindheit und Jugend bisweilen stolz als „mein Palast" geadelt hatte, war geflutet mit Erinnerungen. Die guten überwogen die schlechten, was man nicht von allen Zimmern im Haus sagen konnte. Vor langer Zeit hatte er spielerisch jeden

Raum mithilfe eines Ampelsystems bewertet: Rot für vorwiegend düstere Erinnerungen, grün für vorwiegend Glück und Heiterkeit und gelb für eine Mischung aus beidem. Die meisten Räume waren gelb. Sein „Palast", so traurig und heruntergekommen er in der Gegenwart auch sein mochte, war grün. Mit Gelbstich.

Als seine Eltern die Wohnung in den späten 1960er-Jahren erworben hatten, war er als Dreijähriger von Anfang an in diesem Zimmer gewesen. Hatte als Junge mit Heerscharen an Spielfiguren große Schlachten geschlagen. Mit der elektrischen Eisenbahn, Spur 0, eine ganze Welt in Miniaturform erschaffen.

Hier hatte er als Jugendlicher am Fenster gestanden und von der großen Liebe geträumt. Am Schreibtisch sein Tagebuch vollgejammert, als diese lange ausblieb. Sich widerwillig mit Hausaufgaben für die Schule herumgeschlagen, deren Sinn und Zweck ihm auch Jahrzehnte später nicht einleuchten wollte.

Und hier war er als Jugendlicher ungezählte Nächte den Niederungen des Alltags entflohen, indem er kurzerhand in die Rolle eines Königs schlüpfte und mit diesem auf seiner eigenen Bühne zum *King* verschmolz. Die Bühne, das war der schmale Streifen zwischen Bett und Regal, der in den kleinen Freiraum vor dem großen Kleiderschrank mündete. Er war nur aufgetreten, wenn es dunkel war, sonst funktionierte die Synthese nicht. *Aloha from Hawaii* war sein liebster Auftritt, und wenn die ersten Klänge von *Also sprach Zarathustra* im düster-bedrohlichen Crescendo von Piano und Bläsern ertönten, wartete er mit klopfendem Herzen backstage hinter der Säule auf den großen Moment: den Trommelwirbel. Die aus dem Crescendo ausbrechenden Bläser, die das nahende Erscheinen des Königs verkündeten. Der einsetzende Applaus des Publikums, anfangs in leicht zögernder, banger Vorfreude: Kommt er wirklich? Dann der ungebremste Jubel, als die weiße Gestalt tatsächlich, quasi aus dem Nichts kommend, auf der Bühne erscheint. In diesem Moment bog er um die Säule und betrat seine eigene Bühne.

Der Sprung in ein Meer aus Liebe und Begeisterung wirkte wie eine Droge.

Ein Tsunami für die Sinne.

Wie ein Taucher war er so manchen Abend einfach in diese andere Welt hineingesprungen. Eine Welt, in der er König war, und die er so lange mit heftigen Stößen durchschwamm, bis der knapp werdende Sauerstoff ihn zwang, wieder aufzutauchen. Hineinspringen war leicht. Der Weg zurück in die Realität kalt und ernüchternd. Doch die Verlockung des nächsten Tauchgangs war es jedes Mal wert.

Das alles war lange her und allgegenwärtig zugleich. Die Eltern hatten das Zimmer nach seinem Auszug zwar teilweise als Abstellkammer benutzt, es jedoch insgesamt unverändert belassen. Seine alte Gitarre lehnte immer noch in der Ecke. Sogar die meisten Poster hingen noch an ihren gewohnten Plätzen, obwohl der Vater seinerzeit wahre Kriege mit ihm angezettelt hatte, da er sowohl die Bilder als auch die Verkleisterung der Wände verabscheute.

Der überlebensgroße Elvis der 60er Jahre im maßgeschneiderten Anzug, mit heiligenscheinähnlichem Hintergrund. Das '68 Comeback Special im schwarzen Leder-Outfit. Die goldene Gürtelschnalle *World Championship Attendance Record*, auf die Elvis besonders stolz gewesen war. Das Superman-Cape.

Der Vater hatte das Ganze immer als eine Laune der Jugend verlacht. Ein Spuk, der bald vorbei sein würde. Doch wenn ihm eins geblieben war, wenn es eine Konstante auf dieser verfluchten Achterbahn namens Leben für ihn gab, dann war es dieser Mann aus dem fernen Memphis, den er nie kennengelernt hatte und der ihm dennoch näherstand als die meisten Lebenden.

Der Marshal beschloss, den nächsten Schritt zu wagen, und setzte einen Fuß auf den Boden. Weiteres Verharren. Der Kreislauf hielt stand. Er stützte sich auf den Heizkörper, an dem er gekauert hatte, und drückte vorsichtig das Bein durch.

Er stand. Zwar leicht gebeugt und etwas wackelig, aber er stand. Die großen Dachfenster waren verhangen. Er löste die Verdunkelung und stöhnte, als ihn die gleißende Sonne von einem strahlend blauen Himmel zwang, erneut die Augen zu schließen.

Es war Sommer, das konnte man trotz der warmen Temperaturen glatt vergessen hier oben. Der Marshal verharrte einen Moment in seiner Stellung, bis er spürte, dass sich die Augen an das Licht gewöhnt hatten, und schob das Dachfenster auf, sodass die frische Luft hereinströmte. Sie war warm und angenehm erfrischend zugleich.

Kinderstimmen ertönten aus den Nachbargärten. Irgendwo schien jemand zu grillen.

Nun also die E-Mail. Der Computer stand auf dem Schreibtisch im hinteren Teil des Zimmers. Neben der Bühne, sozusagen. Er schleppte sich an der großen Säule vorbei und erreichte mühsam, den schweren Kleiderschrank als Stoßfänger nutzend, den rettenden Stuhl. Aber dieser hatte Rollen. Weißt du das denn nicht mehr? Der Stuhl, jäh aus seinem beschaulichen Dasein gerissen, setzte sich unter der Last seines Gewichts in Gang und prallte mit dem Marshal gegen die Wand, sodass er sich den Kopf stieß. Der Schmerz machte ihn wütend, doch hatte er auch in seinem erbärmlichen Zustand nicht den Blick für den unfreiwilligen Slapstick-Moment verloren und lachte ein lautloses Lachen.

Er rollte behutsam mit dem Stuhl an den Tisch und warf einen Blick hinaus. Das Bild der grünen Hintergärten hatte seit den Tagen seiner Kindheit nichts an Schönheit verloren. Ganz im Gegensatz zu seinem alten Laptop, der aufgeklappt auf dem Schreibtisch stand und heute nur noch selten ein Lebenszeichen von sich gab. Es hatte Zeiten im Berufsleben des Marshal gegeben, in denen das ständige *Pling!* ihm auf die Nerven ging, so viele Anfragen erhielt er:

„Können Sie...?" „Wir brauchen Sie...!"

Die wenigen Nachrichten, die der Computer heute noch meldete, waren anderer Natur. Er gewann häufig stolze Beträge aus Lotterien, an denen er nie teilgenommen hatte. Wurde um Hilfe gebeten von den Hinterbliebenen eines Millionärs aus Afrika, die aus politischen Gründen fliehen mussten und ihre Millionen in die Hände des Marshal geben wollten. Alles sehr plausibel, einfach nur den Anhang klicken.

Der Marshal grinste, ohne das Gesicht zu verziehen. Mal sehen, was sie ihm diesmal andrehen wollten. Vielleicht eine Diamantmine im Kongo, die er übernehmen sollte? Sein trüber Blick durchstreifte den Spam-Ordner. Er markierte alles und betätigte die Löschtaste. Doch da schien noch eine Nachricht im Posteingang zu sein, die nicht vom System in den Spam-Ordner verschoben worden war. EPC stand da im Absender zu lesen.

Earnings Per Click, dachte der Marshal unwillkürlich und sein Finger schwebte über der Löschtaste, denn seine Webseite war schon lange nicht mehr aktiv. Doch dann hielt er inne. EPC – natürlich! Elvis-Presley-Club! Aber seit wann erhielt er vom EPC E-Mails? Den elektronischen Newsletter hatte er nicht abonniert, und das mehrmals im Jahr erscheinende Elvis-Magazin kam stets per Post. Vielleicht ein besonderes Event? Ein neues Produkt, das man bewerben wollte?

Der zitternde Finger kehrte auf die Maus zurück, und der Marshal starrte mit zusammengekniffenen Augen auf die Vorschau der Mail.

Anfrage stand da im Betreff.

Seine Neugier war geweckt und er doppelklickte die Mail, um sie zu öffnen. Er begann, zu lesen und merkte nicht, wie sich seine Brauen hoben, sein Mund langsam öffnete und sein Atem schneller wurde, während er den Inhalt der Mail bruchstückhaft inhalierte.

Sehr geehrter … Event des Elvis-Presley-Clubs in Memphis … berühmter rosa Cadillac als Dauerleihgabe an EPC … feierliche Zeremonie … würden uns freuen, wenn Sie als Dolmetscher …

Der Marshal schaute auf und blickte durch das Fenster in die grünen Gärten. In seinem Kopf arbeitete es. Es war, als würde der Schleier des Alkohols von einem plötzlichen Windstoß, nein, einer Böe, durcheinandergewirbelt. Kann das sein? Wie ist das möglich? Woher wissen die …? Egal. Wie willst du denn … schau dich an … no way! Du Wrack! Du elendes, versoffenes Wrack! Vergiss es. Erschieß dich am besten gleich!

Kann gar nicht schießen und hab auch keine Pistole. Moment! Warum eigentlich nicht? Lies doch erst mal. Wahrscheinlich ist es sowieso ein Irrtum oder nur Blödsinn. Trotzdem …

Wäre er in der Lage gewesen, sich von außen zu betrachten, so hätte ihm der Anblick vielleicht Angst gemacht, denn sein Gesicht, sein Körper, sein Atem, sein ganzes Ich durchliefen in Sekundenschnelle eine Transformation, die atemlos dem Hin und Her seiner inneren Zwiesprache folgte.

Sobald er einen positiven Gedanken zuließ, der Resignation und Hoffnungslosigkeit etwas entgegensetzte, gewann sein Blick für einen Moment an Festigkeit, seine Züge strafften sich, und er richtete sich unwillkürlich ein Stück auf, nur um im nächsten Moment wieder in sich zusammenzusinken, voller Selbstmitleid und Verzweiflung, während die Dämonen der Angst seine Seele wie ein Pflug aufwühlten. Es war ein jämmerliches und faszinierendes Schauspiel zugleich, das besser ohne Publikum auskam.

Die Erinnerung klopfte dumpf an seine Tür. Eine Versammlung des Elvis-Presley-Clubs vor Jahren, wo, vermochte er nicht mehr zu sagen, doch einige Details waren ihm in überraschender Klarheit gegenwärtig. Ein Gespräch mit einem Teilnehmer, der sich besonders interessiert an seinem Beruf gezeigt hatte:

„Dolmetscher! So richtig … na, Sie wissen schon … synchron?"

„Simultan, ja."

Er seufzte. Dolmetscher, Übersetzer, simultan, synchron, die Leute würden es nie lernen.

„Wer weiß, vielleicht brauchen wir Sie mal, wenn wir eine Clubreise nach Memphis organisieren, mit meinem Schulenglisch käm' ich da nicht weit!"

Joviales Lachen, ein Schulterklopfen, das ihm trotz der freundlichen Worte eine Spur herablassend vorkam. Er hatte gedankt und der Sache keine weitere Bedeutung beigemessen.

Die Stimmen in seinem Kopf verblassten, die Erinnerung verschwamm. Der Marshal war plötzlich von einer bleiernen Müdigkeit befallen. Jetzt wäre der richtige Moment gewesen, die gesamte E-Mail zu lesen, aber die Schlacht in seinem Kopf war fürs Erste entschieden. Er stand mühsam auf und schleppte sich zurück in den vorderen Teil des Zimmers, wo die Flaschen noch auf dem Boden standen.

Als er Stunden später wieder erwachte, waren seine Glieder trotz der Hitze im Zimmer steif, was wahrscheinlich der verkrümmten Haltung zuzuschreiben war, in der er am Boden gekauert hatte. Der Heizkörper war kalt und hart, und sein Kopf dröhnte. Und täglich grüßt das Murmeltier …

Er musste raus, nur raus! Da seine Wohnung im Obergeschoss des Mehrfamilienhauses im beschaulichen Zehlendorf lag, hatte er auf dem Weg nach draußen viele Treppen zu überwinden, denn einen Aufzug gab es nicht. Dabei kam er notgedrungen an den Türen der anderen Hausbewohner vorbei. Die meisten von ihnen wohnten bereits seit Jahrzehnten in dem Haus, und er hatte schon als Kind mit den einen gute und mit den anderen weniger gute Erfahrungen gemacht.

Es gab auch eine junge Familie, die erst seit wenigen Jahren im Haus lebte. Sandra mochte in ihren frühen Dreißigern sein und stand eigentlich immer unter Strom. Ihr Mann arbeitete von früh bis spät, jedenfalls trat er kaum je in Erscheinung. Man konnte Sandra einiges vorwerfen: ihre Planlosigkeit, die mürrische Art, die schlampige Erscheinung. Immerhin machte sie aus ihrem Herzen keine Mördergrube, so viel stand fest, denn sie ließ den Marshal bei jeder Gelegenheit spüren, was sie davon hielt, mit einem Alkoholiker das Haus zu teilen. Nicht, dass der Marshal grundsätzlich viel auf ihre Meinung gegeben hätte. Doch ihre Verachtung für ihn schmerzte, da er sie teilte. Daher war er stets bemüht, sich leise an Sandras Tür vorbei zu drücken, in der Hoffnung, sie würde geschlossen bleiben.

Es sei denn, Anton öffnete sie. Und das schien er gerne zu tun, wenn er den Marshal die Treppe herunterkommen hörte. Manchmal schien es sogar, als ob der Junge nur darauf gewartet hätte. Anton war zehn Jahre alt und ein aufgewecktes Kind. Dazu war er so offen und freundlich, dass es den Marshal angesichts der Unleidlichkeit seiner Mutter immer wieder erstaunte. Anton nannte den Marshal seinen Freund, alleine dafür liebte er ihn. Der Junge kannte ihn nur unter seinem Spitznamen und verursachte bei seiner Mutter jedes Mal ein Augenrollen, wenn er ihn in kindlicher Selbstverständlichkeit benutzte. So wenig der Marshal auch auf die Meinung von Sandra gab, Anton war ihm nicht egal. Und er hatte noch genügend Verantwortungsbewusstsein, um dem Jungen kein schlechtes Vorbild sein zu wollen. Das gelang nicht immer.

Als sich der Marshal schwerfällig durch das Treppenhaus seinen Weg nach unten bahnte, verlor er ausgerechnet auf den letzten Stufen vor der Wohnung der jungen Familie den Halt und stürzte polternd zu Boden. Bevor er sich aufrappeln konnte, ging vor ihm die Tür auf. Dort stand Sandra, und sogleich drängte sich Anton an ihren Beinen vorbei nach vorn.

„Hast du dir wehgetan, Marshal?"

Der Versuch des Marshal, sich schnell wieder vom Boden zu erheben und dabei ein Lächeln auf sein verzerrtes Gesicht zu pressen, scheiterte so erbärmlich, dass auch Anton die Traurigkeit des Augenblicks empfinden musste.

„Schämen Sie sich nicht, in diesem Zustand vor das Kind zu treten?"

Sandras Augen waren kalt und funkelten dunkel vor Wut, doch ihr Tonfall war fast leise, was die Wirkung der

Worte noch verstärkte. Anstatt ihr zu antworten, stand der Marshal mühsam auf, strich sich ungelenk die Hosenbeine glatt und wandte sich direkt an den Jungen, der neben seiner Mutter im Türrahmen stand und ihn mit großen Augen anstarrte.

„Anton, erinnerst du dich noch, wie ich dir von Memphis und Graceland erzählt habe?" Seine Zunge war schwer, aber er schaffte es, die Worte ohne Lallen hervorzubringen.

„Klar, da wohnt Elvis!", entgegnete Anton ohne nachzudenken.

„Der Mann ist seit vierzig Jahren tot!", schnaufte Sandra verächtlich.

„Wie man's nimmt", ächzte der Marshal, dem die Situation plötzlich auf irgendeine verquere Weise Freude bereitete. „Und es sind noch keine vierzig Jahre. Erst im August!"

„Am 16. August, oder?", sagte Anton keck.

Der Marshal deutete anerkennend mit dem Zeigefinger auf ihn, als wolle er sagen, genau so ist es, mein Lieber, und hörte sich im nächsten Moment hinzufügen:

„Ich fahre im August dorthin. Habe einen großen Auftrag bekommen. Was soll ich dir mitbringen?"

Antons Augen wurden noch größer.

„Wirst du auch Graceland sehen?"

„Auf jeden Fall! Ich werd Elvis von dir grüßen …"

„Das wird bestimmt 'ne große Nummer, Ihr Einsatz!", sagte Sandra bissig. „Und anschließend können Sie mit Elvis' Geist auf 'nem Besenstil durch Graceland reiten!"

„Elvis mochte lieber Go-Karts und Pferde als Besenstile", versuchte sich der Marshal an einem lahmen Scherz.

„Wie auch immer", warf ihm Sandra verächtlich zu. Mit diesen Worten drückte sie Anton zurück in die Wohnung, und die Tür schloss sich mit markantem Laut.

„Bring mir was mit, Marshal!", ertönte Antons Stimme von innen.

„Mach ich", gab der Marshal halblaut zurück, und es schien, als spräche er mehr mit sich selbst.

Einen Moment verharrte er noch unschlüssig auf der Stelle. Dann öffnete er die Haustür und trat hinaus in den milden Sommerabend.

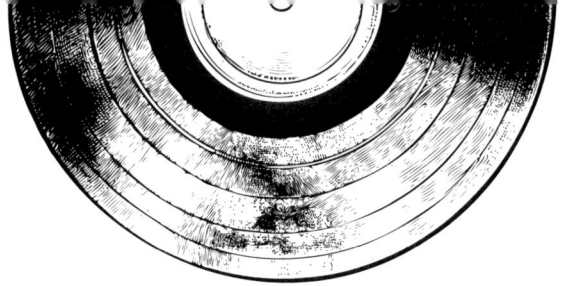

Der Andere

Eigentlich musste man Sandra dankbar sein. Ohne ihre Gehässigkeit, ohne ihre Verachtung und ohne die Erbarmungslosigkeit, mit der sie den Marshal vor Anton bloßstellen wollte, als er bereits buchstäblich am Boden lag, wäre dieses Wunder wahrscheinlich nie passiert.

Und es war ein Wunder.

Irgendwie hatte der Marshal seit seinem unfreiwilligen Kniefall im Treppenhaus das Gefühl, ein Zuschauer seiner selbst zu sein. Er sah sich selbst, als ob er neben sich stünde. Folgte seinen Bewegungen, als beobachte er einen Fremden auf der Straße. Hörte sich Worte sprechen, die zweifellos aus seinem Mund kamen und ihm dennoch das Gefühl gaben, es spräche ein Anderer.

Das war einigermaßen surreal. Doch nicht schlecht, denn dieser Andere, wer auch immer er sein mochte, legte eine Zielstrebigkeit und Entschlossenheit an den Tag, die er lange verloren geglaubt hatte, verloren in einem untergegangenen Universum, und nun tauchten unverhofft die ersten Kirchturmspitzen wieder aus der Tiefe auf. Es war ein faszinierendes Schauspiel, das er mehr genoss, als dass es ihm unheimlich gewesen wäre.

„Irgendjemand hier, der sich auf Schizophrenie spezialisiert hat?", schoss es ihm durch den Kopf.

Seinen Humor hatte er sich nicht weggesoffen.

Es war viel geschehen seit jenem schicksalhaften Zusammenprall mit Sandra im Treppenhaus. Staunend hatte er den Worten des Anderen entnommen, dass er den Auftrag annehmen und nach Memphis reisen würde. Hatte überrascht registriert, wie seine Schritte beim Verlassen des Hauses direkt danach ihn nach rechts und nicht, wie üblich, nach links zum *Neues Eck* führten. Im selben Augenblick war ihm klar geworden, wohin sich der Andere wendete. Es war nur ein kurzer Spaziergang nach Düppel, wo am Ende der Kleingartensiedlung immer noch die rote Bank stand, auf der er früher oft gesessen hatte. Zu einer Zeit, als die Kirchen mitsamt ihren Türmen noch stolz auf festem Boden in die Höhe ragten. Zu einer Zeit, als er sich mit dem unerträglichen Pathos der Jugend alt und am Ende seines Lebens gewähnt hatte, da die unerwiderte Liebe ihm jeden Sinn zu nehmen schien.

Die Bank war leer, so wie sie eigentlich immer leer gewesen war. Es war, als ob irgendwer sie vor langer Zeit nur für ihn dort aufgestellt hätte. Er blieb dort sitzen, bis die Dämmerung einsetzte. Als er in die Neue Straße zurückkehrte, hatte er das Gefühl, wieder mit dem Anderen zu einer Person verschmolzen zu sein. Und er hatte einen Plan.

Obwohl der Marshal an jenem Abend nur noch die Reste des Stunden zuvor konsumierten Alkohols in den Adern hatte, war er bei seiner Rückkehr von einer seltsamen Erschöpfung befallen. Er schleppte sich mit letzter Kraft die Treppen nach oben, sank auf sein Bett und verfiel in einen tiefen Schlaf.

Als er am nächsten Morgen erwachte, fiel ihm als erstes der Geruch der ungewaschenen Bettwäsche auf, in der er lag. Er stand auf und nahm plötzlich die Unordnung um sich herum wahr. Den Dreck. Die schlechte Luft. Das dreckige Geschirr. Den … die … das … Wenn ein Blinder plötzlich sehen konnte, erblickte er nicht nur Schönes.

Ohne irgendetwas zu sich genommen zu haben, fiel der Marshal schwer in seinen Stuhl am Schreibtisch. Er registrierte nur nebenbei, dass die Sommeridylle des Vortags von grauen Wolken und Schauern abgelöst worden war. Jetzt gab es Wichtigeres. Er öffnete seinen Laptop und rief das Mailprogramm auf.

War vielleicht alles nur ein absurder Traum gewesen?

Nein.

„Anfrage" stand da immer noch im Betreff einer Mail vom Elvis-Presley-Club. Doppelklick. Der Marshal las. Und las erneut. Und noch einmal. Dann brachten sich seine Finger über der Tastatur in Stellung: linker Zeigefinger über dem F, rechter Zeigefinger über dem J. Gelernt ist gelernt, so viel konnte man gar nicht saufen, um das zu vergessen.

Die Antwort, die der Marshal verfasste, war nicht sonderlich lang, aber da er sie immer wieder umschrieb, verlor er völlig das Gefühl dafür, wie lange er schon in seinem verschlissenen Bademantel am Schreibtisch saß. Das Ergebnis war brillant. Eine Mail, wie zu seinen besten Zeiten. Nicht ohne Genugtuung malte er sich aus, welches Bild auf der anderen Seite entstehen musste: ein gepflegtes Büro. Der vielbeschäftigte Dolmetscher im Business-Outfit an seinem Zweitausend-Euro-Mac.

Vielen Dank für Ihre Anfrage … sehr interessant … würden gerne … können aber Teilnahme noch nicht final bestätigen, da anderer Einsatz bereits avisiert … allerdings noch nicht bestätigt … klären das … unsere Konditionen wären … melden uns zeitnah …

Pokerte er zu hoch? Der Finger schwebte einen Moment zögernd über der Maus.

Klick.

Einen Tag später schickte der Marshal eine zweite Nachricht: *… freue mich, Ihnen nunmehr bestätigen zu können, dass ich für Ihre Veranstaltung als Dolmetscher zur Verfügung …*

Dass daraufhin postwendend die Beauftragung erfolgte, hatte er in seltsamer Zuversicht erwartet. Dass man auch seine Konditionen ohne Diskussion akzeptierte, überraschte ihn.

In den darauffolgenden Tagen und Wochen durchlief das Kurvendiagramm im Leben des Marshal eine bemerkenswerte Entwicklung. Jahrelang war die Kurve rückläufig gewesen, bevor sie sich vor geraumer Zeit am unteren Ende flach eingependelt hatte, da es nicht weiter nach unten ging. Er existierte, aber er lebte nicht. Atmete und war doch nicht lebendig.

Das hatte sich seit jenem Tag, an dem die Anfrage beim Marshal eingegangen war, an dem Sandra ihn gedemütigt und Anton mit seinem Zuspruch gleichzeitig aufgebaut und in die Pflicht genommen hatte, fast schlagartig verändert. Die Kurve war regelrecht zum Leben erwacht, sie zitterte nicht einmal, sondern schoss regelrecht in die Höhe. Er entfernte, an den erstaunten Augen seiner Hausbewohner vorbei, sämtliche alkoholischen Getränke aus seiner Wohnung und hörte auf zu trinken. Schleppte säckeweise Müll aus der Wohnung. Saugte. Putzte. Schrubbte. Zumindest das obere Stockwerk sah danach wieder gut bewohnbar aus, obwohl grundsätzlich alle Zimmer, die roten wie die grünen wie die gemischten, weiterhin dringend einer Renovierung bedurften. Sein „Palast" machte zum ersten Mal seit Jahrzehnten wieder seinem Namen Ehre, sofern dieser Begriff nicht ohnehin einigermaßen absurd für das kleine, in jeder Hinsicht unspektakuläre Dachzimmer war. Seine kindliche Begeisterung unter Ausblendung jeglicher objektiver Maßstäbe rührte ihn im Rückblick auf irgendeine Weise.

Doch nicht nur die Wohnung wurde in diesen Wochen aus ihrem jahrelangen Dämmerzustand gerissen. Auch der Marshal selbst erhielt wieder ein, wie er grimmig und nicht ohne Selbstironie formulierte, „menschenwürdiges Antlitz". Er rasierte sich. Ging zu dem kleinen Friseursalon ein Stück die Neue Straße hinauf. Duschte. Ja, sogar seine alte Kindheitsliebe zur Badewanne entdeckte er in diesen Tagen neu.

Dennoch verlief die Kurve in seinem Diagramm nicht nur gradlinig nach oben. Es gab Ausschläge. Minuten, Momente, manchmal auch ganze Tage, an denen die alten Dämonen ihn ohne Vorwarnung wieder befielen. In denen der Drang, die weggeworfenen Flaschen durch neue zu ersetzen oder wenigstens auf einen Drink ins *Neue Eck* zu gehen, ihn zu überwältigen drohte. Er wusste aus Erfahrung, es gab keine Kompromisse. Ein einziger Drink hieß ungezählte weitere und führte schon nach den ersten Gläsern in die Katastrophe.

Doch er hielt stand, und das war im Wesentlichen drei Menschen zu verdanken: Sandra, der er auf keinen Fall durch weitere Abstürze Raum für erneute Demütigungen geben wollte. Anton, dem er ein Versprechen geleistet hatte, das es einzuhalten galt, koste es, was es wolle. Und …

Elvis.

Der ebenso tote wie unsterbliche Begleiter, der ihm auf unerklärliche Weise so nah war. Und dem er es jetzt schlicht schuldig war, seine Aufgabe gut zu machen. Es ging hier nicht um den Marshal, sondern um etwas viel Größeres, wie er Anton erklärt hatte, als sie sich neulich zufällig auf dem Hof begegnet waren.

„Ein Auto?"

Der Junge hatte ihn entgeistert angestarrt.

„Ja. Aber nicht irgendein Auto. Als Elvis noch ein Junge war, da war die Familie bettelarm, weißt du. Und sie sahen überall diese tollen Schlitten, die sie sich nie im Leben leisten konnten. Besonders die Cadillacs mit ihren schnittigen Kurven fanden sie toll."

„Und?“

„Und dann sagt der Kerl, vielleicht kaum älter als du jetzt, zu seiner Mutter: ‚Mama, wenn ich groß bin, kaufe ich dir auch einen pinkfarbenen Cadillac!‘“

„Pink?“

Man sah förmlich den majestätischen, rosafarbenen Schlitten vor Antons geistigem Auge vorbeirauschen.

„Ja, das war wahrscheinlich ihre Lieblingsfarbe. Jedenfalls war das natürlich völlig unrealistisch. Ich schätze mal, Gladys hat gelacht und ihm den Kopf getätschelt oder so was.“

„Gladys war seine Mutter?“

Der Marshal liebte es, wie aufmerksam und interessiert der Junge war.

„Genau. Sie hat ihn abgöttisch geliebt und er sie auch. Leider ist sie viel zu früh gestorben, das hat er nie verwunden. Aber rate, was er als Erstes machte, als er plötzlich reich und berühmt wurde?“

Natürlich eine rhetorische Frage. Anton wusste zwar nicht, was *rhetorisch* bedeutet, aber er verstand sehr gut, was der Marshal sagte, und seine Augen glänzten.

„Und jetzt kommt der Punkt. Du weißt, Elvis war als junger Soldat zwei Jahre in Deutschland stationiert.“

„Ja, in Bad … Bad … irgendwas!“, lachte Anton.

„Bad Nauheim“, korrigierte der Marshal mit ungewohnter Ernsthaftigkeit. „Und jetzt soll genau dieser Cadillac, der bisher im Elvis-Museum in Graceland steht, für eine Weile nach Bad Nauheim gebracht und dort ausgestellt werden.“

„Und du übersetzt, was die sagen!", kombinierte Anton.

„Ich dolmetsche, genau! Weißt du, ich glaube, das wird der wichtigste Job meines Lebens!"

Anton nickte verstehend und sagte dann mit hörbarem Bedauern:

„Schade, dass Elvis dich nicht sehen kann, wie du da für ihn dolmetschst. Naja, vielleicht kann er's ja, aus dem Himmel oder so."

„An so was glaube ich nicht", entgegnete der Marshal leicht missmutig. „Aber wahrscheinlich wird es sich trotzdem irgendwie so anfühlen, als ob er dabei wäre."

„Was erzählen die denn da so, wenn sie das Auto übergeben?", forschte der Kleine weiter.

Der Marshal schaute gerührt in Antons braune Kinderaugen. Ein kurzer, heftiger Stich. Dann schüttelte er sich unmerklich, straffte die Schultern und sagte mit heiserer Stimme:

„Das wüsste ich auch gern! Seine Ex-Frau, Priscilla, und seine Tochter, Lisa-Marie, sollen persönlich dabei sein, und ich schätze, der Bürgermeister kommt auch und Gott weiß, wer noch. Dann natürlich die Leute von EPC..."

„EPC?"

„Elvis-Presley-Club. Die haben mich beauftragt und bezahlen mich auch. Hoffentlich!"

Der Marshal lachte, während Anton besorgt schien, ob seine Bemerkung ernst gemeint war.

„Und ihr nehmt das Auto mit nach Deutschland? Kann ich es dann auch mal sehen?"

„Klar! Wir fahren zusammen nach Bad Nauheim, und ich zeige dir den Wagen und ein paar Orte, an denen sich Elvis damals rumgetrieben hat."

„Wow! Dürfen Mama und Papa auch mit?"

Der Marshal zögerte.

„Müssen sie sogar", sagte er schließlich salomonisch. „Die lassen dich doch nie im Leben alleine mit mir fahren!"

Angekommen

„Was möchten Sie trinken?"

„Ein Bier, bitte."

So einfach war das. Eben hatte der Marshal noch den Blick auf die majestätischen Tragflächen des Flugzeugs und das Wolkenmeer unter sich genossen. Nun blinzelte er verstohlen zu seinem Sitznachbarn, der mit erkennbarer Vorfreude zum ersten Schluck ansetzte. Warum, zum Teufel, konnte der Kerl nicht einfach …

„Einen O-Saft, bitte!"

Genau. Ging doch. Dennoch hatte der Marshal kleine Schweißperlen auf der Stirn und musste, wie so oft in den letzten Wochen, die kleinen Teufel in seinem Kopf zum Schweigen bringen. Dabei half ihm zweierlei. Zum einen, dass er auch in seinen dunkelsten Zeiten nie verlernt hatte, über sich selbst zu lachen. Er musste grinsen, weil ihm unwillkürlich Käp'n Haddock einfiel, wie er im Delirium den armen Tim für eine Sektflasche hält, aus der man nur noch den Korken ziehen muss. Der Korken war Tims Kopf, und nur das beherzte Eingreifen von Struppi hatte dafür gesorgt, dass der kleine Naseweis mit der Locke noch viele weitere Hefte böse Osteuropäer und Japaner jagen durfte. Wäre er dabei nicht von Haddock, Bienlein und Schulze & Schultze begleitet gewesen, hätte wahrscheinlich kein Mensch die Hefte je gelesen.

Der andere, wiederentdeckte Stabilitätsanker war seine Arbeit. In den vergangenen Wochen hatte sich der Marshal gründlich auf den großen Tag vorbereitet: Informationen zu einigen Würdenträgern recherchiert, die ihm als mögliche Teilnehmer genannt worden waren. Die Geschichte von Gladys pinkfarbenem Cadillac, den sie mangels Führerschein nie selbst gefahren war, auf Dichtung und Wahrheit geprüft. Wie in alten Zeiten mittels langer Listen Vokabeln und Redewendungen gepaukt. Die Symbole und Abkürzungen für seine Notizentechnik herausgekramt und für das Konsekutivdolmetschen neu verinnerlicht. Der Marshal wusste aus jahrelanger Erfahrung, dass kein Dolmetscheinsatz wie der andere war, dass man nie genau wissen konnte, was einen erwartete. *Always expect the unexpected* – immer das Unerwartete erwarten! Dennoch, oder gerade deswegen, war gute Vorbereitung essentiell, und sei es nur, um einem das Gefühl größerer Sicherheit zu vermitteln.

Der Marshal war stets vorwiegend als Simultandolmetscher tätig gewesen und verabscheute das konsekutive Dolmetschen vor großem Publikum. Herausgerissen aus der schützenden Hülle der Dolmetschkabine, exponiert und den Blicken aller Anwesenden ausgeliefert.

Mit zitternder Hand unleserliche Abkürzungen und Notizen in seinen Block kritzelnd, atemlos dem Redner hinterherhechelnd. Merkwürdig, dass es tatsächlich Kollegen gab, die diese ungewohnte Aufmerksamkeit nicht nur unproblematisch fanden, sondern regelrecht genossen.

Der Marshal nippte nachdenklich und etwas lustlos an seinem O-Saft und musterte, so gut es ging, die anderen Passagiere um sich herum. Die attraktive Brünette neben seinem biertrinkenden Sitznachbarn hätte er gerne angesprochen, aber das war unter den gegebenen Umständen kaum möglich. Außerdem war er völlig aus der Übung und hätte sich in seiner Unbeholfenheit wahrscheinlich nur blamiert. Der kleine Junge, der in gerader Linie zu ihm in der mittleren Sitzreihe saß, hätte zu seiner Zeit auf dem langen Flug sicher irgendwann angefangen, zu quengeln, starrte jedoch unverwandt und sichtbar zufrieden auf die Sitzlehne vor sich, in die ein kleiner Bildschirm eingelassen war. Schöne neue Welt. Der Marshal wollte sich gerade wieder der strahlend weißen Zuckerwattewelt unter seinem Fenster zuwenden, als sein Blick eine Gestalt streifte, die vor dem Jungen saß.

Er stutzte.

Der Mann mochte zweite Hälfte Vierzig sein und saß völlig unbewegt, in kerzengerader Haltung, auf seinem Platz. Er schien mit nichts beschäftigt zu sein, und sein dunkles Haar war von einem Käppi bedeckt. Dazu trug er … ja, konnte das denn wahr sein? Tatsächlich, eine Sonnenbrille! Im Flugzeug! In der mittleren Reihe, wo man noch nicht mal aus dem Fenster sehen konnte!

Der Marshal verzog unwillkürlich das Gesicht und wollte schon den Kopf abwenden, als sein Blick plötzlich am Käppi des Mannes hängenblieb. Sah das nicht aus wie … er kniff die Augen zusammen und zoomte sich ein.

Tatsächlich.

TCB stand da unverkennbar in kleinen, goldenen Lettern. *Taking Care of Business.*

Ich kümmer mich drum.

Darunter der dazugehörige Blitz.

In a flash – blitzschnell!

Elvis' Motto. Sein Credo. Ein Glaubenssatz, der sich überall wiederfand, sogar in großen, goldenen Lettern am Heck seines Privatjets. So hatte Elvis sich gesehen. Das war sein Anspruch an sich selbst gewesen, und er war ihm bis zum bitteren Ende treu geblieben, auch und gerade als er längst ein gesundheitliches Wrack war. *Die Leute da draußen haben bezahlt, mich auf der Bühne zu sehen, und sie haben es verdient, eine gute Show zu sehen, gottverdammt nochmal!*

Elvis wusste genau, wann er gut war. Und er wusste genauso gut, wann er es nicht war, was ihn mehr quälte als irgendjemand sonst. Bis zum Schluss hatte er unter der Angst gelitten, die Menschen könnten ihn plötzlich nicht mehr lieben, seine Musik nicht mehr hören, seine Konzerte nicht mehr sehen wollen. Ausgerechnet er, der in seinem ganzen Leben kein einziges Konzert gegeben hatte, das nicht bis auf den letzten Platz ausverkauft gewesen wäre. Der auch in einer riesigen Arena mit Blitzlichtgewitter und Tausenden von Menschen durch seine entwaffnende Ehrlichkeit und Unverfälschtheit eine persönliche Nähe, ja, eine Liebe im Raum entfalten konnte, wie sie den meisten Menschen in wesentlich intimeren Situationen oft vorenthalten blieb.

„If you think I'm nervous, you're right!"

Wie ein Häufchen Elend hatte er da vorne in seinem weißen Glitzeranzug gestanden, auf seine Fingernägel gestarrt und vor der riesigen Menge, welche die viel zu klein wirkende Bühne nicht nur frontal belagerte, sondern wie ein großes Tier rundum im Klammergriff hielt, offen seine Nervosität eingestanden. Das Publikum zögerte. War das wieder eine seiner bekannten Witzeleien? Kam gleich noch die Pointe? Als sie begriffen, dass er eigentlich um ihre Unterstützung bat, begannen sie zu klatschen. Erst etwas zögerlich, dann laut und kraftvoll, wie sie es eigentlich immer taten, egal was er da oben auf der Bühne anstellte.

Und dennoch hatte er wohl nicht glauben können, dass diese Liebe wirklich ihm und nicht nur einer Traumgestalt galt. Bis zum Schluss hatte er in der Angst gelebt, diese Liebe zu verlieren, sobald etwas an seinem selbstauferlegten Superman-Image kratzte. Was für ein kolossaler, was für ein tragischer Irrtum. Vielleicht hätte Elvis ohne diese Fehleinschätzung *TCB* auch mehr für sich selbst gelten lassen. Vielleicht hätte er noch umkehren, sein Leben umstellen, alles anders machen können. Vielleicht …

Der Marshal wurde jäh aus seinem Gedankenfluss gerissen, als der Mann mit der Sonnenbrille, als hätte er den Blick des Marshal auf sich ruhen gespürt, plötzlich leicht den Kopf wendete und zu ihm herüberstarrte. Oder zumindest sah es so aus, genau konnte der Marshal es nicht erkennen, da die Augen des Mannes hinter der Sonnenbrille verborgen blieben. Einen Moment lang hielt er der schwarzen Wand stand, dann wandte er den Blick wieder aus dem Fenster. Wer auch immer der merkwürdige Kerl sein mochte, er war offenbar in ähnlicher Mission unterwegs, wie der Marshal selbst.

Glücklicherweise hatte sich der Elvis-Presley-Club großzügig gezeigt und für interessierte Mitglieder eine komfortable Flugvariante zum Sonderpreis angeboten, die anstatt des preislich günstigeren 30-Stunden-Marathons mit dreimal Umsteigen einen Direktflug von Frankfurt nach Newark und von dort nach Memphis vorsah. Auch den Flug des Marshal von Berlin nach Frankfurt hatte der Club übernommen, verlangte ihm dafür jedoch ab, trotz Jetlags am nächsten Tag, dem 13. August, bei der Übergabe des Pink Cadillac als Dolmetscher auf der Matte zu stehen. In der Nacht vom 15. auf den 16. August würde dann die *Vigil* stattfinden, eine Nachtwache mit Fans aus aller Welt, die traditionell anlässlich des Todestages von Elvis am Abend des 15. begann und sich bis tief in die Morgenstunden des 16. August, Elvis' Todestag, hinzog. Die Rückreise war für die frühen Morgenstunden des 18. August vorgesehen.

Als der Marshal viele Stunden später nach dem Umsteigen in Newark wieder im Flieger saß, gewahrte er erneut den Irren, wie er die merkwürdige Gestalt mit Sonnenbrille und *TCB*-Käppi insgeheim getauft hatte. Die verbleibenden drei Stunden Flug bis Memphis verbrachte er in einer Art Trance. Vielleicht war es die Mischung aus verschiedenen Faktoren: die Müdigkeit, die eine insgesamt 13-stündige Flugreise mit sich brachte, gepaart mit zunehmender Aufregung bei dem Gedanken daran, was ihn bereits am nächsten Tag erwartete, und schließlich der Kampf gegen den nicht mehr brennenden, aber konstant schwelenden Drang nach Alkohol. Immer wieder verfiel er in eine Art Halbschlaf, in dem sich reale Geräusche und Reize seiner Umwelt mit wilden Träumen von seinem bevorstehenden, großen Einsatz vermischten. Mal schwelgte er nach einem spektakulären, fehlerfreien Auftritt im tosenden Applaus des Publikums und freute sich über die Einladung von Priscilla, sie später noch auf einen Umtrunk in Graceland zu besuchen, wo sie ihm das ganze Haus zeigen würde, natürlich einschließlich des geheimen Obergeschosses. Dann wieder stöhnte er in seinem Dämmerzustand kaum merklich auf, da ein anderer Film vor seinem geistigen Auge ablief. Er patzte, stockte, fand in seinem breiigen Hirn die einfachsten englischen Vokabeln nicht mehr. Die Menschenmenge vor ihm bildete eine Wand des Schweigens, und irgendwo in dieser Wand sah er ein paar Augen, die ihn anstarrten.

Das ungewohnt heftige Aufsetzen des Flugzeuges auf der Landebahn riss ihn jäh aus seinem Dämmerzustand. Sein Körper straffte sich entlang des Adrenalinschubs, der ihn durchzog, und er war hellwach. *Memphis International Airport.* Er landete dort, wo Elvis selbst so häufig gelandet war. Ein alberner Gedanke und doch irgendwie historisch. Der Privatjet des King trug den Namen seiner Tochter, deren Augen ihn eben noch aus der Menge angestarrt hatten.

Lisa-Marie.

Während die Maschine auf das Terminal zurollte und eine freundliche Stimme sie in breitem Südstaaten-Englisch in Memphis willkommen hieß – „*The Home of Elvis Presley!*" – ertappte sich der Marshal dabei, wie er unwillkürlich das Flugfeld musterte, um nach dem Jet mit dem riesigen *TCB*-Logo auf dem Heck Ausschau zu halten. Das war natürlich unsinnig, da er genau wusste, dass die *Lisa-Marie* seit Jahrzehnten ausrangiert und als Publikumsmagnet auf dem Gelände von Graceland ausgestellt war. Elvis' fliegendes Haus war längst zu einem Museumsstück umfunktioniert worden, das sich auch von innen besichtigen ließ. Wahrscheinlich hätte Elvis seinen Flughafen, der in den 1990erJahren zum größten Frachtflughafen der Welt mutiert und um ein internationales Passagierterminal erweitert worden war, heute kaum noch wiedererkannt, sinnierte der Marshal weiter.

Er saß mittlerweile im Taxi und musterte trotz seiner Müdigkeit voller Aufmerksamkeit die trockene, karge Landschaft, die an seinem Fenster vorbeizog. Es war 16 Uhr Ortszeit. In Berlin musste es 23 Uhr sein, und der Marshal dachte für einen Moment an Anton, der jetzt im Bett lag und von einem Geschenk aus Memphis träumte.

Da!

Visit Graceland! stand auf einem riesigen Plakat am Rande der Autobahn. Daneben ein lachender Elvis von 1970. Blendend sah er aus. Die Schwelle von den Sechziger- zu den Siebzigerjahren war die zweite große Zeit in seinem Leben gewesen, und es machte den Marshal auch heute noch wütend, wenn die Leute den Elvis der

Siebziger ohne Sinn und Verstand pauschal als drogen-abhängiges Wrack verunglimpften. Dass Elvis teilweise selbst für diese unglückliche Entwicklung gesorgt hatte, da er in seinen letzten Jahren oft auch dann aufgetreten war, wenn er eigentlich im Krankenhaus hätte liegen sol-len, war dem Marshal klar. Wie um alles in der Welt hatte sich der Kerl im Frühsommer 1977 noch darauf einlassen können, ein CBS-Fernsehspecial zu machen? Dass er nur wenige Monate später tot auf dem Fußboden seines Badezimmers in Graceland liegen würde, konnte er nicht wissen. Aber er hätte es ahnen können. Nicht nur Elvis selbst, auch sein engstes Umfeld hatte Scheuklappen ge-tragen. Wahrscheinlich waren alle zu nah dran gewesen, um das Offenkundige zu sehen. Dazu kamen wirtschaft-liche Zwänge. *The show must go on.* Und noch wichtiger:

TCB – Taking Care of Business.

Das ehrte ihn. Und doch hatte er damit letztlich weder der Welt, geschweige denn sich selbst, einen Gefallen ge-tan.

„First time in Memphis?", riss der Taxifahrer den Mars-hal aus seinen Gedanken.

Ja, er war das erste Mal hier. Unglaublich eigentlich, wenn man bedachte, wie oft er von dieser Reise schon geträumt hatte. Irgendwie hatte es nie gepasst. Als sein Leben noch funktionierte und das Geld da war, hatte die Arbeit ihn abgehalten. Als er dann die Zeit gehabt hätte, fand er sich in einer fatalen Abwärtsspirale aus Alkohol und Depression und wäre ohne die Erbschaft seiner El-tern auch finanziell ruiniert gewesen. An eine Reise nach Graceland war jedenfalls nicht mehr zu denken gewesen.

Glücklicherweise hatte sich das Hirn des Marshal seinen fortwährenden, hochprozentigen Attacken der letzten Jahre widersetzt und einen Großteil seines Wissens und seiner Fertigkeiten in einem separaten Tresor gesichert. Diesen öffnete der Marshal in diesem Moment, als er dem Taxifahrer in fließendem Englisch mit leicht britischem Akzent von der Feier erzählte, die am nächsten Tag in Vorbereitung auf Elvis' 40. Todestag stattfinden sollte. Die nur von einem dünnen Mantel der Höflichkeit kaschierte Gleichgültigkeit des Mannes enttäuschte, nein, erschütterte ihn. Das Gespräch kam genauso schnell zum Erliegen, wie es begonnen hatte, und der Marshal war froh, dass der Flughafen nur wenige Kilometer von seinem Hotel entfernt lag, sodass die Fahrt kaum zehn Minuten dauerte. Als er am *Days Inn* aus dem Auto stieg, verzichtete er darauf, dem Fahrer das bereits in petto gehaltene Trinkgeld in die Hand zu drücken.

Seine Miene hellte sich jedoch augenblicklich auf, als er die kleine Lobby des unweit von Graceland gelegenen Hotels betrat. Hier war er richtig.

Die Wände waren gespickt mit Elvis-Bildern, und aus einer Ecke lachte ihn der 50er-Jahre-Elvis des berühmten Platten-Covers *50,000,000 Elvis fans can't be wrong* an. Das sah schon mal gut aus, doch fiel dem Marshal sogleich kritisch ins Auge, dass auch hier der Elvis der späteren Jahre sträflich unterrepräsentiert war.

„Good afternoon, Sir, and welcome to the *Days Inn*! Did you have a pleasant journey?"

Der Marshal nickte und lächelte.

Ja, die Reise war gut verlaufen. Er war angekommen.

Elvis Presley Boulevard

Als der Marshal gut zwei Stunden später die Treppe des Hotels hinabstieg, fühlte er sich trotz Jetlags bemerkenswert fit. Wahrscheinlich war es das Adrenalin, denn so langsam sickerte die Erkenntnis durch, dass er nur wenige Meter entfernt von Graceland war, einem Ort, den er schon so oft in Bild und Ton aus der Ferne studiert und von dem er noch öfter geträumt hatte.

Jetzt wurde der Traum Realität.

Er musste sich mahnen, daran zu denken, dass er nicht zum Vergnügen hier war, sondern morgen den wichtigsten Dolmetscheinsatz seines Lebens vor sich hatte, wie man wohl ohne Übertreibung sagen konnte.

MORGEN!

Sein Puls schoss augenblicklich in die Höhe, und er spürte das Blut in seinem Kopf rauschen. Selbst in besseren

Zeiten, in denen er sich nicht den Alkohol als diaboli-
schen, omnipräsenten Butler ins Leben geholt hatte, war
die Nervosität vor wichtigen Einsätzen nie ganz von ihm
gewichen. Bis zu einem gewissen Punkt war das sogar gut,
denn auch mit jahrelanger Erfahrung ließen sich die Einsätze
nie im Autopilot-Modus meistern. War hier nicht auch wieder eine Parallele zu dem Mann aus Memphis zu erkennen?
Stage fright nannten sie das auf Englisch. Lampenfieber oder
wörtlich: Angst vor der Bühne. In seinen eigenen Momenten der *stage fright* hatte sich der Marshal oft unsichtbar hinter die Bühne von *That's the Way It Is* neben den Elvis von
1970 gestellt und das Bild des *Tiger Man* in sich aufgesaugt.
Ein weißer Gott im Backstage-Halbdunkel, der rhythmisch
den Kopf zu dem auf der Bühne ertönenden Schlagzeugin-
tro bewegt und so vor Kraft und Energie strotzt, dass er sich
offenkundig beherrschen muss, nicht einfach loszustürmen.
Dann tritt er hinaus in den aufbrausenden Applaus im
Showroom des *International Hotel Las Vegas*, der Tiger ist
aus dem Käfig, und die Kamera wechselt in die Totale. Es
ist eine ganz und gar überwältigende Gestalt, die da oben
steht. Und während man noch nach Luft schnappt, um den
Eindruck zu verarbeiten, gibt es diesen kleinen, magischen
Moment. Die weiße Gestalt, offenkundig nervös, atmet
einmal tief durch, schüttelt leicht den Kopf und – grinst
die Angst einfach weg. *If you think I'm nervous, you're right!*
Die gleiche Botschaft, aber die komplette Antithese zu dem
Elvis, der sieben Jahre später so verloren vor einer viel grö-
ßeren Menge dieselben Worte aussprechen wird, die hier
unausgesprochen bleiben und doch Bände sprechen. Fast

wirkt es ein bisschen schelmisch. *Junge, bin ich nervös! Na, dann legen wir mal los!*

Genau diesen Geist brauchte er für seinen Einsatz am nächsten Tag, ging es dem Marshal durch den Kopf, als er auf dem Weg nach draußen die Lobby durchschritt. Das Hotel schien ausgebucht zu sein, überall waren Leute, und die geübten Ohren des Marshal nahmen sofort wahr, wie sich breites Südstaaten-Englisch mit deutschen, französischen und spanischen Klängen mischte. Kein Zweifel, Elvis' 40. Todestag am darauffolgenden 16. August war ein Ereignis, das die Massen anlockte. Da war es nicht weiter verwunderlich, dass der Marshal auch hier wieder die ihm mittlerweile bekannte, schwarze Sonnenbrille erspähte. Der Mann mit dem *TCB*-Käppi schien gerade erst einzuchecken.

Eigentlich hatte der Marshal jetzt noch den Vorsitzenden des EPC für ein Briefing treffen sollen, doch hatte er nach seiner Ankunft eine Nachricht erhalten, dass das Dolmetscherbriefing aufgrund anderer Verpflichtungen entfallen müsse. Das war einerseits keine gute Nachricht, da sich der Marshal genauere Informationen darüber erhofft hatte, was ihn am nächsten Tag erwartete; andererseits kam es ihm gelegen, da er ohnehin erschöpft war und die gewonnene Zeit dazu nutzen wollte, früh ins Bett zu gehen. Doch zuvor wollte er noch einen ersten Blick auf Graceland werfen und etwas essen. Er schlenderte hinaus in den anbrechenden Abend.

War es der leichte Jetlag-Schleier, der nach der langen Reise über ihm lag, oder woher kam es, dass der Marshal die ganze Szenerie um sich herum irgendwie als unwirklich empfand, als er den *Elvis Presley Boulevard* in nördlicher Richtung entlangschritt? Auf seiner Seite grenzte das Days Inn direkt an das weitläufige Gelände, das heutzutage als riesiges Elvis-Freilichtmuseum genutzt wurde. Quasi direkt gegenüber, keine 400 Meter vom Days Inn entfernt, lag Graceland. Der Marshal ging zögernden Schrittes weiter und empfand den Lärm der zahlreichen Autos auf dem großen Boulevard als störend. Plötzlich wurde ihm klar, was nicht zusammenpasste: Die Fülle seines Gefühls und die enorme Fallhöhe seiner Erwartungen prallten auf eine Realität, wie sie nüchterner nicht hätte sein können. Der Marshal registrierte eine gewisse Enttäuschung, dass dieser mythische Ort, von dem er so oft geträumt hatte, tatsächlich existierte.

Schon bei seiner Ankunft am Flughafen Memphis hatte er sich dabei ertappt, irgendetwas anderes erwartet zu haben als, nun ja, einen Flughafen. Auch die Menschen, die hier lebten, waren enttäuschend normal. Niemand starrte ihn an oder klopfte ihm auf die Schulter, um zu sagen: „Wow, Marshal, so oft davon geträumt, und jetzt bist du wirklich hier!" Im *Days Inn*, wo aus jeder Ecke ein anderer Elvis strahlte, hatte sich die Lücke zwischen mythischer Überhöhung und Realität etwas geschlossen, aber hier, auf den letzten Metern vor Graceland, riss sie wieder schmerzhaft auf. Entgegen seinem verheißungsvollen Namen war der *Elvis Presley Boulevard* nichts anderes als ein mehrspuriger Highway, Teil der US Route 51, die auf einer Länge von mehr als 2.000 Kilometern sechs Bundesstaaten durchquerte, von Louisiana im Süden bis zur Grenze zwischen Wisconsin und Michigan im Norden.

Was hatte er auch sonst erwartet, schalt sich der Marshal selbst, und blieb plötzlich wie angewurzelt stehen. Er war so in Gedanken versunken gewesen, dass sein Bewusstsein erst jetzt durchdrang, um zu vermelden, dass ihm die Feldsteinmauer auf der gegenüberliegenden Straßenseite bekannt vorkam. Auffallend niedrig und durch die unregelmäßige Struktur der Bruchsteine angenehm aufgelockert, wirkte die Mauer fast einladend, und wäre sie nicht hie und da mit scharfen Kanten bestückt gewesen, hätte man der Versuchung kaum widerstehen können, einfach hinüber zu klettern.

Der Marshal überquerte den breiten Boulevard und verharrte zunächst einen Moment an der Mauer, die zahllosen Inschriften der Fans aus aller Welt musternd. Dann erst hob er langsam den Kopf und ließ den Blick über das weitläufige Gelände schweifen, das sich leicht ansteigend hinter der Mauer erstreckte. Zunächst fiel die Gepflegtheit der Anlage ins Auge, die majestätischen Bäume, das satte Grün der Pflanzenwelt, die elegante, geschwungene Auffahrt, die nach oben führte, ohne den harmonischen Gesamteindruck zu trüben. Alles schien auf den zentralen Punkt zuzufließen, der wie ein Fixstern hinter den mächtigen Bäumen auf einer kleinen Anhöhe lag: Graceland.

Merkwürdig, irgendwie kam dem Marshal der Anblick des weißen Südstaatengebäudes mit den großen Säulen so vertraut vor, dass er sich auf gewisse Weise zu Hause fühlte, obwohl er noch nie hier gewesen war. Die Anlage strahlte eine Ruhe aus, die dem Mann, der hinter diesen

Mauern Schutz vor dem unablässig strahlenden Licht der Öffentlichkeit gesucht hatte, meist verwehrt geblieben war. Der Marshal lief gedankenverloren ein paar Schritte weiter und fand sich vor dem *Musical Gate* wieder. Elvis selbst hatte das notengeschmückte Tor 1957, kurz nach seinem Einzug in Graceland, beauftragt. Zu seinen Lebzeiten war das *Musical Gate* fast immer von Fans belagert gewesen, zumal bekannt war, dass der Hausherr nicht selten spontan erschien, um Autogramme zu geben, oder mit etwas Glück dabei erspäht werden konnte, wie er in einer seiner Limousinen oder auf dem Motorrad durch das Tor fuhr. Auf diese Weise war auch das letzte Foto entstanden, genau hier, wo der Marshal jetzt stand. Elvis, im Trainingsanzug am Steuer seines *Stutz Blackhawk III* sitzend, winkt im Vorbeifahren einem Fan zu, der mitten in der Nacht ausgeharrt hat, um auf gut Glück mit der Kamera sein Idol abzupassen. Dass Elvis vorzugsweise die Nacht zum Tage machte, war bekannt. Und so war es auch nicht ungewöhnlich, dass er an jenem 16. August 1977 erst kurz nach Mitternacht von einem Zahnarzttermin zurückkehrte. Keine 15 Stunden später raste ein Krankenwagen in umgekehrter Richtung, Graceland verlassend, durch das *Musical Gate*. Die Eile war überflüssig. Elvis war trotz der hektischen Wiederbelebungsversuche im Krankenwagen längst tot.

Der Marshal hatte das Gefühl, die Szenerie von damals wie in einem Kinofilm zu betrachten und fühlte sich plötzlich elend. Nicht einmal die Aussicht auf seine geplante Teilnahme an einer der täglichen Führungen durch Graceland konnte die Welle an Traurigkeit aufhalten, die plötzlich über ihn schwappte. Weit von der Euphorie entfernt, die er sich für seine erste Begegnung mit Graceland ausgemalt hatte, trat er den Rückweg zum Hotel an und war dabei so in Gedanken versunken, dass er sogar die bereits festlich geschmückte *Elvis Presley Plaza* direkt gegenüber keines Blickes würdigte.

Da ein Besuch an der Hotelbar ausgeschlossen war, gönnte er sich stattdessen auf dem Weg einen Burger auf die Hand, Modell *Elvis '56*. Lecker, aber nicht unbedingt gesundheitsfördernd. Auch in dieser Hinsicht bewegte man sich hier in Elvis' Fußstapfen. Am *Days Inn* angekommen, verharrte der Marshal einen Moment vor dem Gebäude und fragte sich gerade, wie die Amerikaner es fertigbrachten, selbst Hotels wie Fast-Food-Filialen aussehen zu lassen, als er von einer Stimme überrascht wurde, die ihn von hinten auf Deutsch ansprach:

„Schon in der Gitarre gebadet?"

Eigentlich ein humoriger Spruch, aber das Gesicht hinter der Sonnenbrille verzog keine Miene. Immerhin, der Irre konnte sprechen!

„Nein, ich spiele sie lieber", lächelte der Marshal, der die Anspielung auf den laut Webseite „weltberühmten", gitarrenförmigen Swimming-Pool ihres Hotels sofort verstanden hatte. Im selben Moment wand er sich in der Erkenntnis, dass seine Worte anders wirken mussten, als beabsichtigt. „Muss auch morgen früh raus!", fügte er rasch hinzu, um den Eindruck der Arroganz zu zerstreuen.

Hervorragend. Nun war er der aufgeblasene Streber! Der Irre runzelte fragend die Stirn.

„Das klingt nach Arbeit."

„Ich fürchte auch", entgegnete der Marshal. „Aber nur morgen, anschließend habe ich noch ein bisschen Zeit, die Gegend zu erkunden."

„Na, dann bis morgen!", sagte der Irre und wandte sich abrupt ab. Der Marshal schaute ihm mit geöffnetem Mund hinterher und murmelte: „Danke für das Gespräch!"

Der Minister

Die Nacht war kurz und unruhig. Der Marshal hatte noch bis spät an seinem kleinen Schreibtisch im Hotelzimmer gesessen und sich weiter vorbereitet, obwohl ihm immer wieder die Augen zuzufallen drohten. Es war eine merkwürdige Situation, fast wie ein Traum, und der Marshal spürte, wie sein Gehirn auf Hochtouren arbeitete, um das aktuelle Geschehen einzuordnen. Hatte er wirklich noch vor wenigen Stunden an der kleinen Mauer gestanden und hinter den Bäumen Graceland gesehen, zum Greifen nah? Fühlte sich nicht alles wie eine Mischung aus Urlaub und schönem Traum an? Wenn er von seinem Schreibtisch den Blick nach links wandte, konnte er durch das Fenster einen Blick auf den Gitarren-Pool erhaschen, dessen helles Blau auch in der Dämmerung noch verheißungsvoll schimmerte. Doch die Ruhe trog …

Erneut schoss das Adrenalin durch seinen Körper und ließ die wonnigen Urlaubsgefühle platzen wie eine

Seifenblase. In wenigen Stunden schon würde er den wichtigsten Einsatz seines Lebens zu meistern haben! Vor einer wer weiß wie großen Menschenmenge stehen und unter der sengenden Südstaatensonne gleich mehrere Reden ins Deutsche oder Englische verdolmetschen müssen! Direkt gegenüber von Graceland und in Gegenwart von Priscilla und Lisa-Marie persönlich!

Das waren eine Menge Ausrufezeichen, und es beunruhigte den Marshal plötzlich, dass er sich nicht gezielter vorbereiten konnte, da ihm keinerlei Manuskripte oder Sprechzettel zur Verfügung gestellt worden waren. Das kurze Telefonat mit dem ebenfalls im *Days Inn* residierenden Vorsitzenden des EPC als Ersatz für das abgesagte Briefing war auch nicht sonderlich ergiebig gewesen.

„Hat sich denn mittlerweile geklärt, wer morgen alles sprechen wird und in welcher Reihenfolge, Herr Renner?"

Der Marshal hörte Renner am anderen Ende geräuschlos mit den Achseln zucken.

„Soweit ich weiß, wird zunächst Priscilla ein kurzes Statement geben. Dann der Bürgermeister und wahrscheinlich ich selbst."

„Und Sie sprechen …?"

„Ich werde Deutsch sprechen, wenn man mir das Wort erteilt. Natürlich könnte ich die Rede auch auf Englisch halten."

Natürlich. In Deutschland lebten 82 Millionen Menschen, die alle im Urlaub für englische Muttersprachler gehalten wurden und die Sprache perfekt beherrschten. Dennoch war der Marshal erleichtert, zu hören, dass eine der Reden auf Deutsch gehalten würde, denn der breite Südstaatendialekt, verbunden mit dem lokalen Slang, ließ seinen Puls schon jetzt bedrohlich steigen.

Als der große Tag nun anbrach, sprang der Marshal beim ersten Klingeln seines Smartphone -Weckers aus dem Bett. Nachdem er sich geduscht und rasiert hatte, sah sein hageres Gegenüber im Spiegel nicht mehr ganz so alt aus. Das dünner werdende Haar sorgsam zur Seite gescheitelt. Die dunklen Augen wach und klar, eine alterslose Insel inmitten eines Meers an Falten. Die Nase wie immer zu groß, der Mund von kleinen Lachfalten umspielt, obwohl es die letzten Jahre nicht viel zu lachen gegeben hatte. Die linke Oberlippe konnte er genauso hochziehen, wie Elvis es in seinen Filmen immer getan hatte, um besonders cool zu wirken.

„Wait a minute, wait a minute, there's something wrong with my lip!", hatte sich Elvis bei seinem Comeback '68 noch darüber lustig gemacht. Irgendetwas stimme mit seiner Lippe nicht, sagte er mit rauchiger Stimme und hatte die linke Oberlippe dabei scheinbar unkontrolliert gekräuselt. Dass der Mann, den sie King nannten, sich selbst und den Rummel um seine Person nie zu ernst genommen hatte, war eine seiner liebenswertesten Eigenschaften.

Als die schlaksige Gestalt des Marshal um kurz nach neun das Hotel verließ und auf den *Elvis Presley Boulevard* trat, toste dort schon der allmorgendliche Verkehr, und die Sonne lachte von einem wolkenlosen Himmel. Passend zum Anlass hatte der Marshal als Outfit ein kurzärmeliges, schwarzes Hemd mit rotem Saum gewählt, das in Schnörkelschrift die Aufschrift *Elvis Presley* trug, dazu ein Paar helle Sommerhosen und braune Wildlederstiefel. *You can do anything, but stay off my Blue Suede Shoes!* Er wirkte nach außen ruhig, doch sein Magen war ein Schlachtfeld. Den kurzen Fußweg zur *Elvis Presley Plaza*, direkt gegenüber von Graceland, kannte er ja bereits. Das große Gelände, das Berichten zufolge im kommenden Jahr einem kompletten Umbau unterzogen werden sollte, war weiträumig abgesperrt und gerahmt von einer ganzen Reihe überlebensgroßer Elvis-Figuren:

Im goldenen Lamé-Anzug aus dem Jahr 1957, der auch das Hotelfoyer des Marshal zierte. Im schwarzen Lederanzug, in dem Elvis bei seinem Comeback 1968 im Handstreich die Bühne zurückerobert hatte, als hätte es die langen Jahre der Bühnenabstinenz nie gegeben. Und natürlich durfte neben vielen weiteren Konterfeis auch *Aloha from Hawaii* nicht fehlen. Die erste weltweit per Satellit übertragene Show überhaupt, mit der Elvis 1973 Geschichte geschrieben hatte und die nach offiziellen Angaben von mehr Menschen gesehen wurde, als die Mondlandung.

Apropos Mond, genau dort wünschte sich der Marshal in diesem Moment hin. Während er unaufhaltsam der Plaza näherkam und versuchte, sich selbst mit festem Schritt und Clint-Eastwood-Blick von seiner Ruhe und Kaltblütigkeit zu überzeugen, stritten in seinem Inneren Angst mit Entschlossenheit, Verzagtheit mit Übermut und Fluchtinstinkt mit freudiger Erregung.

„Your ticket, Sir!"

Mit dem bulligen Wachmann wollte man sich nicht anlegen. Als er den roten VIP-Ausweis mit einem lachenden 50er-JahreElvis darauf sah, verzog sich die grimmige Miene jedoch zu einem gutmütigen Grinsen.

„Thank you, Sir, and welcome to Graceland!"

Der Marshal hängte sich im Weitergehen seinen VIP-Ausweis um den Hals und kam sich für einen Moment sehr wichtig vor. Erst jetzt wurde er des Podests in der Mitte der Plaza gewahr, auf dem der Grund stand, der ihn hierhergeführt hatte: Elvis' pinkfarbener Cadillac, der heute in einer feierlichen Zeremonie als Leihgabe an Deutschland gehen sollte. Natürlich hatte man ihn schon oft auf Bildern gesehen, aber als der Marshal den mächtigen, fast sechs Meter messenden Wagen nun leibhaftig vor sich stehen sah, war er dennoch überwältigt. Das matte Rosa, das brillant mit den blitzenden und dennoch unaufdringlichen Chromelementen harmonierte. Die überraschend klein wirkenden, schwarzen Reifen, die einen dezenten Kontrast zu den weißen Felgen und dem weißen Dach des Cadillacs bildeten. Ein solches Fahrzeug mochte in Zeiten des Klimawandels nicht mehr zeitgemäß sein, doch die Kurven und schnittig-eleganten Formen übten dennoch eine unwiderstehliche Anziehungskraft aus.

Die Geschichte, die der Marshal Anton erzählt hatte, war nicht erfunden: Elvis hatte 1955, gerade 20 Jahre alt, sein Kindheitsversprechen eingelöst und seiner Mutter Gladys diesen pinkfarbenen Cadillac geschenkt, der zunächst über ein schwarzes Dach verfügte und erst nach einem Unfall ein Jahr später von Elvis mit dem weißen Dach ausgestattet wurde, das er bis heute besaß. Obwohl Gladys über keinen Führerschein verfügte und den Wagen selbst nie fahren konnte, verwies sie oft stolz auf „ihren" Wagen. Genutzt wurde er in dieser Zeit allerdings nur von Elvis und seiner dreiköpfigen Band, die damit für ihre ersten Auftritte durch die Region tingelte.

Das Podest, auf dem der Cadillac stand, war offenbar bewusst niedrig gehalten worden, damit die Besucher Gelegenheit hatten, auch das edle Innere betrachten zu können. Der Marshal hätte sich gerne mehr Zeit genommen, es in Augenschein zu nehmen, doch da fiel sein Blick auf das blumengeschmückte Rednerpult, das, standesgemäß von einem roten Teppich unterlegt, unweit seitlich des Cadillacs postiert worden war. Das würde also sein Arbeitsplatz werden.

Die Plaza begann sich gerade von zwei Seiten mit Menschen zu füllen, die mit erwartungsfrohen Gesichtern auf das Gelände strömten. Gerade dachte der Marshal, dass er sie darum beneidete, das große Ereignis einfach nur entspannt genießen zu können, da wurde er von einer vertrauten deutschen Stimme aus seinen Gedanken gerissen:

„Guten Morgen! Ich hoffe, Sie haben gut geschlafen vor Ihrem großen Auftritt heute?"

Der Marshal drehte sich um und blickte in das lachende Gesicht von Renner. Er versuchte sich an einem Lächeln, das entspannt wirken sollte.

„*Mein* großer Auftritt? Ich dachte eher, es geht um den jungen Mann in dem goldenen Anzug!"

„Wie auch immer!"

Renner lachte wieder und schien an diesem Morgen ausgesucht guter Laune zu sein. Er scherzte, dass heute in Memphis kein Kaiserwetter, sondern „Elvis -Wetter" herrschte und zeigte sich erleichtert, dass das große Open-Air-Event nicht „buchstäblich" ins Wasser gefallen war. Plötzlich legte er dem Marshal jovial die Hand auf die Schulter und fragte mit beschwörendem Augenzwinkern:

„Wollen Sie Priscilla und Lisa-Marie kurz kennenlernen?"

Das ließ sich der Marshal nicht zweimal sagen. Er folgte Renner durch eine weitere bewachte Absperrung ins Innere des Plaza-Komplexes und fand sich in dem großen Showroom wieder, in dem weitere Fahrzeuge von Elvis zur Besichtigung standen. Auf einer Freifläche nahe dem Eingang hatte man einen kleinen VIP-Bereich mit festlich geschmückten Stehtischen eingerichtet, an denen einige nicht minder festlich gekleidete Gäste standen. Zwei erkannte der Marshal auf den ersten Blick: Priscilla und Lisa-Marie. Mutter und Tochter nebeneinander, offenbar im Gespräch mit einem Geistlichen, wobei auch ihr höfliches Lächeln nicht darüber hinwegtäuschen konnte, wie sehr sie sich langweilten. Vielleicht war das der Grund, warum Priscilla sogleich zu ihnen herüberrief:

„Mr. Renner, why don't you come over here for a moment!"

Wie fremd sich der Name mit dem weichen Südstaaten-„R" am Anfang doch anhörte, dachte der Marshal und folgte Renner zu der kleinen Gruppe.

„Mr. Renner, I want you to meet the Minister, Mr. Worosovitz!"

Allgemeine Vorstellungsrunde. Der Marshal stellte sich in geschliffenem Englisch als „der Dolmetscher für die heutige Veranstaltung" vor und schüttelte erst Priscilla und dann Lisa-Marie die Hand. Während erstere seinem Blick mit wachen, interessierten Augen begegnete, wirkte Lisa-Marie müde und abwesend. An Priscilla stachen besonders ihre strahlend blauen Augen hervor. Direkt von ihrer Aura umfangen, konnte der Marshal jetzt noch besser nachempfinden, was Elvis an der zierlichen Frau mit den langen, rötlich schimmernden Haaren so fasziniert hatte. Sie wirkte durchsetzungsstark und verletzlich zugleich. Dass sie deutlich die 70 überschritten hatte, war kaum zu glauben, zumal ihr Lächeln und ihre Bewegungen etwas zeitlos Mädchenhaftes an sich hatten.

Der Marshal war geschmeichelt, als Priscilla ihm mehr Beachtung schenkte als seine Rolle es erfordert hätte. Sie schien in bester Feierlaune und erzählte dem Marshal von einigen Erfahrungen, die sie im Zuge ihrer zahlreichen Reisen mit Dolmetschern gesammelt hatte. Der Marshal steuerte routiniert einige Anekdoten aus seinem Erfahrungsschatz bei und entspannte sich zusehends, während die Stimmung nahezu ausgelassen wurde. Wie sie ihn denn ansprechen solle, fragte Priscilla plötzlich. Zwar hatte sich der Marshal zu Anfang namentlich vorgestellt, doch das umständliche „Mr." blieb im Englischen auf streng formelle Interaktionen beschränkt.

„Just call me Marshal!", sagte er nach kurzem Zögern.

Es war das erste Mal, dass Lisa-Marie aufmerkte und ihn mit interessiert-amüsiertem Blick von der Seite musterte. Für den Bruchteil einer Sekunde war der Marshal überwältigt, als er den Charme des Vaters in den Augen der Tochter aufblitzen sah, doch er versuchte, sich nichts anmerken zu lassen. Während er erklärte, wie er noch zu Schulzeiten zu dem ungewöhnlichen Spitznamen gekommen war, registrierte er nicht ohne Genugtuung, wie beide Frauen interessiert seinen Erläuterungen folgten, um sie anschließend mit wohlwollendem Lachen zu quittieren.

Renner wippte derweil zunehmend unruhig auf den Zehenspitzen hin und her. Unter normalen Umständen hätte der Marshal mehr Zurückhaltung gezeigt, da man sich als Dolmetscher grundsätzlich im Hintergrund zu halten hatte, doch dies war kein Einsatz wie jeder andere. Er war so beschwingt, ja, euphorisch, dass er versäumte, weitere Informationen einzuholen, die für seinen bevorstehenden Einsatz von größter Wichtigkeit waren: Wer würde sprechen und in welcher Reihenfolge? Würden Namen von Einrichtungen und Persönlichkeiten genannt werden, die man, zumal als Ortsfremder, vielleicht noch nie gehört hatte? Hatten die Redner Manuskripte oder Notizen vorbereitet, auf die man noch schnell einen Blick werfen konnte? Waren Zitate vorgesehen, die man noch rasch online recherchieren konnte, oder neckische Wortspiele, für die sich mit etwas Kreativität eine originelle Lösung finden ließe?

„I'd like to bring out a toast!"

Es war Priscilla, die mit diesen Worten ein Glas perlenden Champagners in die Höhe hielt und die Umstehenden einladend anlächelte, während sich neben ihr ein weiß behandschuhter Kellner mit Tablett anschickte, weitere Gläser zu verteilen. Renner schaute verdutzt drein und raunte dem Marshal zu:

„Ein Toast? Was für'n Toast?"

Der Marshal unterdrückte ein Schmunzeln und klärte ihn auf:

„Sie will etwas sagen und mit uns anstoßen!"

„Sag ich doch!", lachte Renner. „Na, dann wollen wir mal!"

„Danke, ich verzichte!", sagte der Marshal, dem die Gefahr blitzartig bewusst wurde.

„Ach was, ein Gläschen Champagner lockert doch die Zunge!", ließ sich Renner nicht beirren und erleichterte den Kellner um ein Glas auf dem Tablett.

„Nein, ich kann so wirklich nicht arbeiten, bitte um Verständnis!"

Renner schaute missmutig drein, ließ den Kellner jedoch seine Runde fortsetzen, während Priscilla mit wenigen, aber herzlichen Worten den kleinen Kreis an VIPs begrüßte. Eigentlich war alles gut, wäre nicht in diesem Moment Lisa-Marie an ihnen vorbeigeschlendert, wobei ihr auffiel, dass der Marshal mit leeren Händen dastand. Dieser gewahrte mit Schrecken ihren Blick, sah wie sie stutzte und stöhnte innerlich auf, während das Schicksal unweigerlich seinen Lauf nahm.

Es war zweifellos als nette Geste gemeint. Wahrscheinlich war Lisa-Marie der Annahme, man hätte dem Marshal als Dienstleister den Champagner verwehrt und wollte ein Zeichen setzen. Vielleicht mochte sie ihn. Oder vielleicht wollte sie auch einfach nur eine gute Gastgeberin sein. Jetzt stand sie jedenfalls vor dem Marshal und hielt ihm ein Glas Champagner vor die Nase. Ob man ihn vergessen habe, fragte sie den Marshal, und wieder blitzte aus ihren schönen blauen Augen kurz der Vater auf. Nein, nein, beeilte sich dieser zu versichern. Er wolle nur, schließlich müsse er gleich …

Das ließ Lisa-Marie nicht gelten.

„Shoot, Marshal!", sagte sie leise mit unsichtbarem Lächeln und schaute ihm fest in die Augen, während das Glas noch einen Zentimeter näher an seine Nase rückte.

Als der Marshal immer noch zögerte, stieß ihn Renner von der Seite an:

„Trinken Sie, Mann! Wollen Sie allen Ernstes Lisa-Marie einen Drink abschlagen?"

Das war geschickt. Seine auf Deutsch gesprochenen Worte klangen freundlich, und er lächelte, während er sprach, um seinen Ärger vor Lisa-Marie zu verbergen. Als diese weiterhin keine Anstalten machte, das Glas zurückzuziehen, sah der Marshal keine andere Möglichkeit mehr, zumal er Renner grundsätzlich zustimmen musste. Wenn Lisa-Marie einem persönlich einen Drink anbot, gab es kein „Nein".

„Thank you!"

Die Gläser klirrten, und der Marshal setzte zum Trinken an. Der erste Schluck schmeckte seltsam fremd und vertraut zugleich. Der zweite nur noch vertraut. Der dritte weder noch, und das Glas war leer. Die Euphorie des Marshal wich einer dumpfen Entspannung. Als der Kellner kurz darauf erneut seine Runde drehte, griff er ohne zu Zögern zu. Und dann ein weiteres Mal. Eine Minute später erinnerte er sich schon nicht mehr, mit wem er im Folgenden was und in welcher Sprache parliert hatte. Und dann ging alles sehr schnell. Draußen ertönte eine Lautsprecheransage, die nur fetzenweise zu verstehen war, und Renner ergriff den Marshal am Arm:

„Kommen Sie, es geht los!"

Als sie hinaus auf die Plaza traten, kniff der Marshal irritiert die Augen zusammen. Keine Wolke wagte es, sich der heißen Südstaatensonne in den Weg zu stellen, und der vormals weitgehend leere Platz war schwarz vor Menschen. Diesmal reichte der Adrenalinstoß nicht aus, um den unsichtbaren Schleier zu zerreißen, der den Marshal umgab. Er folgte Renner, der in Richtung Podium eilte, und hatte das Gefühl, sich wie in einem Film zu bewegen. Da stand doch schon jemand neben dem rosa Cadillac am Rednerpult? Richtig, es war Priscilla, und der Marshal hörte, wie sie in diesem Moment „Ladies and Gentlemen!" sagte. Sein Einsatz.

Hang on a sec! Moment, bitte! Diese Worte fielen nur in seinem Kopf, während der Marshal nach vorne hastete. Noch im Gehen nestelte er den kleinen Schreibblock aus der Tasche und kramte in der anderen nach einem Stift. Er kam leicht wankend zwischen Cadillac und Rednerpult zum Stehen und setzte den Stift an. Ob seine Finger vor Aufregung zitterten oder aufgrund der plötzlichen Alkoholzufuhr, war nicht auszumachen und im Übrigen auch egal. Neben der krassen Exponiertheit war dem Marshal das sogenannte Konsekutivdolmetschen noch aus anderen Gründen zuwider: Das abschnittsweise Vortragen und Dolmetschen ließ sich nie wirklich kontrollieren. Den Redner zu unterbrechen galt mit steigendem

Rang als unhöflich, und wenn man nicht mitkam oder etwas nicht verstanden hatte, musste man sehen, wie man damit anhand der eigenen Notizen – normalerweise eine kryptische Mischung aus Zeichen, Symbolen und Abkürzungen – irgendwie durchkam. Die Kombination Englisch-Deutsch brachte zudem das spezifische Problem mit sich, dass viele, wenn nicht die meisten deutschen Zuhörer ohnehin verstanden, was im Englischen gesagt wurde und sich somit gerne in Erbsenzählerei ergingen, während es in allen anderen Sprachen lediglich einiger zusammenhängend klingender Sätze bedurfte, um dem Publikum eine gewisse Ehrfurcht abzuringen.

Dass Priscilla öffentliche Auftritte gewohnt war, merkte man sofort. Außerdem zeigte sie sich bemerkenswert aufmerksam, als sie des hastig herbeilaufenden Marshal gewahr wurde und ihre bereits begonnene Ansprache unterbrach, bis der Mann, der sich mit einer Hand nervös den Scheitel glättete und mit der anderen einen Schreibblock hervorkramte, bereit war.

„Ladies and Gentlemen, Mayor Landstrick, Minister Worosovitz, Mr. Renner, dear guests from Germany and all over the world!"

Der Stift des Marshal zitterte über dem Papier, setzte kurz auf wie ein Flugzeug, das zur Landung ansetzt, und hob wieder ab, um durchzustarten und einen neuen Anlauf zu nehmen. Das Kürzel „L+G" für die allgemein übliche Anrede hätte er noch im Schlaf hinbekommen. Doch schon die spontan gewählte Abkürzung „BM" für „Bürgermeister" war ihm kurz darauf ein Rätsel. Und da er den hastig hingekritzelten Namen auch nicht mehr entziffern konnte, wurde der oberste Vertreter der Stadt Memphis kurzerhand zu „Herrn Langstrick", wobei der Marshal nicht nur den Namen als solchen verballhornte, sondern auch die Grundregel verletzte, englische Namen möglichst unverändert zu lassen.

Und wo kam dieser Minister plötzlich her? Was für ein Minister sollte das sein, und war die Veranstaltung tatsächlich politisch so prominent aufgehängt? Sei's drum, der Marshal begrüßte auch den „Herrn Minister", ohne nur zu versuchen, den Namen zu nennen, von dem bei ihm nur etwas angekommen war, das wie „Witz" klang. Die „Gäste aus Deutschland und aller Welt" dolmetschte er zwar korrekt, registrierte jedoch mit Schrecken, wie seine schwere Zunge ein leichtes Lallen erzeugte, wie man es von einigen der letzten Elvis-Auftritte her kannte. Priscilla schien einen kurzen Moment von der unterdrückten Heiterkeit der deutschsprachigen Gäste irritiert, war jedoch Profi genug, um scheinbar unbeirrt in ihrer Rede fortzufahren.

Man konnte nicht behaupten, dass die Aufgabe nicht machbar gewesen wäre. Priscilla redete nicht zu schnell und erging sich vorwiegend in diversen Höflichkeiten, die der Marshal – entschlossen, die gleich zu Anfang beschädigte Glaubwürdigkeit wiederherzustellen – relativ flüssig und wortgewandt ins Deutsche brachte. So weit war trotz des holperigen Starts alles unter Kontrolle, doch seine Hände schwitzten, sein Kopf brummte, und die Krakeleien auf seinem Schreibblock drohten immer wieder vor seinen Augen zu verschwimmen.

Als nächster Redner wurde der Bürgermeister angekündigt, ohne dass man ihn noch einmal namentlich vorgestellt hätte, und der Marshal unternahm außerhalb des Protokolls einen spontanen Versuch, seinen vorherigen Lapsus durch eine Witzelei wettzumachen.

„Der nächste Redner ist der Bürgermeister der Stadt Memphis!", hörte er sich ankündigen. „Sie wissen schon, der Lange Strick!"

Manchmal konnte Stille schmerzhaft sein. Insbesondere auf einem so großen Platz mit so vielen Menschen. Die englischsprachigen Teilnehmer schauten einmal mehr verdutzt in die Runde, sie spürten, dass etwas in der Luft hing, konnten die Peinlichkeit jedoch aufgrund der Sprachbarriere nicht nachvollziehen. Eigentlich war es daher gut, dass nun direkt der Bürgermeister ans Mikrofon trat, doch die Erleichterung des Marshal sollte nicht lange währen. Schon die kleinen, funkelnden Augen des Stadtoberhauptes verrieten Humor und Spritzigkeit, zwei Eigenschaften, die für Zuhörer ein Segen und für Dolmetscher ein Fluch sein können.

Ob sie denn überhaupt wüssten, was diese Stadt außer ihrem berühmtesten Sohn noch ausmache, fragte er rhetorisch in die Menge. *Grind City* sei einer ihrer Spitznamen, was wiederum mit den *Grizzlies* zusammenhänge. Wer die *Grizzlies* seien? Nun, das sei natürlich das NBA-Basketballteam der Stadt, das sich dem Motto „*Grit and Grind*" verschrieben habe, daher der Name *Grind City*.

Der Marshal verfluchte sich für sein Versäumnis, den Bürgermeister vor der Veranstaltung nicht auf den Inhalt seiner Rede angesprochen zu haben, während er ohne rechten Zusammenhang die Worte „Grind City", „Grizzlies" und „NBA" auf seinen Block kritzelte. Während er noch versuchte, einen Zusammenhang herzustellen, legte der lange Strick nach. Seine Vorliebe für Spitznamen, unnützes Spezialwissen und mühsam konstruierte Kontexte machte ihn zu einem natürlichen Feind des Dolmetschers.

Den internationalen Gästen sei wahrscheinlich nicht bekannt, dass Memphis auch die Bezeichnung „Bluff City" trage, mutmaßte er zutreffend. „That's because of the *Chickasaw Bluff*", blinzelte der „BM" vergnügt in die Menge, während der Marshal versuchte, seine Worte annähernd phonetisch festzuhalten. „ … and that's the high ground rising about 50 to 200 feet above the flood plain. This elevation, shaped as four bluffs, is named for the people who occupied much of this area in Western Tennessee and Mississippi in the 19th century. By their control of the bluffs, they could impede French river traffic when the peoples were at war."

Die kleine Geschichtsstunde lief mit oder ohne Verdolmetschung ins Leere. Den Einheimischen war die aus vier markanten Erhebungen bestehende Hügelkette rund um das angrenzende Mississippi-Tal wohlbekannt. Dass sich der Name aus dem Stamm der Chickasaw-Indianer ableitete, der die Hügelkette im 19. Jahrhundert während seiner kriegerischen Auseinandersetzungen mit den Franzosen als strategischen Stützpunkt genutzt hatte, mochte zwar kein Allgemeinwissen mehr sein, doch wo war die Relevanz für die Veranstaltung? Der Bürgermeister schien diese Frage in den Gesichtern seiner Zuhörer zu lesen und beeilte sich, einen Bogen zu schlagen. Chickasaw, erklärte er mit bedeutungsschwanger erhobenem Zeigefinger, leite sich wiederum aus dem Wort *chikasha* ab, das unter anderem „Rebell" bedeute. Könne es denn wirklich Zufall sein, dass die Stadt Memphis 100 Jahre später diesen großen Rebell hervorgebracht habe, der nicht nur dieser Plaza, sondern auch dem großen Boulevard im Hintergrund seinen Namen gab? Oder sei es nicht eher so etwas wie göttliche Vorsehung?

Das war natürlich alleine deswegen schon Unsinn, als Elvis ursprünglich aus dem kleinen Ort Tupelo im benachbarten Mississippi kam, aber es war verständlich, dass Memphis sich gerne mit seinem großen Sohn schmückte. Der Lange Strick blinzelte den Geistlichen neben sich vielsagend an, doch dieser – unschlüssig, ob derlei Witzchen auf Kosten des Herrn zulässig seien – entschied sich, ihn würdevoll zu ignorieren.

Es entstand eine kurze Redepause, die der Marshal todesmutig nutzte, um dazwischen zu grätschen. Als er versehentlich vom Stamm der „Chicken-Saw-Indianer" sprach, machte sich erneut Heiterkeit unter den Zuhörern breit, diesmal gleichermaßen unter den deutsch- und englischsprachigen. Dass mit dem großen, schlaksigen Mann, der da vorne zwischen dem irgendwie überdimensioniert wirkenden rosa Cadillac und dem Rednerpult stand, etwas nicht stimmte, war mittlerweile sprachübergreifend klar. Vielleicht hatte sich der Marshal zu oft mit einer Mischung aus Gruseln, Faszination, aber auch Bewunderung die Aufzeichnungen der letzten Auftritte des King angesehen. Wie er da in all dem Getöse um sich herum irgendwie verloren inmitten einer riesigen Halle stand und bei dem gesprochenen Mittelteil von *Are you lonesome tonight* erst den Text vergaß und dann dermaßen ins Lallen geriet, dass er beschloss, absichtlich noch stärker zu lallen und den Originaltext spontan durch ein völlig kontextloses „plus tax!" zu ersetzen. Zuzüglich Steuer.

Das war ziemlich lustig und täuschte vielleicht tatsächlich den einen oder anderen Zuschauer darüber hinweg, dass es sich in Wahrheit um einen verzweifelten Befreiungsschlag des Mannes im weißen Anzug mit der riesigen mexikanischen Sonnenuhr auf dem Rücken handelte. Der Marshal hatte diese Kombination aus Humor und Geistesgegenwart angesichts der im grellen Scheinwerferlicht drohenden Blamage immer bewundert. Vielleicht entschied er sich daher erneut spontan, die gleiche Strategie einzuschlagen, indem er seine nicht mehr zu kaschierenden Ausfälle absichtlich zelebrierte. Und tatsächlich erreichte er im Folgenden gezielt weitere Lacher, wenn er von den „Chicken-Indianern" sprach und die besagte Hügelkette in eine Höhe von „50 bis 200 Füße" verlegte.

Seine Autorität als Dolmetscher war damit endgültig verspielt, aber lieber wollte er unfreiwillig zum Showact werden, als sich durch den ernsthaften Versuch, gute Arbeit zu leisten, doppelt lächerlich zu machen.

Als der Geistliche als dritter und letzter Redner ans Pult trat, drohte dem Marshal schwarz vor Augen zu werden, und er musste sich kurz an dem nebenstehenden Außenspiegel des Cadillac festhalten. Wo zum Teufel blieb Renner? Eine Verdolmetschung aus seiner Muttersprache ins

Englische hätte dem Marshal vielleicht eine kleine Atempause verschafft.

„Der ist ja komplett hacke!", hörte er wie durch einen Schleier einen der vielen eigens aus Deutschland angereisten Teilnehmer rufen.

„Buh!", ertönte es an anderer Stelle und fand sogleich ein vielfaches Echo, gemischt mit Gelächter.

Der Geistliche schaute verwirrt drein, als kurzerhand Priscilla ans Pult trat und die Menge zur Ordnung rief. Es gäbe noch einen weiteren Redner, sagte sie ruhig, aber mit einer Bestimmtheit, die keinen Zweifel an ihrer Entschlossenheit ließ, man möge doch so freundlich sein, den Ausführungen des *Minister* und der anschließenden Verdolmetschung zu folgen.

Ganz im Gegensatz zu dem Mann, der als unsichtbarer Schirmherr die Menschenmenge auf der Plaza zusammengebracht hatte, war der Marshal nicht religiös. Er ging sogar so weit, Religion als ein Gift zu betrachten, das im Laufe der Jahrtausende bis tief in die Gegenwart mehr Leid und Unglück über die Menschheit gebracht hatte als irgendetwas anderes. Dass er dieses Thema in seiner Arbeit als Dolmetscher stets umgangen und sich nie mit der religiösen Terminologie im Englischen vertraut gemacht hatte, rächte sich nun allerdings. Hätte er sich gezielter auf die einzelnen Redner vorbereitet, dann wäre er nicht so verwirrt gewesen, dass statt des angekündigten „Ministers" nun der Geistliche das Wort ergriff. Selbst wenn ihm nicht bekannt war, dass geistliche Würdenträger im amerikanischen Englisch mitunter als *Minister* tituliert werden, hätte er unter normalen Umständen an dieser Stelle absichtlich ein taktisches Foul begangen und den offenkundig unpassenden Begriff durch etwas ersetzt, das zu der Situation passte. Doch sein Kopf versagte immer mehr den Dienst – ob durch die unvermittelte Alkohol-Attacke, die Aufregung oder alles zusammen, war nicht zu sagen. Und er hatte von Überlebensmodus auf Autopilot geschaltet. So kam es, dass der Pastor aus Memphis für die deutschen Zuhörer kurzerhand zum Minister befördert wurde, was die meisten mit einer Mischung aus Verwirrung und Belustigung zur Kenntnis nahmen.

Worosovitz war der Älteste der drei Festredner und sprach mit solch salbungsvoller Bedächtigkeit, dass der Marshal kurz etwas Hoffnung schöpfte, das Ruder zum Abschluss noch einmal herumreißen zu können. Das schien zunächst auch zu gelingen, als der Geistliche Elvis' tiefen religiösen Glauben pries und die Geschichte erzählte, wie dieser einen Fan, der ihn als „King" titulierte, mit den Worten belehrte, es gäbe nur einen König und das sei Jesus Christus. So ging es noch eine Weile weiter, und der Marshal kämpfte sich von Satz zu Satz. Die von Worosovitz zunehmend eingestreuten Bibelzitate vermochte er jedoch, wenn überhaupt, nur rudimentär und reduziert auf die Kernaussage ins Deutsche zu bringen. Dem Geistlichen entging nicht, dass insbesondere die Verdolmetschung seiner Worte aus der Heiligen Schrift unter einigen Zuhörern eine ebenso unerwartete wie unpassende Heiterkeit hervorrief, was ihn zusehends verdross. Er wolle nun zum Schluss kommen, sagte er schließlich mit einem schiefen Seitenblick auf die leicht gekrümmte Gestalt zu seiner Rechten, da seine Worte ja offenbar „lost in translation" seien. Speziell für den Dolmetscher aus Deutschland wolle er zuvor noch ein letztes Zitat von James aus der Heiligen Schrift anbringen, fuhr er fort, und seine klaren, blauen Augen funkelten vor Hohn:

„If any of you lacks wisdom, you should ask God, who gives generously to all without finding fault, and it will be given to you."

Dieses Zitat von Jakobus mochte in der Bibel als positive Ermunterung gemeint gewesen sein, doch in diesem Fall war es ein Giftpfeil, der den Marshal völlig unvorbereitet traf:

„Wenn es aber jemandem unter euch an Weisheit mangelt, so bitte er Gott, der jedermann gern und ohne Vorwurf gibt, so wird sie ihm gegeben werden."

Der große Platz erbebte vom Lachen der Zuschauer, unter denen auch die meisten Gäste aus Deutschland die Botschaft nur zu gut verstanden hatten.

Das Lachen der Menge ballte sich in den Ohren des Marshal zu einem einzigen Lärmknäuel. Der große, hagere Mann wankte und klammerte sich an irgendetwas fest, während die Welt um ihn herum in einem schwarzen Meer versank. Er hörte nicht mehr das splitternde Geräusch und den Aufschrei der Zuhörer, die plötzlich nicht mehr lachten. Merkte nicht, wie er zu Boden stürzte. Sah und hörte nicht, wie Priscilla und Lisa-Marie herbeieilten und nach einem Sanitäter riefen. Blieb regungslos auf dem Rücken liegen, Stift und Schreibblock auf dem Boden verstreut. In seiner rechten Hand glänzte ein verchromter Spiegel.

Downtown Memphis

Der pinkfarbene Cadillac raste in gefühlter Lichtgeschwindigkeit über den verwaisten Highway, dessen Ende sich irgendwo in den Weiten des Horizonts verlor. Der Marshal hing langgestreckt, mit wehenden Haaren, auf der Fahrerseite des Fahrzeugs und wirkte merkwürdig entspannt, während er sich mit beiden Händen am Außenspiegel festhielt. Er wunderte sich, denn obwohl der Wagen in halsbrecherischem Tempo über den Asphalt jagte, empfand er weder Angst noch seine ungewöhnliche Position als unbequem. Maximale *Airtime* würden die Achterbahnliebhaber das nennen. Er blickte nach vorn zum Horizont und registrierte die trotz des Fahrtwinds erstaunliche Stille. Seine Augen tränten nicht. Einen Moment lang genoss er es einfach, angst- und raumfrei durch dieses Vakuum zu rauschen, als sein Blick unwillkürlich durch die geschlossene Scheibe neben sich fiel. Er erkannte den Mann am Steuer sofort.

Es war Elvis.

Sofern man es aus der Seitensicht durch die Scheibe beurteilen konnte, handelte es sich um den jungen Elvis aus der Mitte der Fünfzigerjahre, zu erkennen daran, dass sein ursprünglich blondes Haar noch nicht durch die berühmte, pechschwarze Tolle ersetzt worden war. Er schaute starr nach vorn und schien den blinden Passagier, der trotz rasanter Fahrt entspannt an der Außenseite seines Fahrzeugs flatterte, entweder nicht zu bemerken oder keine Beachtung zu schenken.

Der Marshal war nicht überrascht, Elvis am Steuer zu sehen, es schien im Gegenteil völlig normal. Er hätte ihm gerne etwas zugerufen, war gespannt, wie Elvis reagieren und wie seine Stimme klingen würde, doch die geschlossene Scheibe wirkte wie ein Schallschutz. Gerade grübelte er darüber nach, wie er sich am besten bemerkbar machen könne, als plötzlich vor ihnen ein Gegenstand auf der Straße auftauchte. Ehe er sich versah, stieg der Mann am Steuer heftig in die Bremsen. Das Fahrzeug geriet ins Schleudern und kam schließlich so abrupt zum Stehen, dass sich der Marshal nicht mehr halten konnte und wie ein Geschoss nach vorne flog. Die Landung auf dem harten Asphalt war trotz des krassen Aufpralls unerklärlich sanft. Der pinkfarbene Cadillac war einige Meter hinter ihm zum Stehen gekommen, und der riesige, chromverzierte Kühler wirkte von unten noch mächtiger. Jetzt wurde die Scheibe auf der Fahrerseite heruntergekurbelt, und der blonde Elvis lehnte sich heraus.

„Du hast meinen Spiegel abgerissen, Mann!"

Er schien nicht sonderlich verärgert, es war eher eine Feststellung. Der Marshal registrierte erst jetzt das glänzende Metallteil in seiner Hand und stellte mit gelindem Schrecken fest, dass in der Tat auf Elvis' Seite der Außenspiegel fehlte. Bevor er den Versuch einer Entschuldigung machen konnte, fragte Elvis auf Englisch:

„Are you ok?"

Allzu besorgt schien er nicht zu sein, aber es war nett, dass er fragte.

„Are you ok?", schallte es vielfach im Kopf des Marshal wider, und wie aus dem Nichts beugten sich plötzlich verschiedene Gesichter über ihn: Priscilla, Lisa-Marie, eine schwarze Sonnenbrille, und war das nicht das entsetzte Gesicht von Renner? Der Marshal stöhnte und mühte sich, aufzustehen, während das Stimmgewirr um ihn herum immer unerträglicher wurde.

„ARE YOU OK?!"

Er kämpfte, aufzustehen, doch nicht nur seine Beine versagten den Dienst, sein ganzer Körper schien wie aus Watte. Den Marshal erfasste Panik, und er schrie. Es war ein markerschütternder Schrei, der ihn heftig in die Höhe fahren ließ. Er war schweißgebadet und atmete wie ein Blasebalg. Seine Augen starrten wild um sich, während sein Gehirn auf Hochtouren arbeitete, um wie ein aus dem Kaltstart erwachter Computer das System hochzufahren und die Grundkoordinaten zu laden:

Wer bin ich? Wo bin ich? Was bin ich?

Sein Puls beruhigte sich, als die ersten beiden Fragen geklärt waren: Der Marshal saß aufrecht in seinem Hotelbett im Days Inn und starrte die Tür an. Außer ihm war niemand im Zimmer, und von draußen drangen gedämpft fröhliche Kinderstimmen, vermischt mit Wasserplanschen, an sein Ohr. Das System lud die letzten Ordner und Dateien, und der entstehende Film setzte sich in einer wirren Abfolge von Stimmen, Gesichtern und Handlungen zum Was zusammen. Er schauderte angesichts des Alptraums, den er im Schlaf durchlitten hatte: ein hochblamabler und völlig verpatzter Dolmetscheinsatz vor einer riesigen Menschenmenge, die ihn auslachte. Schauderte noch mehr, als ihm dämmerte, dass der Alptraum nicht nur ein Alptraum, sondern sehr real gewesen sein könnte. Rätselte, warum die Erinnerung so abrupt abbrach. Wie er in sein Hotelbett zurückgekommen war und was sich in der Zwischenzeit zugetragen hatte. Ein klassischer Filmriss, wie er ihn aus diversen Alkoholexzessen nur zu gut kannte.

Der Marshal stieg schwerfällig aus dem Bett und öffnete das Fenster. Es war noch hell, aber die Dämmerung schickte bereits ihre ersten Vorboten, während die Kinder unten vergnügt im Gitarrenpool spielten. Der Blick auf die Armbanduhr zeigte, dass es auf 19 Uhr ging.

Er beschloss, eine Dusche zu nehmen, und versuchte, das Zeitpuzzle zusammenzusetzen, während das Wasser warm und beruhigend auf ihn herabrieselte. Er war am Samstagabend, den 12. August 2017, in Memphis angekommen. Moment, war das nicht erst gestern gewesen? Das war erstaunlich, da es sich anfühlte, als sei er schon Wochen hier, was sich wahrscheinlich durch die Flut von Eindrücken erklären ließ, die seit seiner Ankunft über ihn hereingebrochen war. Der Marshal rieb sich gedankenverloren Shampoo in die Haare und setzte die Teile des Puzzles weiter zusammen. Die feierliche Übergabe des Pink Cadillac an EPC war für den kommenden Tag geplant gewesen, also Sonntag, den 13. August, drei Tage vor Elvis' 40. Todestag. Das war … ja, das musste dann tatsächlich … das war *heute*, wie auch die Datumsanzeige seiner Uhr bestätigte! Was wiederum bedeutete, dass noch zwei Tage bis zur *Vigil* verblieben, die der Marshal schon so manches Mal sehnsuchtsvoll im Internet verfolgt hatte. Blieb also nur die Frage: Was war heute tagsüber geschehen? Welche der wie in einem Trickfilm an seinem geistigen Auge vorbeiziehenden Bilder, welche der aufgeregten Stimmen und welche der wilden Emotionen, die sich wie der sprichwörtliche Sturm im Wasserglas in seinem Kopf jagten, waren real?

Der Marshal fühlte plötzlich den Drang, sein enges Hotelzimmer zu verlassen. Er zog sich an, ging nach unten und durchquerte die Lobby Richtung Ausgang. Als er merkte, dass einige der Umstehenden bei seinem Anblick ihre Gespräche abrupt unterbrachen, ihn anstarrten und zu tuscheln begannen, beschleunigte er seine Schritte.

Endlich draußen!

Die Dämmerung hatte unübersehbar eingesetzt, und er atmete tief die warme Sommerluft ein. Nach wenigen Schritten war der *Elvis Presley Boulevard* erreicht. Er verharrte einen Moment unschlüssig, als plötzlich neben ihm ein rotes Taxi hielt. *Bluff City* prangte in weißen Lettern auf den Türen. Noch ehe der Marshal darüber nachgrübeln konnte, warum ihn beim Lesen dieser Worte ein unbehagliches Gefühl beschlich, fuhr hinten die getönte Scheibe des Taxis herunter.

„Taxi nach Downtown gefällig, Herr Dolmetscher?"

Mit diesen Worten rutschte der Irre einladend auf die andere Seite der Rückbank. Ein kleiner Abstecher in die Innenstadt von Memphis, warum eigentlich nicht? Der Marshal zögerte nur kurz, dann stieg er ein. Der Wagen bog auf den *Elvis Presley Boulevard* ab, und die dunklen Augen des Taxifahrers fixierten mit unverhohlenem Interesse die beiden Fahrgäste auf der Rückbank, die sich zu kennen schienen, doch herrschte zunächst eine derart bleierne Stille, dass der Taxifahrer entschied, das Radio einzuschalten.

„Starker Auftritt heute!", ertönte es plötzlich hinter der Sonnenbrille.

Der Blick des Marshal prallte an den dunklen Gläsern ab. Die Miene des Irren war unbewegt, und obgleich die Ironie in seiner Aussage unüberhörbar war, hatte sein Spott nichts Verletzendes.

„Ich erinnere mich kaum", murmelte der Marshal verlegen. „Wohin fahren wir eigentlich?"

„Downtown. Mitten rein ins Vergnügen. Beale Street und so. Ich denke, Sie können ein bisschen Ablenkung vertragen."

Für seine Verhältnisse klang der Irre plötzlich fast euphorisch. Nun wandte er sich an den Taxifahrer:

„Please drop us off downtown at Lauderdale Courts!"

Der Marshal staunte. Idiomatisches Englisch in geschliffener Aussprache, möglicherweise mit leicht irischem

Einschlag. Das genannte Ziel kam ihm auch bekannt vor. Der Irre schien seine Gedanken zu lesen.

„Lauderdale Courts. Does that ring a bell?"

Ja, jetzt erinnerte sich der Marshal.

„Die Sozialwohnung, in der Elvis in den frühen Fünfzigern mit seinen Eltern gelebt hat!"

„Von '49 bis '53, Apartment 328!", präzisierte der Irre. Der Marshal nickte versonnen und registrierte beim Blick aus dem Fenster, dass sie soeben zur Rechten *Forest Hill* passierten, wo Elvis in jenem schicksalhaften August des Jahres 1977 zunächst in einem Mausoleum bestattet worden war, bevor er nach einem vereitelten Versuch von Räubern, die Leiche zu stehlen, im *Meditation Garden* von Graceland seine endgültige Ruhestätte gefunden hatte. Dort lag er Seite an Seite mit seiner geliebten Mutter Gladys, deren viel zu frühen Tod im Jahr 1958 er nie verwunden hatte; seinem unglücklichen Vater Vernon, der ihn bis zum Schluss auf den meisten Konzerttourneen begleitet hatte und seinen Sohn nur noch zwei Jahre überlebte ; sowie Minnie Mae, seiner Großmutter väterlicherseits, der ihr berühmter Enkel bereits prophezeit hatte, sie werde „uns alle überleben". So war es gekommen. Minnie Mae, oder *Dodger*, wie Elvis sie liebevoll nannte, seit sie einst in letzter Sekunde einem Ball ausgewichen war, den er geworfen hatte, war 1980 als eine der letzten Bewohnerinnen Gracelands im biblischen Alter von fast 90 Jahren gestorben.

„Liam", stellte sich der Irre plötzlich überraschend förmlich vor und reichte dem Marshal die Hand. Dieser schlug ein.

„Meine Freunde nennen mich Marshal!"

Das war ein Winkelzug, den er seit Jahren anwendete: Er mochte es, Fremden gegenüber eine gewisse Distanz zu wahren, indem er sich nur mit seinem Spitznamen ansprechen ließ, schaffte jedoch gleichzeitig Nähe, indem er sie hiermit vorgeblich in den Kreis seiner Freunde aufnahm, mithin den Spitznamen also als eine Art Privileg verkaufte. Eigentlich hatte er gar keine Freunde mehr, ging es ihm durch den Kopf.

„Irischer Vorname?", mutmaßte der Marshal und war überrascht von der Gesprächigkeit des Irren.

„Meine Mutter war Irin, Vater ist Deutscher. Ich habe meine ersten Lebensjahre in Irland verbracht. Als Mutter starb, sind wir nach Deutschland gezogen. Nach Bonn."

„Nach *Bonn*?!", entfuhr es dem Marshal. „Das ist sicher spannend!" Er konnte den leisen Hauptstädter-Spott in seiner Stimme nicht verhehlen.

Die Sonnenbrille musterte ihn kurz von der Seite.

„Und Sie?"

„Berlin!"

Auf dem unbewegten Gesicht mit der Sonnenbrille lag ein unsichtbares Feixen.

„Verstehe. Die Stadt der Flugplatzexperten."

Der Wagen hielt vor einem gepflegten, roten Backsteinkomplex mit symmetrisch angeordneten, weißen Fenstern.

„Lauderdale Courts!", sagte der Taxifahrer.

Stunden später, es ging auf zwei Uhr nachts, näherten sich auf der Winchester Road zwei Gestalten unsicheren Schrittes dem *Elvis Presley Boulevard*. Sie hatten einen knapp dreistündigen Fußmarsch aus der Innenstadt hinter sich und wirkten gleichzeitig erschöpft und ungewöhnlich heiter.

„Chicken-Indianer, der war wirklich nicht schlecht, Marshal, wirklich nicht schlecht, hahaha!"

Der Irre musste sich an einer Straßenlaterne festhalten, um nicht vor Lachen das Gleichgewicht zu verlieren. Der Marshal grinste. Zwar war die Wirkung des reichlich genossenen Bieres durch den langen Fußweg schon wieder ein ganzes Stück verflogen, doch wirkte die Kombination aus Restalkohol und Erschöpfung noch immer wie ein Schleier, der selbst den langsam wiederkehrenden Erinnerungen an seine Schmach für den Moment die Schärfe nahm.

Sie waren in Downtown Memphis auf Elvis' Spuren gewandelt, und der Marshal hatte nach seinen Gesprächen mit dem Irren wieder ein ungefähres Bild von den Geschehnissen des Vortages gewonnen, wobei über allem ein unsichtbarer Schleier lag und der Marshal nicht zu sagen vermochte, woran er sich wirklich erinnerte und welche Schilderungen des Irren sein geplagtes Hirn ihm als Erinnerung verkaufte.

Der Dolmetscher war offensichtlich betrunken vor der Menge erschienen. Hatte eine Menge Unsinn erzählt, eigene Wortspiele kreiert und Zoten gerissen. Und war zu schlechter Letzt vor versammelter Mannschaft kollabiert, wobei er dem Spektakel noch die Krone aufsetzte, indem er im Sturz den linken Außenspiegel des Pink Cadillac abgerissen hatte.

„Und dann?"

Sie hatten vor dem Sozialwohnungskomplex in Lauderdale Courts gestanden und waren positiv überrascht, wie freundlich und gepflegt die Gebäude wirkten. Eine Gedenktafel erinnerte an den Mann, der hier Anfang der 1950 er Jahre in bescheidenen Verhältnissen mit seinen Eltern gelebt hatte, bevor sein Siegeszug rund um den Globus ihn so berühmt machte, dass die Nennung seines Nachnamens stets überflüssig wirkte.

Elvis. Es gab nur einen.

„Es war die Hölle los!", hatte der Irre geantwortet, und seine drastische Aussage stand in merkwürdigem Kontrast zu seiner unbewegten Miene. „ Das hätten Sie sehen sollen! Priscilla ist sofort zu Ihnen rübergelaufen, Lisa-Marie stand auch daneben und hat die Sanitäter gerufen, glaube ich, die waren jedenfalls in Nullkommanix da. Hätten sie sich auch sparen können, die Eile!"

„Sparen können?"

Der Marshal schaute verständnislos drein.

„War eigentlich ziemlich lustig, wenn man's genau nimmt. Priscilla ließ sich ein Glas Wasser reichen, das sie Ihnen verabreichen wollte, aber sie war so aufgeregt, dass das Wasser stattdessen in Ihrem Gesicht gelandet ist!"

Der Irre schien die Szene wie einen Film vor seinem geistigen Auge ablaufen zu sehen und lachte wieder. Er hatte die irritierende Eigenschaft, blitzschnell zwischen seinem Markenzeichen, dem unbewegten Sonnenbrillengesicht, und überraschender Heiterkeit wechseln zu können. Ebenso plötzlich konnte er von relativer Einsilbigkeit in unerwartete Redeflüsse und von träger Passivität in unerklärlichen Aktivismus verfallen, was das Zusammensein mit ihm interessant, aber auch anstrengend machte.

Die Erinnerung des Marshal war schemenhaft, doch meinte er, sich dunkel erinnern zu können, wie ihm das kalte Wasser ins Gesicht geklatscht war. Aber wie war es dann weitergegangen?

„Sie haben geflucht wie ein Rohrspatz, aber zum Glück auf Deutsch, sodass Priscilla es nicht verstanden hat. Haben sich aufgerappelt, die Sanitäter weggeschubst, die Sie untersuchen wollten, und sind davongestürmt, wobei Sie fast noch Lisa-Marie umgerissen hätten, die versucht hat, Sie aufzuhalten."

Diese Vorstellung war dem Marshal extrem unangenehm, und er hatte schnell das Thema gewechselt. Sie waren durch die nahegelegene Beale Street, die „Heimat des Blues", geschlendert und hatten vor dem Schaufenster von *Lansky's* gestanden, der sich selbst den Titel „Ausstatter des King" gab, da er dem jungen Elvis in den 50 er-Jahren seine damals schon extravaganten Outfits verkauft hatte. Hatten in Ehrfurcht vor dem legendären Sun Studio in der Union Avenue gestanden, wo der 18-jährige Elvis als Geburtstagsgeschenk für seine Mutter den Song „My Happiness" aufgenommen hatte.

„Who do you sound like?", hatte die Studioangestellte, Marion Keisker, den jungen Mann gefragt.

„I don't sound like nobody", hatte dieser erwidert und damit nicht übertrieben: Er klang wie niemand sonst.

Hungrig und müde, hatten die Männer beschlossen, im *Arcade Restaurant* in der South Main Street einzukehren, das sich damit brüstete, Elvis eine Zeit lang als Stammkunde gehabt zu haben. Es gab sogar eine „Elvis-Nische", die jedoch belegt war, woraufhin sich der Irre zum Entsetzen des Marshal mit einem Original Erdnussbutter-Bananen-Sandwich getröstet hatte. Bei aller Liebe zu Elvis, seine Essgewohnheiten musste man sich nicht zum Vorbild nehmen, fand der Marshal und erkundigte sich, die zaghaften Stimmen der Vernunft in seinem Kopf ignorierend, bei der dicken Kellnerin nach den lokalen Biersorten.

„ Ghost River, High Cotton, Memphis Made, Wiseacre –", leierte die Gefragte herunter, ohne ihn anzusehen.

„I'll go for Ghost River", entschied der Marshal und fügte auf Deutsch an den Irren gewandt hinzu: „Ist ja bald Geisterstunde!"

Dieser ignorierte den kleinen Scherz und fragte unvermittelt:

„Warum sind Sie denn einfach weggelaufen? Und wohin?"

Glücklicherweise kam das Bier prompt, und als das erfrischende Nass durch seine Kehle rann, fiel dem Marshal die Antwort leichter.

„Um ehrlich zu sein, ich weiß es nicht. Wahrscheinlich direkt ins Hotel zurück. Jedenfalls bin ich da abends wieder aufgewacht. Muss wie ein Stein geschlafen haben."

„Na, ist ja auch egal. Gibt jetzt Wichtigeres zu klären. Renner dreht schon am Rad."

„Renner?"

Der Marshal stöhnte innerlich auf. Er hatte alles vermasselt, und wahrscheinlich wollte EPC sein Geld zurück. Man konnte es ihnen nicht verdenken.

„Naja, der Pink Cadillac ohne Außenspiegel macht sich nicht gut. Wenn Elvis ihn irgendwann mal abgerissen oder noch besser abgeschossen hätte, wäre das sicher was anderes. Aber zu sagen, der besoffene Dolmetscher ist umgefallen und hat den Spiegel dabei abgefetzt, dürfte den Wert des Wagens nur gering steigern."

Humor hatte der Irre, das musste man ihm lassen, auch wenn er bei diesen Worten gewohnt ernst blieb.

„Das zahle ich natürlich", murmelte der Marshal verlegen.

„Gut und schön, aber die wollen natürlich das Original wiederhaben!", gab sein Gegenüber lakonisch zurück.

„Natürlich, was sonst! Wo ist das Problem?"

„Das Problem", sagte der Irre und senkte bedeutungsschwer die Stimme, während er sich nach vorne lehnte, sodass der Marshal direkt in die dunklen Sonnenbrillengläser starrte, „das Problem liegt darin, dass der Spiegel verschwunden ist!"

„Verschwunden?"

Der Marshal hätte beinahe aufgelacht.

„Wer soll denn einen abgebrochenen Außenspiegel klauen?"

„Nicht *irgendeinen*, das muss ich Ihnen doch wohl nicht erklären!"

Der Marshal war geschockt. Dass er für die Beschädigung des kostbaren Autos verantwortlich war, wog schon schwer genug, doch der Diebstahl des Spiegels verlieh der Angelegenheit eine andere Dimension. Dem Muster der vergangenen Jahre folgend, beschloss er, weitere Bierflaschen in die Konsultation einzubeziehen, um sich dem Problem schrittweise zu nähern. Der Irre stand ihm in nichts nach, zog dem lokalen Bier jedoch eine Reihe Kurzer vor, die er in erstaunlicher Frequenz wegkippte.

Als sie gegen 23 Uhr aus dem *Arcade* torkelten, ging es zunächst auch nur schrittweise voran. Die Männer waren deutlich angeschlagen, und der Marshal wunderte sich, zu welcher Heiterkeit der Irre plötzlich imstande war. Nachdem sie eine ganze Weile einfach drauflosgelaufen waren, hatte der Irre die zündende Idee, sich auf dem Smartphone orten zu lassen und gelangte dabei zu einer ernüchternden Erkenntnis:

„Drei Stunden!"

„Drei Stunden was?"

„Drei Stunden Fußmarsch zurück zum Hotel, verdammt!"

„Was? Die Taxifahrt waren keine 20 Minuten!"

„Ja, aber Taxi ist nicht drin, ich habe keinen Cent mehr. Sie?"

Natürlich nicht. Der Marshal zuckte mit den Achseln.

„Laufen ist gesund!"

Er konnte ein leichtes Lallen nicht verbergen.

Der Weg entlang der South 3rd Street schien endlos. Die Stimmung der Männer wechselte zwischen Erschöpfung und alkoholgeschwängerter Heiterkeit, wobei erstere mit jeder Stunde, die sie den dunklen Highway entlang marschierten, mehr die Überhand gewann. Als sie die Winchester Road erreichten, schöpften sie neue Kraft, denn jetzt war die Kreuzung zum *Elvis Presley Boulevard* nicht mehr fern. Der Irre war nach seinem Lachanfall über die Chicken-Indianer unvermittelt in seine gewohnte Erstarrung zurückgefallen, und der Marshal fragte sich, ob er bei der Dunkelheit durch seine Sonnenbrille überhaupt etwas sehen konnte. Sie bogen rechts auf den *Elvis Presley Boulevard* am Highway 51 ab. Als sie die verwaiste Plaza zur Linken passierten und der Marshal das leere Podest sah, auf dem der strahlende Cadillac gestanden hatte, beschleunigte er unwillkürlich seine Schritte. Jetzt noch einen kurzen Blick auf das nächtliche Graceland werfen, von dort war es nicht mehr weit zu ihrem Hotel. Sie erreichten das *Musical Gate*, das früher auch um diese nachtschlafende Zeit von einigen Schaulustigen umlagert gewesen wäre, doch jetzt waren sie die einzigen Menschen weit und breit. Einen Moment verharrten sie andächtig vor dem Tor und stellten sich vor, Elvis' Onkel Vester würde wie in alten Zeiten in dem kleinen Wärterhäuschen hinter dem Tor sitzen. Vielleicht würde er auf einen kleinen Schwatz herauskommen und den Gästen aus dem fernen Deutschland spontan eine Tour über das Anwesen anbieten. Elvis sei gerade nicht da, aber er hätte bestimmt nichts dagegen. Doch hinter dem notengeschmückten Tor blieb alles dunkel und still. Die Männer gingen einige Schritte weiter und hatten nun über die niedrige Mauer einen ungehinderten Blick auf das Anwesen. Hinter den mächtigen Eichen auf dem Hügel thronte im Scheinwerferlicht Graceland. Es war ein erhabener Anblick, den sie einen Moment lang schweigend wirken ließen.

„Wie es wohl im oberen Stockwerk aussieht?", brach der Marshal schließlich die Stille.

„Es heißt, sie haben nichts verändert seit Elvis' Tod", nickte der Irre nachdenklich, der sich offenbar auch schon mit der Frage auseinandergesetzt hatte.

„Elvis ist nicht tot", lächelte ihn der Marshal schief von der Seite an, und es war nicht klar, wie ernst seine Aussage gemeint war.

Der Irre schien auf einmal sehr müde.

„Wie auch immer, ich brauche jetzt eine Mütze Schlaf, habe ja nicht den halben Tag verpennt, wie Sie!"

Mit diesen Worten schickte er sich gerade zum Gehen an, als oben auf dem Hügel plötzlich die Lichter erloschen und Graceland im Dunkel versank. Die Männer stutzten und schauten sich fragend an. Durch das Licht von der Straße waren bei genauerem Hinsehen noch die Umrisse von Graceland zu erkennen. Obwohl die Szenerie etwas Gespenstisches hatte, wirkte sie auf die Männer aus irgendeinem Grund auch komisch, wozu wahrscheinlich auch die Reste des Alkohols beitrugen, die noch durch ihre Adern flossen.

„U-uh-uh!", machte der Irre, und der Marshal kicherte.

„Hat Elvis seine Stromrechnung nicht bezahlt?"

Der Irre hatte einen seiner typischen Stimmungswechsel und prustete los. In diesem Moment blitzte aus dem Dunkel von Graceland plötzlich ein Licht auf.

„Haben Sie das gesehen?", fragte der Marshal verdutzt. Sie waren trotz des langen, feuchtfröhlichen Abends nicht zum „du" übergegangen.

„Wie Sie sehen, sehen Sie nichts!", entgegnete der Irre in unverändert alberner Stimmung.

„Auch wenn Sie es durch Ihre Stevie-Wonder-Brille nicht erkennen konnten, da war eben ein Licht hinterm Fenster!", beharrte der Marshal leicht verärgert.

Noch während er diese Worte sprach, blitzte oben erneut das Licht auf, doch der Irre war zu sehr damit beschäftigt, den Marshal zu foppen, als dass er irgendetwas anderes wahrnehmen konnte.

„Signed, sealed, delivered, I'm yours!", rezitierte er einen berühmten Stevie-Wonder-Song und legte dazu ein Tänzchen hin, das seinem Alter Ego Elwood von den Blues Brothers alle Ehre gemacht hätte. Der Marshal ignorierte die kleine Showeinlage.

„Das sieht mir nach einem Einbruch aus! Wir müssen etwas unternehmen, kommen Sie!"

Ohne die Reaktion des Irren abzuwarten, schwang er sich mit einer Leichtigkeit, die man ihm in seinem Zustand nicht zugetraut hätte, auf die Mauer, fluchte, als er sich beim Aufstützen die Hand an den spitzen Steinen verletzte, und sprang auf die andere Seite. Der Irre verharrte kurz unentschlossen, doch als er sah, dass sich der Marshal anschickte, ohne zu warten die Anhöhe hinaufzulaufen, setzte er ebenfalls über die Mauer. Die Männer schlichen vorsichtig und in geduckter Haltung den Hang hinauf, als ob sie erwarteten, die Anlage werde plötzlich in gleißendes Licht getaucht und die Stille der Nacht von Polizeisirenen zerrissen. Während sie sich im Schutz der Dunkelheit entlang der mächtigen Bäume weiter vorarbeiteten, hielten sie den Blick nach vorn gerichtet, um vielleicht erneut das geheimnisvolle Licht zu erspähen, doch nichts geschah. Sie erreichten die Anhöhe. Vor ihnen ragte stumm die Silhouette Gracelands in den dunklen Himmel.

Moonlight Swim

„Welcome to Graceland!"

Der Mann, der im Halbdunkel des Esszimmers am Tisch saß, strahlte bei diesen Worten eine solche Entspanntheit aus, dass die Waffe in seiner Hand dadurch etwas von ihrem Schrecken verlor. Dennoch waren die Männer wie paralysiert. Es war, als hätte man einen Film mit der Pausentaste gestoppt, und das Bild wäre eingefroren. Der Irre war, sobald die fremde Stimme ertönte, in seiner Position am Treppenabsatz erstarrt, einen Fuß auf der untersten Stufe, die Hand am Geländer. Der Marshal war erschrocken herumgefahren und verharrte dermaßen reglos in seiner Haltung, dass er einer Statue glich. Beide starrten mit offenen Mündern auf den bewaffneten Mann im Halbdunkel des Esszimmers. Dieser schien keine Eile zu haben, die Stille zu durchbrechen und zog genüsslich an seinem Zigarillo. Nachdem er zum dritten Mal in betonter Lässigkeit den merkwürdig geruchlosen Rauch in ihre Richtung gepafft hatte, sagte er schließlich:

„Das sind so die Vorteile, wisst ihr. War früher verboten, hier drin zu rauchen. Cilla mochte es nicht, und ich wollte auch nicht, dass die Jungs mir die Bude vollqualmen. Außerdem muss ich keine Angst haben, dass mich das Zeug umbringt. Ich bin ja schon tot!"

Der Mann lächelte ein unsichtbares Lächeln und schien auf eine Antwort zu warten. Als diese ausblieb, fuhr er fort:

„Ich denke, wir können jetzt das Licht wieder einschalten, ihr seid ja nun hier!"

Sobald er diese Worte gesprochen hatte, erstrahlte draußen an der Fassade das Flutlicht, und das Innere des Hauses wurde in dezentes Licht getaucht, sodass die Gestalt nun in allen Konturen deutlich erkennbar vor ihnen saß. Die Männer atmeten hörbar durch. Sie suchten den Blick des anderen, um sich zu vergewissern, dass man nicht der einzige war, dem seine Sinne einen Streich spielten. Dort auf dem Stuhl, keine drei Meter von ihnen entfernt, saß Elvis. Konkret der Elvis, wie man ihn aus den Sechzigerjahren kannte, mit hoher, pechschwarzer Tolle, schlanker Figur und stylishem Outfit. Der Marshal hielt sich etwas darauf zugute, nach Jahrzehnten intensiver Befassung mit Elvis ein geübtes Auge zu haben. Er konnte jedes Bild, jede Filmsequenz, jede Geschichte annähernd genau dem entsprechenden Zeitraum in Elvis' Leben zuordnen und die zahllosen Imitatoren, die heute auf den weltweiten Bühnen unter dem Titel *Elvis Tribute Artist* firmierten, zuverlässig vom Original unterscheiden. Gerade daher verwirrte ihn die Gestalt, die da vor ihnen saß – so sehr, dass es ihn nicht einmal wunderte, als sich das in diesem Moment mit lässiger Geste weggeschnippte Zigarillo noch im Flug vollständig auflöste und verschwand, als ob es nie existiert hätte. Der Mann mit der Tolle schien die Situation zu genießen. Ein leises, zufriedenes Grinsen lag auf seinem Gesicht, während er die Männer musterte. Dann legte er den Revolver behutsam auf den Tisch und sagte:

„Nett, euch kennenzulernen. Ich bin Elvis!"

Der Marshal und der Irre tauschten bedeutungsvolle Blicke und traten, etwas mutiger geworden, einen Schritt näher.

„Jedenfalls sind Sie mit Abstand das beste Double, das mir je begegnet ist!", bemerkte der Marshal und studierte sein Gegenüber eindringlich, um irgendwelche Merkmale an der Gestalt zu entdecken, die sie als Kopie entlarvten.

Vergebens. Es war nicht nur das Äußere der Figur, das so unglaublich echt wirkte, es war vor allem ihre Ausstrahlung. Wer auch immer Elvis zu Lebzeiten begegnet war, bezeugte die außergewöhnliche Aura, die ihn umgab, sobald er nur einen Raum betrat. Wie die Gespräche augenblicklich in ein aufgeregtes Murmeln übergingen und der Mann, von dem man in seinen besten Jahren sagte, er habe die Züge eines griechischen Gottes, alle Blicke magisch auf sich zog. Spätestens wenn man sein Lächeln sah, dessen

Anziehungskraft in der Mischung aus Schüchternheit und Verschmitztheit lag, hatte man verstanden, warum es von Los Angeles über die Wüste Gobi bis nach Tokio schwierig war, einen Menschen zu treffen, der mit dem Namen Elvis nichts anzufangen wusste. Es irritierte den Marshal, dass die Gestalt vor ihnen genau diese Wirkung erzeugte.

Dem Irren erging es offenbar ähnlich, denn er tat einen Schritt am Marshal vorbei, um den Mann, der unverändert entspannt in seinem Stuhl am Esstisch lehnte, näher zu betrachten. Offenbar schob er zu diesem Zweck sogar kurz seine Sonnenbrille nach oben, doch da er mit dem Rücken zugewandt war, konnte der Marshal seine Augen nicht sehen. Es entstand ein kurzes Schweigen, während dessen der Irre die Gestalt erst im Gesicht und dann rundum eingehend musterte. Elvis ließ ihn, ein leicht belustigtes Lächeln auf dem Gesicht, in Ruhe gewähren und verharrte bewegungslos in seiner Position.

„Überzeugt?" fragte er schließlich. „Ihr kennt euch doch aus, ihr müsstet sehen, dass ich kein Fake bin!"

„Seit wann spricht Elvis denn Deutsch? Noch dazu komplett akzentfrei?", entgegnete der Marshal trotzig. „Wollen Sie uns für blöd verkaufen? Der echte Elvis ist über *Muss i denn, muss i denn* in *G. I. Blues* nie hinausgekommen!"

„Wirklich? *Das* wundert euch?", lachte der falsche Elvis, der behauptete, der richtige zu sein. „Ich sitze hier vierzig Jahre nach meinem Ableben quicklebendig vor euch, und *das* gibt euch am meisten zu denken?"

Der Mann mit der Tolle lachte. Lachte dieses wunderbare Elvis-Lachen, das man von unzähligen Aufnahmen kannte und an dem man sich nicht satthören konnte.

Weil es so fröhlich und so ansteckend war. Weil es einen glücklich machte, ihn so glücklich zu sehen. Und weil man wusste, wieviel Unglück ihm noch bevorstand.

Auch der Marshal konnte sich eines Schmunzelns nicht erwehren, während der Irre unverändert seine bekannte Pokermiene zur Schau trug.

„Für meine bescheidenen Deutschkenntnisse gibt es eine ganz einfache Erklärung", fuhr Elvis in sympathischem Understatement fort, nachdem er sich beruhigt hatte.

„Die da wäre?", fragte der Irre, der seine Untersuchungen abgeschlossen und wieder seinen Platz neben dem Marshal eingenommen hatte.

„Ich beherrsche fließend die Sprachen aller Länder, in denen ich mich zu Lebzeiten länger als einen Monat aufgehalten habe."

Es entstand ein kurzes Schweigen. Dann huschte ein zynisches Grinsen über das Gesicht des Marshal.

„Also exakt zwei!", rutschte es ihm heraus, und im selben Moment bereute er seinen ätzenden Spott, da er einen Blick von Elvis auffing, in dem sich Verletzlichkeit und Ärger paarten. Er hatte einen wunden Punkt getroffen.

„Das stimmt. Leider. Und wenn ich während meiner Militärzeit nicht in Deutschland stationiert gewesen wäre, würde es wahrscheinlich nur eine einzige Sprache sein. Lust auf eine kleine Erfrischung?"

Mit diesen Worten erhob sich Elvis und stand ihnen zum ersten Mal von Angesicht zu Angesicht gegenüber, sodass die Männer unwillkürlich einen Schritt zurückwichen. Eins achtzig groß und gertenschlank. Glatt rasiert. Blaue Augen in bestechendem Kontrast zu pechschwarzem Haar. Blass-lila Flanellhosen zu schwarzem Hemd, dezent gelbes Jackett, schwarze Halbstiefel. Er schlenderte entspannt an ihnen vorbei Richtung Wohnzimmer, und der Marshal musste unwillkürlich an Robert Plant denken, Leadsänger von Led Zeppelin, der Elvis 1974 backstage getroffen und viele Jahre später in einer Talkshow aus dem Schwärmen nicht mehr herausgekommen war, als er die Art beschrieb, wie Elvis sich bewegte:

„He was so, so cool!"

Elvis schien ihre Blicke in seinem Rücken zu spüren und wandte sich zu ihnen um, als er das Wohnzimmer erreicht hatte.

„Ihr seid ja wie die Beatles, als wir uns in LA getroffen haben", sagte er, und plötzlich standen auf dem langen Tisch entlang des ebenso langen, weißen Sofas ein paar Gläser und Flaschen. „Die haben mich damals auch nur angestarrt, bis ich irgendwann gesagt hab: ‚Wenn ihr hier nur rumsitzt und mich angafft, kann ich auch ins Bett gehen!'"

„Die Story kenn ich", sagte der Marshal und bewegte sich zögerlich Richtung Wohnzimmer, gefolgt von dem Irren.

Sie waren noch nie in Graceland gewesen, doch dank Internet, YouTube und jahrzehntelanger Recherchen, kam ihnen ihre Umgebung merkwürdig bekannt vor, fast so, als kehre man als regelmäßiger Besucher an einen lieb gewonnenen Ort zurück. Elvis winkte mit zwei Flaschen.

„Apfelsaft? O-Saft? Wasser hätt ich auch noch anzubieten. Alkohol gibt's hier nicht." Mit diesen Worten warf er dem Marshal einen Blick zu, der diesem durch und durch ging.

„O-Saft für mich", murmelte er und rätselte für einen Moment, was Elvis' Anspielung zu bedeuten hatte.

Der Irre ignorierte das Angebot des Hausherrn und fragte stattdessen interessiert:

„Wie war das damals mit den Beatles? Stimmt es, dass ihr eine gemeinsame Jam-Session gemacht habt?"

Das war zu viel für den Marshal.

„Moment!", rief er mit nur halb gespielter Verzweiflung aus. „Können wir uns bitte erstmal auf das Wesentliche konzentrieren? Wir sind unerlaubt in Elvis' Haus eingedrungen, dann sitzt hier dieser …", er blickte zu dem Mann, der es sich auf dem Sofa bequem gemacht hatte und jetzt gedankenverloren an einer aus dem Nichts aufgetauchten Gitarre zupfte, „ … dieser Wiedergänger von Elvis. Und wenn jetzt gleich die Polizei kommt, landen wir alle drei im Knast!"

Elvis klimperte weiter auf der Gitarre, den rechten Fuß lässig auf den Glastisch gestellt, und dem Marshal kam die Szene plötzlich vertraut vor.

„Das ist ein Bild aus den Sechzigerjahren, das Sie hier gerade nachstellen!", stellte er staunend fest, und der Irre nickte zustimmend.

Elvis spielte einen weiteren Akkord und blickte nur kurz auf, als er erwiderte:

„Dachte mir, dass euch das bekannt vorkommen würde! Ich mag das Bild. Und ihr seid nicht unerlaubt in meinem Haus, ich wollte, dass ihr hereinkommt. Die Polizei weiß nichts davon und wird sich hier nicht blicken lassen. Und können wir diese deutsche Siezerei lassen? Wie gesagt, ich bin Elvis. Einfach nur Elvis.“

„Liam“, stellte sich der Irre vor und fügte mit leicht ironischem Seitenblick auf den Marshal hinzu: „Und ihn nennen seine Freunde …“

„ … den Marshal“, vollendete Elvis den Satz so leise, als spräche er mit sich selbst, doch laut genug, dass die Männer es hörten. „Gefällt mir. Woher kommt der Name eigentlich?“

Der Marshal, der sich zunehmend mit der surrealen Situation arrangierte, verschluckte die Frage, woher Elvis seinen Spitznamen kannte und klärte mit leichter Verlegenheit in der Stimme auf:

„Als Jugendlicher war ich ein ziemlicher Freak. Ging mit meiner selbstgebastelten Elvis-Kette und Elvis-Gürtelschnalle in die Schule und regte mich darüber auf, dass man mich wegen meines Topfschnitts und der Nickelbrille als John Lennon bezeichnete. Trug einen langen Trenchcoat, der mir bis zu den Füßen reichte.“ Er schüttelte nachdenklich den Kopf, so als ob sein früheres Ich ihm im Nachhinein selber ein Rätsel war. „Und dann hat dieser Typ in unserer Klasse mich plötzlich ‚Marshal‘ getauft und dazu eine kleine Bleistiftskizze angefertigt, die klebt bis heute in irgendeinem alten Tagebuch. Das war irgendwie fast …“ Der Marshal zögerte, das Wort auszusprechen, das ihm auf der Zunge lag.

„Liebevoll!" vollendete Elvis den Satz für ihn. Der Marshal lächelte.

„Ich mochte das jedenfalls." Elvis nickte zustimmend und setzte dann mit einem Seitenblick auf die Männer an:

„Well, Marshal, Liam, ich schätze, ich bin euch eine Erklärung schuldig. Setzt euch doch, fühlt euch ganz wie zu Hause!"

Das in leiser Selbstironie glimmende Lächeln hatte eine fast hypnotisierende Wirkung, und die Frage, ob nun der echte Elvis vor ihnen saß oder nicht, schien immer weniger relevant, da sie sich von selbst beantwortete. Elvis schenkte ihnen Orangensaft ein und griff selbst zu einer Flasche, die vor ihm auf dem Tisch stand. *Mountain Valley Spring Water*, registrierte der Marshal sofort, Elvis' bevorzugte Mineralwassermarke. Die Männer hatten rechts und links von ihm auf dem Sofa Platz genommen und schwiegen gespannt. Elvis räusperte sich.

„Eigentlich kann ich nur versuchen, euch die Situation zu schildern. Eine richtige Erklärung gibt es nicht oder richtiger, ich habe sie selbst nicht. Tatsache ist: Ich bin immer noch da … irgendwie. Und ich war auch nie wirklich weg. Dennoch bin ich keiner mehr von euch. Ich bin weder richtig tot noch richtig lebendig. Am Zutreffendsten wäre es wohl, zu sagen, ich bin auf der Durchreise."

„Auf der Durchreise ins Jenseits?", fragte der Irre, dem man trotz seiner versteinerten Miene die innere Anspannung deutlich anmerkte. Elvis blickte ihn an und entgegnete nachdenklich:

„Das trifft es wohl am besten, aber ich weiß selber noch nicht, was mich in der nächsten Welt erwartet. Eigentlich weiß ich bemerkenswert wenig, außer dass ich nach eurer Zeitrechnung seit fast vierzig Jahren in dieser Zwischenwelt gefangen bin."

„Nach unserer Zeitrechnung?", hakte der Marshal ein. „Was heißt das?"

Elvis setzte das Glas an und nahm einen Schluck Wasser. Die Männer registrierten die Bewegung seines Kehlkopfes, während er trank, und auch die Schluckgeräusche klangen menschlich-vertraut.

„Das ist schwer zu erklären", entgegnete Elvis mit einem kurzen Seitenblick auf den Marshal und setzte das Glas ab. „Ihr dürft euch das nicht so vorstellen, dass ich die letzten vierzig Jahre so erlebt habe, wie ihr. Es ist eine andere Dimension von Raum und Zeit, in der ich mich bewege. Eigentlich fühlt es sich an, als hätte ich erst gestern mein irdisches Leben beendet. Andererseits ist verdammt viel passiert seither."

Der Marshal war mittlerweile überzeugt, dass er eine Art Traum im Spielfilmformat durchlebte, live und in Farbe. Irgendwann würde er erwachen und sich am Kopf kratzen und darüber lachen, was sein Hirn ihm in dieser Nacht für Streiche gespielt hatte. Und er würde traurig sein, denn schon diese kurze Begegnung mit Elvis berührte ihn zutiefst. Und er hatte noch so viele Fragen, dass er hoffte, der Traum würde nie enden.

„Das heißt", forschte der Irre unbeirrt weiter, „es gibt tatsächlich ein Leben nach dem Tod?"

Elvis schmunzelte, sodass seine markanten Backenknochen hervortraten.

„Ihr geht ja gleich in *medias res*!“

„*Medias res*?“, staunte der Marshal. „Das ist Latein! Wusste gar nicht, dass du dich zu Lebzeiten auch bei den alten Römern rumgetrieben hast!“

„Hab ich auch nicht, sind nur ein paar Brocken in meinem Deutsch-Paket enthalten“, grinste Elvis. „Ganz schönes Upgrade für ’nen Jungen aus Tupelo, Mississippi, kann ich euch sagen!“

Es war das erste Mal, dass sie alle drei lachten. Laut und befreit. Das Eis war gebrochen.

„Du hast gesagt, du wolltest, dass wir hereinkommen“, forschte der Irre weiter, nachdem eine kurze Pause entstanden war. „Was heißt das? Ich meine, woher wusstest du …?“

Elvis zeigte wieder ein belustigtes Gesicht.

„Es ist nicht so, dass ich hier in Graceland festgekettet wäre, wisst ihr. Es gibt immer wieder Gelegenheiten, bei denen ich mich frei bewegen kann, und dabei lassen sich räumliche und zeitliche Grenzen sehr viel schneller und angenehmer überwinden, als das für euch … Sterbliche der Fall ist. Ich habe einiges gesehen in den letzten 40 Jahren, und mir ist vieles klar geworden, leider ein bisschen spät.“

Elvis schlug einen unerwartet lauten Akkord auf der Gitarre und zuckte theatralisch zurück, als habe er sich selbst erschrocken, gerade so, wie man es von verschiedenen Bühnenauftritten her kannte. Man wusste nie, ob er damit von seiner Verlegenheit ablenken wollte oder – immer eine plausible Annahme bei Elvis – nur den Schalk im Nacken hatte.

Die Männer sogen jedes Wort auf. Der Marshal versuchte, das Gehörte irgendwie in einen rationalen Kontext zu setzen, doch es war, als hätte sein Hirn vor der Flut an irrationalen Eindrücken kapituliert und würde alles, was jetzt noch folgte, mit dem Etikett „Passt schon" durchwinken. Was allerdings auch bedeutete, dass praktisch jede Frage erlaubt war, so absurd sie unter normalen Umständen auch gewesen sein mochte.

„Willst du damit sagen, du hast uns unten auf der Straße gesehen und wolltest, dass wir hochkommen? Hast du also Graceland im Dunkel versinken und dann die Taschenlampe am Fenster aufleuchten lassen, sodass wir denken mussten, es seien Einbrecher im Haus?"

Elvis warf dem Marshal einen schiefen Blick zu und betrachtete seine Gitarre, während er erwiderte:

„Ich habe euch nicht erst auf der Straße gesehen, sondern war natürlich auch bei der Feier anlässlich der Übergabe meines Pink Cadillac dabei! Das ist nicht nur irgendein Auto, das Ding ist historisch! War ein Geschenk an …"

„ … deine Mutter!", fielen ihm der Marshal und der Irre unisono ins Wort und lachten bei dem Gedanken, dass Elvis denken konnte, sie wüssten so etwas Essentielles nicht.

„Right!", murmelte Elvis, plötzlich leicht missmutig geworden. „Ich habe nichts dagegen, dass der Wagen eine Weile in Deutschland ausgestellt werden soll. Ich liebe euer Land, seit ich dort meine Militärzeit verbracht habe. War zwar eine traurige Zeit, da meine Mum gerade gestorben war, aber dafür konnten ja die Deutschen nichts. Sie haben mich sehr herzlich aufgenommen. Dennoch … der Pink Cadillac bedeutet mir viel, und ich kann nicht … will nicht …" Elvis schien nach den richtigen Worten zu suchen. „ … den nächsten Schritt gehen, solange der Wagen nicht im Original wiederhergestellt ist!"

Der Marshal starrte betreten in sein Glas, in dem noch ein Rest Orangensaft schwappte. Elvis wusste alles und war offenbar auch über sein Missgeschick im Bilde. Das war ihm unsagbar peinlich.

„Den nächsten Schritt?", hakte nun der Irre ein.

Elvis antwortete nicht sofort, und der Marshal, vielleicht in dem unbewussten Versuch, seine Traumblase zum Platzen zu bringen, ließ den Blick kreisen. Zur Linken das in sanftes Licht getauchte Esszimmer, in dem ihre erste Begegnung mit dem Hausherrn stattgefunden hatte. Er konnte sich nicht erinnern, dass Elvis seinen Stuhl wieder an den Tisch gerückt hätte, doch alles stand unberührt wie in einem Museum. Und das war es ja auch.

Eigentlich.

Das Wohnzimmer, in dem sie saßen, war vorwiegend weiß gehalten und fand in den blauen Vorhängen sowie der in dezentem blau-gelb gearbeiteten Kunstverglasung, die den Durchgang zum angrenzenden Musikzimmer markierte, einen reizvollen Kontrast. Der Marshal versuchte, auf jedes Detail zu achten, und schalt sich umgehend dafür, da er ohnehin am nächsten Morgen erwachen und über sein vermeintliches Zusammentreffen mit Elvis in Graceland lachen würde. Es war ein merkwürdiger Zustand, in dem er sich befand. Einerseits nahm er alles leicht gedämpft wie durch einen Schleier wahr, andererseits war sein Kopf erstaunlich klar. Sein Blick schwenkte nach rechts, wo das Musikzimmer direkt an das Wohnzimmer grenzte. Wie klein alles wirkte! Ihrem Tisch gegenüber zwei kleine Sessel, weiß gepolstert wie das Sofa, von denen einer wie ein stummer Wächter den Durchgang ins Musikzimmer flankierte. Die berühmten Kunstglas-Pfauen, die sich zur Linken und Rechten des offenen Durchgangs zum Musikzimmer rankten. Der Flügel, an dem der Hausherr Erzählungen zufolge oft und gerne gespielt hatte. Vielleicht würde er ja jetzt …?

Der Marshal wandte sich um und erschrak fast, als sein Blick unvorbereitet auf den von Elvis traf, der ihn offenbar aufmerksam beobachtet hatte. Es war ein ernster, forschender Blick, dem der Marshal nicht lange standhielt, sodass sein Auge abglitt und an der Treppe hängenblieb, die nach oben führte. Elvis folgte seinem Blick und schien plötzlich merkwürdig verlegen.

„This is private", murmelte er auf Englisch, um dann sofort wieder ins Deutsche zu verfallen. „Ich halte mich nicht groß auf da oben."

Der Marshal dachte bei diesen Worten unwillkürlich an sein Zimmer-Ampelsystem zu Hause. War das Obergeschoss von Graceland für Elvis eine Art rote Zone? Verwunderlich wäre es nicht gewesen, schon allein aufgrund der Tatsache, dass er in dem direkt über ihnen liegenden Badezimmer eines mutmaßlich qualvollen Todes gestorben war. Dem Marshal lag schon eine Frage hierzu auf der Zunge, doch als er Elvis von der Seite betrachtete, wie er wortlos und gedankenverloren auf die Treppe starrte, presste er die Lippen aufeinander. Obwohl kein Wort gesprochen wurde, war es, als schwappte plötzlich eine Welle von Traurigkeit, Reue und Trotz zu ihnen herüber. Der Marshal holte tief Luft, und der Irre sprang wie von der Tarantel gestochen auf. Die Unschlüssigkeit in seiner Bewegung zeigte, dass er kein klares Ziel hatte, aber unmöglich länger stillsitzen konnte. Er trat an den Durchgang zum Musikzimmer, verharrte dort in stummer Betrachtung des Flügels, als hindere ihn eine unsichtbare Mauer am Betreten des Raumes, und wandte sich dann wieder Elvis zu.

„Was meintest du mit *nächster Schritt*?", wiederholte er seine Frage und näherte sich dabei langsam. Elvis hatte plötzlich wieder ein Zigarillo in der Hand, das er sich wie aus dem Nichts ansteckte und lässig in den linken Mundwinkel schob.

„Mir raucht der Kopf!", lachte er, während er den Rauch aus dem rechten Mundwinkel blies. Falls er gedacht hatte, die Männer mit dem kleinen Wortspiel von ihrer Frage ablenken zu können, hatte er sich jedoch getäuscht. Der Marshal und der Irre schauten ihn abwartend an. „Es ist erstaunlich, aber wisst ihr … der Mantel zwischen eurer und meiner Welt ist hauchdünn. Eigentlich ist es eher ein Schleier. Als ich …" Elvis stockte und schien nach der passenden Formulierung zu suchen. „Als ich ging, war es, als ob all der Schmerz, all die Qualen auf einen Schlag vorbei wären. Ich hatte das Gefühl, durch ein unsichtbares Tor in eine andere Welt zu gleiten, völlig geräuschlos und frei von jeder Angst. Da war im Gegenteil ein Gefühl von Sicherheit, wie ich es zu Lebzeiten nur selten gehabt habe, vielleicht sogar nie. Doch es war auch quälend, denn ich konnte alles sehen und hören, was sich dann abspielte … die kleine Lisa …"

Ihm versagte die Stimme, und der Marshal bemühte sich rasch, das Gespräch in weniger emotionale Bahnen zu lenken, indem er sagte:

„Es war die Hölle los! Dein Tod kam völlig überraschend, obwohl er im Rückblick alles andere als überraschend war. Alle um dich herum trugen Scheuklappen, und du selber trugst die größten!"

Elvis schien zunächst unentschlossen in seiner Reaktion. Dann nickte er kaum merklich, schaute missmutig drein und sagte an den Irren gewandt:

„Ist 'n ganz schöner Klugscheißer, dein Freund!"

Der Irre verzog keine Miene und fragte stattdessen:

„Heißt das, du kannst alles sehen und hören, was auf der Welt geschieht? Wie … so eine Art Gott?"

Elvis lachte trocken auf.

„Nein, ich bin kein Gott, und meine Fähigkeiten sind im Jenseits ebenso beschränkt wie im Diesseits. Nur anders. Eigentlich ist es ein bisschen wie früher, als ich noch in eurer Welt lebte: Entweder ich verstehe die Spielregeln nicht, die es von oben gibt, oder es gibt gar keine Regeln. Gott oder Jesus, so wie sie in meiner Vorstellung existierten, sind mir in meinem Nachleben ebenso wenig begegnet wie andere Menschen, die auch in meiner Dimension sein müssten. Vielleicht kommt das noch. Ich hoffe es. Besonders meine Mum würde ich gerne wiedersehen.

Das ist der nächste Schritt, von dem ich sprach, aber ich weiß auch nicht genau, wie er aussehen wird. In meiner Welt läuft die Kommunikation gewissermaßen transzendental. Man weiß, was zu tun ist. Man spürt, was man gerade kann und was nicht. Und wann. Aber es gibt keine klaren Regeln, oder wenn doch, sind sie für mich nicht erkennbar."

„Willkommen im Club", warf der Marshal ein und nickte verstehend. „Ich habe meinen Glauben an Gott und den ganzen Firlefanz schon lange verloren. Wir sind selber verantwortlich dafür, wie wir unser Leben führen!"

„Was du nicht sagst!"

Ihre Blicke trafen aufeinander wie zwei Schwerter, die sich kreuzten.

„Du bist auch ein ganz schöner Klugscheißer!", entfuhr es dem Marshal, doch in seiner Stimme lag ein Grinsen, das in Elvis' Mundwinkeln stumme Erwiderung fand. Wie oft hatte er sich ein persönliches Zwiegespräch mit Elvis ausgemalt! Gegenseitige Verunglimpfungen waren dabei nicht vorgekommen, aber der Marshal war kein Typ, der ein Blatt vor den Mund nahm, auch und gerade nicht bei Menschen, an denen ihm lag. Der Irre hatte sich am Glastisch vor den Männern auf dem Sofa aufgebaut.

„Dass der Marshal ein Alkoholproblem hat, haben wir bei der …", die Augen hinter der schwarzen Sonnenbrille schienen den Marshal zu fixieren, „äußerst unterhaltsamen Übergabe des Pink Cadillac erlebt." Ein kaum merkliches Lächeln umspielte die Lippen unter den dunklen Gläsern. „Und du", fuhr er an Elvis gewandt fort, „warst offenbar dabei! Das heißt, manchmal kannst du Graceland verlassen und manchmal nicht, aber es gibt keine Regel!"

„Keine Regel", echote Elvis missmutig. „Aber ich habe das Gefühl, es geht um Aufarbeitung."

„Aufarbeitung?"

„Ja, von deinem irdischen Leben. Was du getan und was du versäumt hast. Worauf du stolz sein kannst und wo du versagt hast. Und, daraus folgend, was du besser anders gemacht hättest. Das ist der schmerzlichste Teil. Und dass wir vieles sehen, ohne eingreifen oder helfen zu können."

„Wer ist *wir*?", forschte der Marshal.

Elvis schnippte sein Zigarillo achtlos Richtung Tür, wo es sich in Nichts auflöste. Die Männer nahmen es stoisch zur Kenntnis. Sie waren überzeugt, dass sie in dieser Nacht nichts mehr aus der Fassung bringen würde.

„Weiß nicht, aber ich schätze mal, ich bin nicht der einzige, der in dieser Zwischenwelt lebt."

„Du bist nicht in Kontakt mit anderen …"

„Zombies?", lachte Elvis.

„Natürlich nicht", antwortete der Marshal nicht ohne Verlegenheit und kam sich reichlich blöd vor, da keine Bezeichnung richtig zu passen schien.

„Nein, kein Kontakt mit anderen", schüttelte Elvis den Kopf. „Aber man ist trotzdem nie einsam. Erstens bin ich öfter mal unterwegs, und zweitens ist mein Haus ja der reinste Hühnerstall geworden, seit Cilla es für die ganze Welt geöffnet hat!"

Obwohl Elvis' Tonfall nicht darauf schließen ließ, dass seine Worte als Kritik zu verstehen waren, fühlte sich der Irre offenbar berufen, eine Lanze für Elvis' Ex-Frau zu brechen, die nach seinem Tod die Geschäfte übernommen und Graceland zur zweit meistbesuchten Stätte in den Vereinigten Staaten gemacht hatte, die jährlich über 600.000 Besucher anzog.

„Ich finde, das hat sie gut gemacht", ertönte es hinter der Sonnenbrille.

„Wir haben ihr alle viel zu verdanken, auch du!", bekräftigte der Marshal den Irren.

„Ist ja richtig", murmelte Elvis mit hörbarem Widerwillen in der Stimme und hatte plötzlich wieder seinen Revolver in der Hand.

Ehe die Männer sich versahen, zielte er kurz mit einem geschlossenen Auge und drückte ab. Der Schuss krachte, und die kleine Elvis-Büste aus weißem Porzellan, die auf einem Tischchen zwischen den beiden Sesseln gestanden hatte, zerbarst mit ohrenbetäubendem Lärm in tausend Teile. Der Irre taumelte mit bleichem Gesicht gegen den hinter ihm liegenden Kamin. Der Marshal war auf dem Sofa unwillkürlich nach hinten gefallen und verharrte in dieser Lage, als fürchte er, jede Bewegung könnte den Schützen dazu verleiten, einen weiteren Schuss abzugeben.

„Son of a bitch", murmelte Elvis in die entstandene Stille hinein. „Das Ding hat mich sowieso genervt!"

Er warf einen kurzen Blick auf die Männer und lachte still in sich hinein. Dann begannen seine Schultern zu beben, und schließlich brach er in schallendes Gelächter aus. Als er sah, wie der Irre kreidebleich mit einer Hand Halt am Kamin suchte, dabei abrutschte und leicht ins Taumeln geriet, war es um Elvis' Fassung endgültig geschehen, und seine Heiterkeit ging in einen wilden Lachkrampf über. Die Männer sahen ungläubig zu, wie dem Mann mit der schwarzen Tolle die Tränen über das Gesicht liefen.

„Unbezahlbar!", japste Elvis, nach Luft ringend. „Vielleicht sollte er mal die Sonnenbrille abnehmen, dann sieht man besser!"

Während sich der Irre auf diese Schmähung hin um Haltung bemühte, kämpfte der Marshal mit widerstreitenden Gefühlen. Es ärgerte ihn, so vorgeführt zu werden, aber er wollte ihren Gastgeber auch nicht weiter herausfordern, da der untote Elvis offenbar ein ebenso hitziges Temperament hatte, wie das irdische Original. Außerdem war rasch klar geworden, dass sie keiner wirklichen Gefahr ausgesetzt gewesen waren. Es war eben Elvis! Er beschloss, gute Miene zum nicht wirklich bösen Spiel zu machen.

„Himmel, hast du mir einen Schrecken eingejagt! Warum hast du das gemacht?"

Elvis hatte seine Fassung zurückgewonnen und trocknete sich die Tränen von der Wange.

„Eine Smith & Wesson 357 Magnum", stellte er mit anerkennendem Blick auf die Waffe fest, ohne der ohnehin rhetorischen Frage des Marshal irgendwelche Beachtung zu schenken. „Hab ich mir 1970 in Beverly Hills zugelegt. Hat angeblich vor ein paar Jahren irgendein Sammler für 275.000 Dollar erworben. Wahnsinn, wieviel Geld die

Leute heutzutage ausgeben für Dinge, die mir mal gehört haben. Da ist es schon ok, wenn ich mir das eine oder andere mal ausleihe, und sei es nur aus Nostalgie. Funktioniert auch noch tadellos."

„Hat man gesehen", bemerkte der Marshal mit einem Seitenblick auf das zerschossene Porzellan, dessen Scherben überall verteilt auf dem Boden lagen und bis in das Musikzimmer geflogen waren. Die prächtigen Pfauen schienen zum Glück nicht in Mitleidenschaft gezogen worden zu sein. Doch wer würde das entstandene Chaos beseitigen? Was würden die Besucher bei der nächsten Führung sagen, wenn sie die zerborstene Büste am Boden liegen sahen? Gerade als der Marshal zu dem Schluss kam, dass dies nicht seine Sorge war, stand Elvis abrupt auf, strich sich die feine Flanellhose glatt und klatschte in die Hände.

„Genug geredet, lasst uns was machen!"

Der Marshal und der Irre starrten ihn an. Es mochte auf drei Uhr morgens gehen, und sie fühlten sich durch die Ereignisse der Nacht und zunehmende Erschöpfung wie betäubt. Doch da sie immer noch nicht aufwachten, ging die Geschichte weiter, und Elvis wäre nicht Elvis gewesen, hätte er nicht die Nacht zum Tage gemacht. Auch hier bestand offenbar kein Unterschied zwischen dem Original und seinem Abbild aus der Zwischenwelt.

„Was willst du denn machen?", fragte der Marshal etwas hilflos und ärgerte sich im selben Moment über die Frage. Elvis würde sowieso tun, was er wollte, und sie würden ihm folgen. So war es mit den Jungs von der Memphis Mafia gewesen, und so würde es jetzt mit ihnen sein.

„Ihr wisst schon", lachte Elvis.

A little less conversation, a little more action!

Es war das erste Mal, dass er sang, und spätestens in diesem Moment wussten die Männer, dass dieser Elvis kein Fake war. Diese Stimme. Die unverwechselbare Pose, mit erhobenen Armen. Ein angedeuteter Hüftschwung, blitzschnell. Es währte keine zwei Sekunden und hatte doch eine durchschlagende Wirkung. Es war, als hätten die Männer bisher alles in Schwarzweiß erlebt, und plötzlich erstrahlte die Welt um sie herum in Farbe. Sie waren wieder hellwach, und der Marshal musste sich zwingen, Elvis nicht weiter anzustarren.

„Du weißt schon, dass der Song als Remix ein Riesenhit war?", sagte der Irre, offenbar bemüht, der Irrationalität des Moments etwas entgegenzusetzen, indem er das Gespräch auf die faktische Ebene lenkte, doch das leise Zittern in der Stimme verriet seine Erregung.

„2002, um genau zu sein", entgegnete Elvis mit gespielter Gleichgültigkeit. „Hat mir gut gefallen, eigentlich besser als mein Original von '68! Aber jetzt lasst uns schwimmen gehen, mir ist heiß, und ich muss mal raus hier!"

Ohne eine Reaktion abzuwarten, durchschritt er das Wohnzimmer, stakste mit einem leise gemurmelten Fluch über den Scherbenhaufen, der am Ende des Raumes noch immer den Boden bedeckte, und ging weiter in das Musikzimmer. Dort stand an der Wand zur Linken ein Sofa und davor der Flügel. Elvis trat an die hinterste Ecke des Sofas und winkte den Männern zu.

„You coming or what?"

Die Männer schauten sich fragend an und kamen zögerlich Elvis' Aufforderung nach, ihm zu folgen. Als sie durch den offenen Durchgang in das Musikzimmer gelangten, hatten sie das Gefühl, eine unsichtbare Grenze zu überschreiten. Hier wirkte alles noch kleiner, fast beengt, was vielleicht auch der Wirkung der schweren, ockerfarbenen Vorhänge zuzuschreiben war. Erst jetzt sahen sie, dass sich in der Ecke hinter dem Sofa eine verglaste Tür befand, die offenbar nach draußen führte. Elvis öffnete die Tür und grinste sie an.

„Ich hätte natürlich auch einfach hindurchgleiten können, aber ich wollte euch nicht schon wieder einen Schrecken einjagen, ihr Deutschen seid ja so zart besaitet!"

Unschlüssig, ob sie seine Neckerei als Scherz betrachten sollten – in dieser Nacht schien alles möglich, was noch Stunden zuvor als unmöglich gegolten hatte –, folgten die Männer Elvis nach draußen. Die Rückseite von Graceland schien nicht beleuchtet zu sein, und obwohl ein heller Mond schien, mussten ihre Augen sich erst an die Dunkelheit gewöhnen.

„Wie kommt es, dass hier keine Security ist?", fragte der Marshal etwas atemlos, während er versuchte, Elvis einzuholen, der zielstrebig auf eine schmale, überdachte Fußgängerpassage zuhielt, deren weiterer Verlauf sich in der Dunkelheit verlor. „Die Beleuchtung, die an- und ausging. Der Schuss. Da müsste doch längst jemand aufmerksam geworden sein!"

Elvis stoppte so abrupt, dass der Irre auf den Rücken des Marshal prallte, als dieser unvermittelt stehenblieb.

Er hatte sich zu den Männern umgedreht, und es war nicht klar, ob sein belustigter Gesichtsausdruck dem ungewollten Slapstick-Moment oder der Frage des Marshal zuzuschreiben war.

„Dafür hab ich schon gesorgt, dass hier keiner auftaucht, entspannt euch!"

„Taking care of business!", brummte der Marshal, während sich der kleine Trupp wieder in Bewegung setzte.

„In a flash!", echote es hinter ihm.

Sie erreichten die offene Fußgängerpassage und folgten Elvis weiter ins Dunkel.

„Hier drüben", Elvis deutete nach rechts, wo die Männer nur die Umrisse eines langgezogenen Flachbaus ausmachen konnten, „ist der Trophy Room, wo meine Goldenen Schallplatten und Platinalben und alles mögliche andere Zeugs ausgestellt sind. Wird gerade alles umgebaut, deswegen gehen wir hier draußen lang. Wenn ich schlechte Laune habe, bin ich manchmal stundenlang da drin. Ist ein gutes Gefühl, nicht alles falsch gemacht zu haben!"

Nicht alles falsch gemacht. Elvis blieb seinem Understatement treu. Sie verließen die Fußgängerpassage und überquerten rechterhand eine Wiese. Erst jetzt erkannte der Marshal, der über keinen guten Orientierungssinn verfügte, wo sie sich befanden. Vor ihnen schimmerte im Mondlicht der Pool. Er war nierenförmig angelegt und erschien den Männern unglaublich klein, aber gerade das gefiel dem Marshal. Der Irre schien hingegen enttäuscht zu sein.

„Nicht gerade riesig", ertönte es hinter der Sonnenbrille.

„Knapp 6 mal 11 Meter, das war 1957 normal", klärte Elvis ihn trocken auf und warf den Männern aus dem Nichts zwei Badehosen zu.

„Zieht euch hier irgendwo um, ist ja dunkel genug!"

Mit diesen Worten schlenderte er lässig zu einem kleinen Sprungbrett am Rande des Pools und zog sich die schwarzen Halbstiefel aus. Ein kurzer Anlauf, ein Sprung, und Elvis tauchte, immer noch vollständig bekleidet, mit einem passablen Köpper ins Wasser. Die Männer waren gebannt jeder seiner Bewegungen gefolgt und registrierten das platschende Geräusch, als er auf die Wasseroberfläche traf. Dieser Geist war in mancher Hinsicht erstaunlich menschlich, dachte der Marshal gerade, nur um sich im selben Moment widerlegt zu sehen, als Elvis in Badehose aus dem Pool stieg.

Es war eine denkwürdige Szenerie, die sich kurz darauf am Pool von Graceland beobachten ließ. Unter dem Licht eines klaren Mondes, der nur für sie zu leuchten schien, jagten sich drei Männer in Badehosen abwechselnd am Beckenrand und auf dem schmalen Sprungbrett, wobei sie ein kindliches Vergnügen daran zu finden schienen, sich bei jeder Gelegenheit in den Pool zu schubsen. In dem dabei entstehenden Gerangel verlor der Irre am häufigsten, da er krampfhaft bemüht war, seine Sonnenbrille nicht zu verlieren.

Des wilden Spiels irgendwann überdrüssig, schlug Elvis einen kleinen Wettbewerb vor, wer am weitesten vom Sprungbrett in den Pool springen könne. Während der Marshal nach jahrelanger Trinkerei, ungesunder Ernährung und Bewegungsmangel weit abgeschlagen war, konnte der hagere Irre, dem man so viel Wendigkeit nicht zugetraut hätte, gut mit Elvis mithalten, unterlag im letzten Durchgang jedoch überraschend klar. Man wusste, dass Elvis nicht gerne verlor.

Auch sonst fanden sich die Männer unversehens in der gleichen Rolle wieder, die Elvis' langjährige und oft zu Unrecht verunglimpfte Weggefährten, die sogenannte *Memphis Mafia*, stets eingenommen hatten. Bis zu einem gewissen Punkt erschien es völlig natürlich, ja unvermeidlich, sich auf Elvis einzustellen, seine Stimmungen zu beobachten und so darauf zu reagieren, wie er es erwartete. Man wollte ihn glücklich sehen, man wollte ihn lachen hören, und man war bereit, dafür Verantwortung zu übernehmen. Vielleicht, so mutmaßte der Marshal nachdenklich, während er erschöpft auf einer Liege am Pool pausierte, vielleicht lag das Geheimnis darin, dass dieser Mann, der vor Tausenden von Menschen mit Superman-Cape auf der Bühne posierte; der ein dermaßen hitziges Temperament besaß, dass er sich gelegentlich mit Waffen Luft verschaffen musste; und der es gewohnt war, Befehle zu erteilen, die nicht infrage gestellt wurden – vielleicht lag das Geheimnis darin, dass dieser Mann trotz alledem, oder gerade deswegen, eine enorme Sensibilität und Verletzlichkeit ausstrahlte, die nicht nur einen emotional aufgeladenen Kontrast zu seiner Dominanz darstellte, sondern auch starke Beschützerinstinkte bei denen weckte, die ihm nahe waren.

„A penny for your thoughts!", wurde der Marshal unvermittelt von einer vertraut klingenden Stimme aus seinen Gedanken gerissen.

Elvis' Frage, was ihm durch den Kopf ging, versetzte ihn in Verlegenheit. Sie lagen auf drei Liegen nebeneinander und trieften. Kalt war es nicht, da in Memphis auch mitten in der Nacht noch Temperaturen um 23 Grad herrschten, schließlich war August.

„Es gibt ein Foto", setzte der Marshal nun an, dem klar war, dass er um eine Antwort nicht herumkommen würde, seine Gedanken jedoch unmöglich mit den beiden Männern rechts und links von sich teilen konnte. „Das wurde am Pool aufgenommen, genau hier, wo wir gerade sind, vielleicht sogar mit den gleichen Liegen …" Elvis und der Irre schwiegen abwartend. „Das Foto ist unscharf, aber man sieht dich da mit Priscilla und Lisa-Marie auf den Liegen sitzen und rumalbern. Lisa ist noch klein, praktisch ein Baby. Ich schätze, das Bild wurde 1968 aufgenommen, in ihrem Geburtsjahr. Ihr schient so glücklich zusammen!"

Der Marshal wollte nicht zu emotional werden, sich keinen Spott als „Weichei" einfangen, doch wusste er aus jahrzehntelanger Erfahrung, dass Elvis die Klaviatur seiner Gefühle innerhalb von Sekunden auf Achterbahnfahrt schicken konnte, gerade so wie eines der selbstspielenden Klaviere, die man im Film gelegentlich zu sehen bekam.

„Ich weiß, welches Bild du meinst. Es war die glücklichste Zeit meines Lebens, und Cilla und Lisa waren das Beste, das mir nach dem Tod meiner Mutter passiert ist."

„Meinst du, es war ein Fehler, dich von Priscilla zu trennen?", brachte sich der Irre in das Gespräch ein. „Viele Leute behaupten, du hättest es im Nachhinein bereut und davon geträumt, irgendwann wieder mit ihr zusammen zu kommen."

Elvis schien einen Moment nachzudenken.

„Ich wünschte, es wäre anders gelaufen", sagte er schließlich, und es klang, als würde es ihm schwerfallen, diese Worte zu sprechen. „Cilla war … ist eine wunderbare Frau. Aber ich war Elvis, wisst ihr. Es ist nicht leicht, Elvis zu sein und ein normales Leben, eine normale Beziehung zu führen. Du bist ständig unterwegs, überall die schönsten Frauen um dich herum. Auf der Bühne habe ich mich immer am wohlsten gefühlt, ich wollte … *brauchte* den direkten Kontakt mit dem Publikum. Doch je mehr die Zeit verging, desto öfter war ich hinterher auf irgendeinem Hotelzimmer, in irgendeiner Stadt …"

Elvis hielt inne und schien über die richtige Formulierung nachzudenken.

„Junge, das war manchmal kreuzeinsam, sag ich euch. Wenn ich heute auf alles zurückblicke, wird mir einiges klar … irgendwann hab ich mich in diesen unterschiedlichen Rollen verloren … wusste nicht mehr, wo ich stand, wem ich vertrauen konnte und wem nicht, habe alle Ratschläge ignoriert … Dazu kamen diese verfluchten Tabletten, ich habe gar nicht gemerkt, wie die mich mit der Zeit veränderten, und diese gottverdammten Quacksalber haben sich daran eine goldene Nase verdient. Irgendwie dachte ich immer, wenn Doktor Nick und all die anderen mir ein Rezept ausstellen, dann wird das schon in Ordnung sein, die wissen doch, was sie tun. Vielleicht haben sie das selber gedacht, wahrscheinlich sogar. Wie auch immer … ich schätze, wir machen alle Fehler, aber manchmal …"

Man merkte, wie Elvis die Worte herunterschluckte, die ihm auf den Lippen lagen, und es klang, als spräche er nur einen Bruchteil dessen aus, was ihn bewegte, als er murmelte:

„Es hätte einfach vieles anders laufen können … laufen sollen … schätze, ich habe mich irgendwie für unverwundbar gehalten."

Es war ein unerwarteter Monolog, dem eine längere Stille folgte, die nur von dem gelegentlichen Zirpen einer Grille unterbrochen wurde.

„Manche von uns haben auch alles verbockt, ohne Elvis zu sein", bemerkte der Marshal schließlich, der Elvis nicht alleine auf der Anklagebank sitzen lassen wollte. „Meine Frau … Ex-Frau und ich wollten Kinder … das hat nicht geklappt. Sie meinte, es läge an mir, aber ich habe mich geweigert, es untersuchen zu lassen und stattdessen auf meinen Reisen als Dolmetscher mit anderen Frauen rumgemacht. Sie hat sich revanchiert, und das Ende vom Lied war, dass mein bester Freund von damals heute die Familie mit ihr hat, die wir einmal haben wollten." Er schwieg einen Moment und fuhr dann mit heiserer Stimme fort: „ Das hab ich nicht weggesteckt. Was bei dir am Schluss die Pillen waren, hat bei mir der Alkohol besorgt. Du kennst das, es ist tückisch, man rutscht schleichend immer tiefer rein. Und wenn man's merkt, ist es zu spät."

Elvis schien mit dem Kopf zu nicken und ließ sich Zeit mit einer Antwort. Schließlich tönte es aus dem Halbdunkel:

„Keine Ahnung, wovon du sprichst. Jedenfalls hast du dann zur Krönung des Ganzen noch meinen Pink Cadillac ruiniert!"

Der Mann konnte lächeln, dass man es im Dunkeln hörte.

„Was zu unserem Dritten im Bunde führt", lenkte der Marshal mit einem Seitenblick auf den Irren ab, der ausgestreckt auf seiner Liege lag und so tat, als ginge ihn das Gespräch nichts an. „Was haben Sie denn so zu bieten an Pleiten, Pech und Pannen, Liam? Abgesehen von Ihrem Augenleiden …" Aus irgendeinem Grund konnte sich der Marshal immer noch nicht dazu bringen, den Irren zu duzen.

Dieser verharrte völlig regungslos in seiner Position, und einen Moment lang schien es, als sei er eingeschlafen und habe die an ihn gerichtete Frage nicht gehört. Dann antwortete er, und seine klare Stimme verriet, dass er keineswegs erst in diesem Moment aufgewacht war:

„Mit eurem Drama kann ich nicht mithalten."

„Ja, Drama gibt's wohl nicht in Bonn", neckte der Marshal mit leicht ätzendem Unterton. Der Irre schien es ihm nicht übel zu nehmen.

„Das stimmt wahrscheinlich", sagte er gutmütig. „Und das ist mir gerade recht. Obwohl … ein bisschen mehr Action fände ich manchmal gar nicht schlecht. Bei mir läuft irgendwie immer alles nur … geradeaus."

Geradeaus. Der Marshal fand, das war ein denkwürdiger Begriff, um das eigene Leben zu beschreiben.

„Sie sagten, Sie arbeiten in Bonn als Verwaltungsbeamter?", berief er sich nun auf seine vorangegangenen

Gespräche mit dem Irren, aber er tat es nur, um Elvis ins Bild zu setzen.

„Ja.“

Schweigen. Der Marshal, früher oft von seiner Ex-Frau als „Hobby-Psychologe“ verspottet, fragte sich, ob das ganze pseudocoole Gebaren des Irren nichts als ein Versuch war, der offenkundigen Öde seines Alltags etwas entgegenzusetzen.

„Wie steht's mit Frauen?“, mischte sich nun Elvis ein.

„Priscilla fand ich immer schön“, gab der Irre zurück. „Und Linda!“

Der Marshal erschrak ein bisschen, denn es war bekannt, dass Elvis keinen Spaß verstand, wenn andere Männer in irgendeiner Form Interesse an Frauen erkennen ließen, auf die er selber Anspruch erhob. Man wusste bei diesem Geist nie so recht, woran man war. Doch Elvis grinste nur wohlwollend.

„Dann hast du immerhin Geschmack. Kommst aber ein bisschen spät!“

Und dann ertönte völlig unvermittelt Elvis' Stimme. Als hätte man flüssiges Gold in eine Kehle gegossen, das sich dort in akustische Klänge verwandelte.

Let's go on a Moonlight Swim
Far away from the crowd, all alone upon the beach
Our lips and our arms close within each other's reach
We'll be, just will be …

„ … *on a Moonlight Swim*“, fielen die Männer im Chor ein. Sie lachten.

„Blue Hawaii", stellte der Irre fest.

„War das nicht dein kommerziell erfolgreichster Film?", ergänzte der Marshal. „Aber mal ehrlich … ich habe ihn gar nicht gesehen und die meisten anderen deiner Filme auch nicht, obwohl ich die Musik gerne höre. Aber ich finde es oft schwer zu ertragen, wie sie dich in den Filmen … wie du dich …"

„ … zum Affen gemacht hast!" , beendete Elvis düster seinen Satz. „Glaubst du, das hat mir Spaß gemacht? Der Colonel hat die Verträge ausgehandelt, und die Filme haben gut Geld eingespielt, aber sie haben mich lächerlich gemacht, und ich wurde als Schauspieler nicht mehr ernst genommen. Ein hoher Preis."

„Zum Teufel mit dem Colonel!", entfuhr es dem Marshal heftiger, als er es beabsichtigt hatte. Elvis' lebenslanger Manager war bekannt für die Ruchlosigkeit, mit der er seinen Star ausgebeutet hatte. Entgegen der landläufigen Meinung war er darüber hinaus auch ein lausiger Manager gewesen, der nicht unerheblich zu Elvis' Niedergang beigetragen hatte, weswegen er in der weltweiten Community in bemerkenswerter Einmütigkeit verdammt wurde. Elvis ignorierte die Bemerkung und sprang plötzlich von seiner Liege auf.

„Es wird bald Morgen", deutete er auf den dunklen Himmel, an dem ein schwacher Silberstreifen den beginnenden Tag erahnen ließ. „Ich zeige euch euer Zimmer!"

Die Männer tauschten vielsagende Blicke und folgten dann, ohne Fragen zu stellen, ihrem Gastgeber zurück ins Haus.

„Ihr könnt das Zimmer von Mum und Dad haben", sagte Elvis, als sie wieder im Foyer standen, und sein Tonfall vermittelte den Eindruck, als handele es sich um einen lange geplanten Besuch guter Bekannter. „Es ist …"

„… da drüben!", deutete der Marshal auf ein Zimmer, das rechterhand der Treppe am Ende des schmalen Ganges lag. „Der Grundriss deines Hauses ist im Internet für die ganze Welt abrufbar!"

„Son of a bitch!", murmelte Elvis. „Kann man nicht mal ein bisschen Privatsphäre haben?"

Sie grinsten.

„Ihr werdet lange schlafen heute", fuhr Elvis fort. „In eurem Zimmer liegt alles bereit. Wenn ihr aufwacht, findet ihr in der Küche reichlich Verpflegung. Da ihr euch ja so verdammt gut auskennt, muss ich nicht beschreiben, wie ihr da hinkommt. Und Mary wird euch auch nicht in die Quere kommen!"

„Schade eigentlich. Das wär ein Frühstück geworden!", sagte der Irre trocken. Elvis' langjährige Köchin war bekannt dafür, ihrem Boss zu allen möglichen und unmöglichen Zeiten köstliche Mahlzeiten zubereitet zu haben. Von ihrem Reich, der Küche, führte eine Treppe direkt ins Obergeschoss.

„Elvis", sagte der Marshal mit leisem Zögern in der Stimme und registrierte den absurden Moment, in dem sie mitten in der Nacht zu dritt mit dem King in Badehosen im Foyer seines Hauses standen. „Nichts für ungut, aber … was wird das Ganze eigentlich? Warum sind wir hier?"

Elvis wandte sich ohne zu antworten zur Treppe und stieg langsam die ersten Stufen hinauf. Mit der Badehose und dem lässig übergeworfenen Handtuch über der Schulter sah er aus, als wolle er eine Szene aus *Blue Hawaii* nachstellen. Er stoppte und warf den Männern von oben einen durchdringenden Blick zu.

„Upstairs is off limits!", ertönte es in breitem SüdstaatenEnglisch, und sein Tonfall, obgleich nicht unfreundlich, strahlte eine Entschlossenheit aus, die den Männern augenblicklich Respekt einflößte. Während die Frage des Marshal unbeantwortet blieb, ließ die Botschaft nichts an Deutlichkeit zu wünschen übrig: *Oben Zutritt verboten!*

„Und wann und wo treffen wir uns?", insistierte der Marshal etwas hilflos.

„You'll see!"

Oben schloss sich die Tür. Die Blicke der Männer begegneten sich. Keinem von ihnen wäre es in den Sinn gekommen, sich Elvis' Anordnungen zu widersetzen, zumal sie plötzlich eine enorme Erschöpfung verspürten. Ohne sich auch nur auszuziehen, streckten sie sich gemeinsam auf dem großen Doppelbett aus, das in der ersten Zeit, nachdem Elvis 1957 Graceland erworben hatte, seinen Eltern Gladys und Vernon als Schlafstatt gedient hatte. Bevor er wegdöste, fiel dem Marshal noch eine letzte Frage ein:

„Liam!"

„Mmh?"

„Haben Sie eigentlich auch einen Spitznamen?"

„In der Schule haben sie mich manchmal den Irren genannt", kam es nach kurzer Pause zurück. „Von wegen der Ire und meiner Elvis-Macke. Irre, oder?"

Noch ein unsichtbares Lächeln im Dunkeln.

„Wär ich nie drauf gekommen", brummte der Marshal. Im selben Moment war er eingeschlafen.

Im Dschungel

Der Marshal schreckte hoch und hatte das Gefühl, von der Stille geweckt zu sein, die in seinem Kopf hallte. Er saß aufrecht im Bett und schaute direkt auf die weißen Vorhänge der großen Doppelfenster, hinter denen verheißungsvoll ein strahlend blauer Himmel schimmerte. Eine Flut von Bildern, Worten, Lauten und Gefühlen ging auf ihn nieder. Sein Kopf war klar, doch schienen die Geschichten, die er erzählte, so absurd, dass der Marshal unschlüssig in seiner Position verharrte, so als hoffe er, es würde sich im nächsten Moment alles klären. Er blickte neben sich und fand bestätigt, was seine Erinnerung ihm vorgab: Da lag, in sich zusammengerollt und mit dem Rücken zugekehrt, ein Mann neben ihm auf dem Bett, und wenn seine Erinnerung ihn nicht trog, wusste der Marshal auch seinen Namen.

„Liam!"

Der Angesprochene regte sich nicht.

„Liam!", versuchte der Marshal es erneut und rüttelte den Schlafenden unsanft an der Schulter, woraufhin dieser mit einem Ruck erwachte.

Er schien sich gerade zum Marshal umdrehen zu wollen, als er in der Bewegung innehielt, um nach etwas zu tasten, das offenbar neben dem Bett auf dem Boden lag. Als er sich aufsetzte, starrte der Marshal in ein Paar dunkler Sonnengläser und musste unwillkürlich grinsen. Der Irre blieb sich in jeder Situation treu, das musste man ihm lassen.

„Gut geschlafen?", fragte er, als der Irre keine Anstalten machte, etwas zu sagen.

Dieser strich sich gedankenverloren über den Kopf und schien einen Moment zu brauchen, um zur Besinnung zu kommen.

„Verrückt geträumt", murmelte er schließlich und wirkte mental verkatert. „Völlig verrückt! Ich war baden mit Elvis, und Sie waren auch dabei!"

„Ich weiß", entgegnete der Marshal trocken und meinte, hinter den dunklen Gläsern den ungläubigen Blick des Irren erkennen zu können. „Sie haben ihn gewinnen lassen beim Weitsprung am Pool!"

Der Irre starrte erst den Marshal an und wandte dann den Blick durch die großen Fenster nach draußen, so als ließe sich dort eine Erklärung finden. Doch bevor die Männer sich weiter darüber austauschen konnten, welche ihrer Erlebnisse Traum und welche Wirklichkeit gewesen waren, hielten sie gebannt inne, da im vorderen Teil des Hauses plötzlich ein Schlüssel umgedreht und die

Eingangstür geöffnet wurde. Sie erschraken, denn über alle Verwirrung hinweg war doch eines klar: Sie befanden sich, Traum hin oder her, mitten in Graceland, und die Aussage, dass der rechtmäßige Eigentümer sie höchstpersönlich eingeladen hatte, würde von den Cops aller Wahrscheinlichkeit nach nur mit einem müden Lächeln bedacht werden. Zurecht. Schließlich mussten die Männer selber davon ausgehen, dass ihre Sinne ihnen einen Streich gespielt hatten. Zum Wegrennen war es zu spät. Sie waren gefangen. Schon näherten sich leise Schritte, und im selben Moment lugte das rötliche Gesicht eines Wachmannes in ihr Zimmer. Für eine kurze Ewigkeit begegneten sich ihre Augen. Der Marshal sah den prüfenden Blick. Und als er gerade anhob, etwas zu sagen, irgendeine noch so absurde Erklärung zu stammeln, dafür, dass hier am helllichten Tage zwei Gestalten auf dem Bett von Elvis' Eltern lagen; als er gerade fieberhaft nach irgendetwas suchte, das man sagen konnte, um dem zweifellos jede Sekunde losbrechenden Inferno zuvorzukommen – da war der Mann schon weitergegangen. Der Marshal starrte mit offenem Mund auf die Tür und schien darauf zu warten, dass der Wachmann mit gezogener Pistole und einem harschen „Hands up!" zurückkehre. Doch während er sich mit fragendem Blick dem Irren zuwandte, dem seine eigene Fassungslosigkeit auch durch die dunklen Sonnengläser anzusehen war, verloren sich die Schritte des Wachmanns im Gebäude. Kurz darauf fiel die Haustür ins Schloss. Erst jetzt lösten sich die Männer aus ihrer Erstarrung.

„Sind wir auch zu Geistern geworden?", fragte der Marshal, doch seinem Gesicht war anzusehen, dass ihm nicht nach Scherzen zumute war.

„Er hat uns nicht gesehen!", bestätigte der Irre tonlos. „Obwohl er uns direkt in die Augen geschaut hat!"

„Aber was ist mit den Scherben im Wohnzimmer? Hat er die auch nicht …?"

Sie sprangen fast gleichzeitig aus dem Bett und liefen eilig ins angrenzende Wohnzimmer, wo sie verdutzt stehenblieben. Der Raum wirkte völlig unberührt, sauber und ordentlich. Die kleine Elvis-Büste aus Porzellan stand unversehrt an ihrem Platz.

„Son of a bitch", zitierte der Irre Elvis vom Vorabend und wirkte dabei trotz Sonnenbrille und sonorer Stimme nicht halb so lässig, wie das Original. „Sie haben es auch gesehen, oder? Wie er das Ding gestern Abend in tausend Teile geschossen hat?"

Der Marshal nickte.

„Ich bin vor Schreck fast vom Sofa gefallen, und darüber hat der Kerl sich nur totgelacht!"

Totgelacht. Sie grinsten sich an. Der Marshal trat an den Fuß der Treppe und warf einen prüfenden Blick hinauf, so als würde er erwarten, dass Elvis jeden Moment dort erscheine. Weder er noch der Irre dachten auch nur einen Moment ernsthaft daran, nach oben zu gehen. Doch was sollte nun geschehen? *Das seht ihr dann schon*, hatte Elvis gesagt.

Und bis dahin?

Ein Blick auf das türkise Zifferblatt der riesigen, einer strahlenden Sonne nachempfundenen Uhr über dem

Kamin zeigte, dass sich der Nachmittag schon dem Ende zuneigte. Sie hatten einen Großteil des Tages verschlafen, und der Marshal spürte plötzlich, wie hungrig und durstig er war.

„Hat Elvis nicht gemeint, wir sollen uns einfach in der Küche bedienen?", fragte er den Irren.

„Hören Sie sich eigentlich manchmal zu, was Sie sagen?", kam die rhetorische Gegenfrage zurück. „Ich weiß nicht, was hier gerade vor sich geht, aber wir sollten schleunigst verschwinden, bevor es noch richtig Ärger gibt!"

„Meinetwegen", beschwichtigte der Marshal. „Aber lassen Sie uns wenigstens kurz schauen, ob es in der Küche etwas Essbares gibt, sonst schaffe ich es nicht mal bis zum *Musical Gate*!"

Sie passierten die Treppe zu ihrer Linken, die in das geheimnisvolle Obergeschoss von Graceland führte, das für die Männer *off limits* blieb, und gingen zu ihrem Schlafzimmer am Ende des Ganges zurück. Von dort führte, wie sie aus ihren Online-Recherchen wussten, der Durchgang zur Linken an einer Treppe ins Untergeschoss vorbei direkt in das Herz von Graceland: die Küche. Tatsächlich, da war sie, und sie sah genau aus wie auf den zahlreichen Bildern, die im Internet zu finden waren! Die Männer blieben einen Moment andächtig stehen, und der Gedanke daran, wie in dieser ebenso historischen wie frappierend normalen Küche einst das Leben pulsiert hatte, war schön und traurig zugleich.

Der Marshal dachte unwillkürlich an ein Bild von Elvis' langjähriger Freundin, Linda Thompson, das er immer besonders gemocht hatte. Darauf stand sie in blauer Jeansmontur und mit rotgepunkteter Schürze neben dem knallgelben Kühlschrank, nur einen Meter vom Standpunkt des Marshal entfernt, und hielt spielerisch ein Nudelholz in die Luft, so als wolle sie sagen: *Komm mir nicht zu nahe, hier habe ich das Sagen!* Gleichzeitig gab die Aufschrift ihrer Schürze schon damals einen Eindruck davon, dass diese junge Frau nicht gewillt war, ihren Einflussbereich auf die Küche zu beschränken. *I've got more than just a pretty face!* stand da in großen, dunklen Lettern zu lesen. Dass hinter Linda in der Tat weit mehr als nur ein hübsches Gesicht steckte, hatte der Marshal selbst vor Jahren erfahren dürfen, als er ihr auf einem Elvis-Festival persönlich begegnet und gleichermaßen von ihrem Witz, ihrem Charme und ihrer Offenheit beeindruckt gewesen war. Linda hatte Elvis nur Monate vor seinem Tod verlassen, da sie nach eigener Aussage nicht dabei sein wollte, wenn er bald stürbe. Anders als die meisten anderen, von denen viele älter waren und Elvis länger kannten, hatte sie die Zeichen der Zeit erkannt und kapituliert, da ihr klar geworden war, dass man einen Menschen vor allem möglichen, aber nicht vor sich selbst beschützen konnte. Viele Fans waren sich heute einig, dass Elvis an jenem verhängnisvollen 16. August wahrscheinlich zu retten gewesen wäre, hätte Linda noch in Graceland gelebt. Darauf in einem Interview angesprochen, hatte diese jedoch nur achselzuckend und wahrscheinlich zutreffend erwidert, wenn es nicht in dieser Nacht passiert wäre, dann würde es eine andere Nacht gewesen sein.

Der Marshal schüttelte sich unmerklich, um wieder zurück in die Gegenwart zu finden, denn anstelle des schönen blonden Mädchens mit dem Nudelholz stand jetzt ein hagerer Mann mit Sonnenbrille an der geöffneten Kühlschranktür und stieß einen erstaunten Pfiff aus.

„Also, verhungern werden wir nicht!"

Der Marshal trat näher und traute seinen Augen kaum. Der Kühlschrank quoll förmlich über vor Lebensmitteln, und es schien dabei auffällig viel Wert auf gesunde Kost gelegt worden zu sein: frisches Obst, unterschiedliche Milchsorten, darunter Hafer- und Sojamilch, diverse Säfte, fettarmer Joghurt mit geringem Zuckergehalt, dazu zwei offenbar fertig zubereitete Portionen von etwas, das für den Marshal wie Bircher Müsli aussah, doch wurde er von dem Irren eines Besseren belehrt:

„Overnight Oats sind der neueste Schrei. Hafer- und Getreideflocken, Buchweizen, Leinsamen und Nüsse, alles über Nacht in Milch eingeweicht und morgens direkt verzehrbereit. Schmeckt auch gut!"

„Frühstück zum Abendessen. Wir passen uns schon Elvis' Essgewohnheiten an," stellte der Marshal verwundert fest. „Wobei sich seine Diät dramatisch verändert hat, sollte er das wirklich alles hier für uns zubereitet haben. Und was ist das?"

Neugierig geworden, trat der Irre näher, und die Männer lasen gemeinsam die in leicht krakeliger Schrift verfassten Worte auf dem Zettel, den der Marshal auf der Ablage neben dem Herd entdeckt hatte.

Nicht so gut wie von Mary, aber gesund! See you later! E. P.

Der Marshal hatte im Internet schon einige handschriftliche Notizen von Elvis gesehen, und die Schrift wirkte authentisch, aber natürlich war er kein Experte. Er steckte den Zettel nachdenklich in die Tasche und trat zurück an den Kühlschrank. In der nächsten Viertelstunde wurde die Stille in der Küche nur von den Essgeräuschen der Männer unterbrochen. Einen Tisch gab es nicht. Der Marshal hatte es sich auf einem rot gepolsterten Barhocker am Küchentresen bequem gemacht, während der Irre klaglos sein Frühstück im Stehen nahm.

„Tausend Dollar!", stieß er plötzlich mit überfülltem Mund hervor und deutete auf die große Mikrowelle im Design der Siebziger Jahre, die vor ihnen auf dem Tresen stand. Der Marshal, der mit triefendem Mund über seiner Müslischale hing, verlegte sich notgedrungen auf nonverbale Kommunikation und hob nur mit einem fragenden Seitenblick die Augenbrauen. Der Irre kaute und schluckte. „So viel hat Elvis für das Ding in den Siebzigern hingeblättert. War damals noch nicht so ein Allerweltsutensil wie heute!"

Der Marshal nickte und kämpfte sich den Mund frei.

„Ich mag besonders den Kühlschrank!", schwärmte er. „Gelb ist meine Lieblingsfarbe!"

Anstatt zu antworten, stieß der Irre unvermittelt und so laut auf, dass der Marshal, obgleich selbst kein Vorbild an Tischsitten, erschrocken hochfuhr. Sie lachten, wie erwachsene Männer es tun, wenn sie sich wie Jungs benehmen, und der Marshal hatte das Gefühl, angenehm beschwipst zu sein, ohne einen Tropfen Alkohol getrunken zu haben. Ohnehin stellte er mit einer Mischung aus Verwunderung und Erleichterung fest, dass der ständige Drang nach Alkohol auch nach seinem kleinen Rückfall nicht zurückgekehrt war. Vielmehr schien die Wirkung des absurden Films, der hier in gefühlter Dauerschleife lief, und aus dem er weder einen Weg heraus fand noch finden wollte, die Wirkung einer starken, aber angenehm unschädlichen Droge auf ihn zu haben. Es war, als würde seine eigene, kleine Welt plötzlich komplett auf dem Kopf stehen. Ein Totgeglaubter war wieder lebendig! Irgendwie jedenfalls. Bei ihren Balgereien am Pool war Elvis nicht nur sehr menschlich aufgetreten, sondern hatte sich auch so angefühlt, wenn man ihn in den Pool gestoßen hatte. Dennoch hatte sich die von ihm zerschossene Büste im Wohnzimmer von selbst wieder zusammengesetzt, als hätte die Kugel aus Elvis' Revolver sie nie getroffen. Und nicht zuletzt waren auch der Marshal und der Irre selbst offenbar zu einer Art Geister geworden, da der Wachmann sie auch dann nicht gesehen hatte, als sie genau vor ihm saßen. Wie sollte man sich auf diese ganzen Verrücktheiten einen Reim machen? Noch bevor sich der Marshal darüber weitere Gedanken machen konnte, ertönte eine Stimme von nebenan:

„Where are your manners? This is my house! Behave!"

Das Lachen der Männer erstarb augenblicklich, und sie suchten, wie zuvor, im Blick des anderen Gewissheit, dass er hörte, was man selber hörte, und sah, was man selber sah. Obwohl Elvis sie ob ihrer schlechten Manieren zur Ordnung gerufen hatte, klang er nicht wirklich verärgert.

Dann durchbrach eine E-Gitarre unvermittelt die Stille, und eine rauchige Stimme röhrte:

Get back! Get back!
Get back to where you once belonged!
Hey, get back! Hey, get back!
Get back to where you once belonged!

Das war zweifellos ein Beatles-Song. Und ebenso zweifellos Elvis' Stimme, begleitet vom fetzigen Sound einer E-Gitarre. Es war bekannt, dass Elvis insbesondere Anfang der Siebziger Jahre gerne das eine oder andere Beatles-Lied interpretiert hatte, darunter auch *Get back*. Diese beiden Worte klangen, für sich genommen, fast wie ein Ruf, eine Aufforderung an die Männer. Die Musik kam offenbar direkt von nebenan. Der Marshal wischte sich den Mund ab und rutschte mit jenem Zögern vom Hocker, das ihre Bewegungen seit dem ersten Moment, als sie Graceland betreten hatten, prägte. Der Irre folgte ihm dicht auf den Fersen.

Ein kleiner Treppenabsatz führte von der Küche direkt in einen Raum, den Elvis 1965 als Anbau in Auftrag gegeben und selbst immer nur als „The Den" bezeichnet hatte. Und tatsächlich hatte das, was die Männer vor sich sahen, gewisse Ähnlichkeit mit einer Höhle, wozu sicher auch die schweren, gerafften Vorhänge in urwaldgrün beitrugen, die dem Tageslicht keine Chance ließen, einzudringen. Ebenso passend schien jedoch die Bezeichnung, unter der dieser Teil Gracelands erst Jahre später Berühmtheit erlangt hatte: Der *Jungle Room*, wie er heute allgemein genannt wurde, war erst im Jahr 1982, nach der Öffnung Gracelands für die Öffentlichkeit, von einem Journalisten so getauft worden. Der Grund lag auf der Hand, schließlich war der gesamte Raum von der Einrichtung bis zu den verwendeten Farben und Materialien eine offenkundige Hommage an den Urwald. Nicht nur war der Boden von schwerem Flauschteppich bedeckt, dessen leuchtendes Grün das Bild grüner Wiesen beschwor. Dasselbe Material war auch unter der Zimmerdecke zwischen den hölzernen Tragebalken verwendet worden, sodass der Blick nach oben gefühlt von grünem Blätterwerk und stolzen Baumkronen aufgefangen wurde. Schwere Möbel aus dunklem Kiefernholz, überzogen mit Kunstpelz und verziert durch reiche Schnitzarbeiten voller Tiermotive, bildeten einen reizvollen Kontrast. An der Wand im hinteren Teil des Raumes befand sich ein kleiner, in dunkles Rot getauchter Wasserfall, doch die Männer konnten kein Plätschern ausmachen, da die Musik zu laut war. Elvis saß auf einem Barhocker, schlug wild in die Saiten seiner E-Gitarre und rockte, während seine Beine im Takt wippten:

Little Sister, don't you
Little Sister, don't you
Kiss me once or twice
Say it's very nice
And then you run!

Der Marshal und der Irre hatten zögernd den matt erleuchteten Raum betreten und waren sofort wieder stehengeblieben. Sprachlos ließen sie ihre Blicke kreisen, und der Marshal hatte plötzlich das Gefühl, nicht nur einen Traum zu durchleben, sondern in eine andere Dimension eingetreten zu sein. Sie befanden sich im *Jungle Room* in Graceland, und vor ihnen saß Elvis und jammte. Offenbar hatte er den Raum in ein kleines Soundstudio verwandelt, denn es standen überall Lautsprecher, Mikrofone und Verstärker herum. In einer Ecke lehnte ein E-Bass, und quer über einem breiten, mit Kunstfell überzogenen Hocker lag eine zweite Gitarre. Abgesehen davon, dass kein Schlagzeug zu entdecken war, musste das mehr oder weniger der Anblick sein, der sich den Musikern der *TCB-Band* geboten hatte, als sie hier im Februar und Oktober 1976 zu den legendären *Jungle Room Sessions* zusammengekommen waren. Niemand ahnte zum damaligen Zeitpunkt, dass der Hausherr, der keine Lust mehr hatte, sich ins Tonstudio zu bemühen und stattdessen direkt aus seinem Schlafzimmer im Obergeschoss nach unten kam, nur noch ein Jahr zu leben hatte. Niemand ahnte, dass über diesem Raum, der im Oktober 1976 noch Schauplatz von Rock'n'Roll und Lachen war, nur Monate später bleierne Stille liegen würde. So wie über dem ganzen Haus. Als hätte man ihm Herz und Seele gleichzeitig entzogen und nur noch die Hülle stehen gelassen. Und niemand ahnte, dass die Aufnahmen, die hier entstanden, das Material für die letzten beiden Alben von Elvis liefern würden, am allerwenigsten wohl er selbst.

Little Sister
Don't you do
What your big sister's done!

Die letzten Akkorde von *Little Sister* rissen den Marshal aus seinen Gedanken. Der Irre war neben ihn getreten, und gemeinsam hingen ihre Augen an dem Mann auf dem Barhocker, der gerade leicht abgekämpft, aber mit zufriedenem Grinsen seine Gitarre absetzte. Die plötzliche Stille wirkte irritierend, aber die Männer waren wie hypnotisiert und vermochten nichts zu tun oder zu sagen. Da auf dem Hocker saß Elvis, aber es war ein anderer als der, den sie in der Nacht zuvor an der Treppe verabschiedet hatten. Vor ihnen saß der Elvis von 1970, dem Jahr, in dem die Dokumentation *That's the Way It Is* entstanden war, die Elvis bei den Proben und anschließenden Live-Auftritten im damals brandneuen *International Hotel Las Vegas* begleitet hatte. Obwohl dem nach jahrelanger Bühnenabstinenz gefeierten Comeback von 1968 im Jahr darauf schon erste Live-Auftritte gefolgt waren, markierte erst der Beginn des neuen Jahrzehnts, an der Schwelle der Siebzigerjahre, Elvis' Rückkehr auf die große Bühne. Nach den wilden Anfangsjahren in den Fünfzigern und fast einem Jahrzehnt belangloser Filme in den Sechzigern sollte dies seine dritte – und letzte – Karriere werden.

„What's the matter? Cat's got your tongue?"

Es lag etwas Amüsiertes in Elvis' Stimme und Blick, als er diese Worte sprach. Ja, es hatte ihnen buchstäblich die Sprache verschlagen.

„Damit hat alles begonnen", murmelte der Marshal, und es klang, als spräche er zu sich selbst. „*That's the Way It Is* war das erste Mal, dass ich deine Stimme hörte. Und dich sah. Obwohl … man sah nicht viel. Nur diese weiße Gestalt im Spotlight. Ich wusste nicht, wie mir geschah.

Es muss in Deutschland der Abend des 16. August 1977 gewesen sein, und die Medien waren voll von deinem …"

Der Marshal warf einen unsicheren Blick auf Elvis.

„Ableben? Tod? Abgang? Kannst du dir aussuchen!", zuckte Elvis mit den Achseln und klang dabei merkwürdig gelassen.

„Alle Fernsehprogramme wurden geändert", fuhr der Marshal fort, „und deine Filme liefen rauf und runter. Gut, wir hatten damals nur drei Programme, aber trotzdem …" Er lachte etwas verlegen. „Und dann haben sie *That's the Way* gezeigt, und ich sitze in dem Moment mit meinem Vater vor der Glotze. Und das war … das war …"

„… eine Bombe!", fiel der Irre ein und nickte leise mit dem Kopf.

„Eine Bombe!", echote der Marshal nachdenklich. „Das trifft es wahrscheinlich am Besten."

„I'm a Napalm bomb, guaranteed to blow your mind!", intonierte Elvis passend eine Passage aus *Steamroller Blues* und erzielte damit den gewünschten Effekt.

Obwohl der Marshal es immer kritisch gesehen hatte, dass Elvis inmitten des Vietnamkriegs einen Song sang, in dem er sich selbst als Napalm-Bombe bezeichnete, während zur gleichen Zeit Tausende im fernen Vietnam durch genau diese Bombe den Tod fanden, musste er schmunzeln. Es war ohnehin grundsätzlich problematisch, die Vergangenheit durch die Brille der Gegenwart zu betrachten, und der Weg von vermeintlich überlegener Moral zu Selbstgerechtigkeit und Scheinheiligkeit war kurz.

Die Männer traten näher, und der Marshal musterte ihren Gastgeber, der innerhalb einer Nacht um mehrere

Jahre gealtert war. Nicht zu seinem Nachteil allerdings. Wenn es nach dem Marshal ging, war der *That's the Way*-Elvis von 1970 der beste, den es je gab. Das Jungenhafte in seinen Zügen war einer Männlichkeit und Reife gewichen, die man nur wenige Jahre zuvor, als der Mann mit der Tolle noch in einer endlosen Reihe austauschbarer Filme Kühe und Kleinkinder angesungen hatte, kaum für möglich gehalten hätte. Er hatte die Bühne nach langer Abwesenheit im Sturm zurückerobert, ohne suggerieren zu wollen, es habe sich nichts geändert. Was jetzt kam, war neu, auch wenn es viele Elemente dessen beinhaltete, was ihn in den Fünfzigern großgemacht hatte. Zwar kokettierte er gerne mit seinen bescheidenen Anfängen. „Wir hatten eine Gitarre, noch 'ne Gitarre und ein zitterndes Bein!" Doch der Elvis, der im Zeitraum 1969 bis 1977 alleine in Las Vegas zwischen 600 und 800 Mal auf der Bühne stand – über die genaue Zahl waren das *International*, das heute unter dem Namen *Westgate Hotel* firmierte, und *Elvis Presley Enterprises* uneins –, war von der minimalistischen Bühnenpräsenz seiner frühen Jahre weit entfernt. Durch zunehmend extravagante Bühnenoutfits in Szene gesetzt, wurde Elvis im Hintergrund durch ein großes Orchester sowie zwei Backup-Chöre, die *Sweet Inspirations* und *The Imperials*, unterstützt. Diese waren bei *That's the Way It Is* auch schon in den Proben für die Vegas-Shows zu sehen gewesen.

„Gut geschlafen? Ich hoffe, ihr habt Henry nicht verschreckt?", grinste Elvis sie an. Er trug ein knallrotes Hemd mit gerafften Ärmeln zu dunkler Hose mit Streifenmuster, dazu einen breiten, rot-schwarzen Ledergürtel, reich verziert mit allerlei Nieten und Kettchen, die bei jeder Bewegung leise klimperten.

„Henry, der Wachmann, nehme ich an?", folgerte der Irre. „Es war unglaublich, er … er hat uns nicht gesehen, obwohl wir uns direkt in die Augen geschaut haben!"

Elvis lachte zufrieden in sich hinein.

„Gewöhnt euch nicht dran, das funktioniert nur hier auf dem Anwesen und auch nur, wenn ich da bin! Mit Henry ist nicht zu spaßen. Er hat vor Jahren mal Mist gebaut und sie hätten ihn fast gefeuert, gaben ihm dann aber eine zweite Chance. Seither nimmt er seinen Job als Wachmann besonders ernst."

„Mist gebaut?", runzelte der Marshal fragend die Augenbrauen.

„Ach, es war eigentlich nichts weiter", wiegelte Elvis ab und sah dabei merkwürdig vergnügt aus. „Er behauptete gegenüber Touristen, mich bei manchen seiner Rundgänge durch Graceland in Fleisch und Blut gesehen und sogar mit mir gesprochen zu haben, und bot ihnen an, mir gegen ein kleines Trinkgeld persönliche Botschaften zu überbringen, die ich dann auch über ihn beantworten würde. Davon war Cilla gar nicht begeistert."

„Kann ich mir vorstellen", grinste der Irre hinter dunklen Gläsern. „Wir haben jedenfalls nicht vor, ihm nochmal in die Arme zu laufen."

Der Marshal konnte sich des dumpfen Gefühls nicht erwehren, dass Elvis ihnen einen Teil der Geschichte vorenthielt, und beschloss, das Thema zu wechseln:

„Und sag mal … das Frühstück heute morgen, der volle Kühlschrank, der Zettel … wirklich alles von dir?", fragte er und blickte Elvis forschend an.

Dieser hielt dem Blick stand, und erst jetzt fiel dem Marshal auf, dass Elvis eine seiner *TCB*-Brillen trug, die in der Gegenwart solchen Kultstatus erlangt hatten, dass bei Auktionen Preise von über 150.000 Dollar dafür erzielt werden konnten.

„Kann schon sein", zuckte Elvis in gespielter Langeweile mit den Achseln, rutschte vom Hocker und griff zu einer Flasche *Mountain Valley Spring Water*, die auf einer hölzernen Anrichte an der Wand stand. Die Männer schauten schweigend zu, wie er die Flasche an den Mund setzte und einige Schlucke nahm. Als er fertig war, fing er den Blick des Marshal auf. „Was, soll ich jetzt auch rülpsen, dass hier die Wände wackeln?"

Die Männer grinsten verlegen und fühlten sich wie Schuljungen, die von ihrem Lehrer getadelt wurden. Dann sagte der Marshal:

„Ich frage mich nur … ich meine … warum trinkst du noch Wasser? Brauchst du überhaupt noch Essen und Trinken in deiner jetzigen Welt?"

„Nein", entgegnete Elvis, und die kurz entstehende Stille gab dem Marshal Gelegenheit festzustellen, dass der Wasserfall offenbar intakt war, denn nun hörte man das Nass leise an der Wand herunterrieseln. „Ist reine Gewohnheit und fühlt sich irgendwie lebendiger an. Manchmal packe ich mir den Kühlschrank mit allem möglichen Zeugs voll, nur so, weil sich's gut anfühlt. Ist wohl besser, ich befreie euch auch von derlei irdischen Zwängen, solange ihr in meinem Haus weilt."

Die Männer warfen sich fragende Blicke zu. Dann witzelte der Marshal:

„Jedenfalls bist du auf deine alten Tage noch erstaunlich gesund geworden, wenn man sich anschaut, was du uns so zum Frühstück hingestellt hast!"

„Tja, wisst ihr … es ist ziemlich ärgerlich, wenn man zurückblickt und feststellt, es wäre gar nicht so schwer gewesen, ein paar Dinge zu ändern, und dann wäre vielleicht alles ganz anders gekommen", antwortete Elvis mit unerwartetem Ernst. „Ich hätte vielleicht nochmal neu mit Cilla anfangen können. Hätte meine Enkelkinder kennengelernt. Eine Welttour gemacht. Ändert, was zu ändern ist, solange ihr es noch könnt. *TCB …*"

„Taking Care of Business", murmelte der Marshal leise.

„Exakt! Anpacken. Verantwortung zeigen. Machen. Kein Jammern. Kein Selbstmitleid. Schätze, ihr wisst, wovon ich spreche, nichts für ungut."

Der Marshal schwankte zwischen kindlichem Trotz und der Einsicht, dass Elvis zweifellos recht hatte. Er hatte die letzten Jahre versoffen, vergeudet und verloren. War in eine destruktive Abwärtsspirale geraten, die unweigerlich ins Verderben führte, und hatte sich selbst bemitleidet. Doch anders als Elvis hatte er noch die Chance, in seiner Welt das Ruder herumzureißen.

„Jetzt aber genug davon, wir sind ja nicht zum Vergnügen hier!", sagte Elvis, der Schwere des Themas offenbar überdrüssig, und reichte dem Marshal seine E-Gitarre. „Play it, James!"

Der Marshal zögerte. „On the lead guitar, from Shreveport, Louisiana, is James Burton!", hallte es aus zahllosen Aufnahmen in seinen Ohren wider. Burton hatte insbesondere nach Elvis' Tod bei seinen häufigen Auftritten mit der *TCB*-Band in aller Welt einen gewissen Kult-Status erlangt. Die Fußstapfen waren riesig.

„Und du bist Jerry", drückte Elvis dem Irren den E-Bass in die Hand.

Mehr im Hintergrund agierend als Burton, was mit der Instrumente-Hierarchie in Bands zu tun haben mochte, war Elvis' Bassgitarrist Jerry Scheff nach dessen Tod ebenfalls mit der *TCB*-Band auf Tour gegangen, wobei stets ein überlebensgroßer Elvis auf der Leinwand live von der Band sowie Teilen des Original-Orchesters und Background-Chors begleitet wurde.

„Woher weißt du, dass ich Bass spiele?", fragte der Irre irritiert.

„Du siehst so aus", feixte Elvis. „Irgendwelche Wünsche?"

Der Marshal musste nicht lange nachdenken.

„Lass uns den Beginn *von That's the Way* nachspielen. *Tiger Man* war das erste Lied, das ich von dir gehört habe, damals vor dem Fernseher. Aber ich sag's gleich, ich bin aus der Übung!"

„Ich spiele gelegentlich in einer Band, aber Jerry Scheff werde ich nicht ersetzen können", murmelte der Irre, während er den Bass in seiner Hand prüfend musterte.

„You'll be fine", beruhigte Elvis ihn schmunzelnd und nahm wieder auf seinem Barhocker Platz.

Der Irre, dem seine Unsicherheit anzusehen war, baute sich mit dem Bass neben dem Wasserfall auf, während der Marshal mit seiner E-Gitarre auf dem langen Sofa Platz nahm. Er schien der Tragfähigkeit des illustren Möbelstücks nicht trauen zu wollen. Kunstfell auf dunklem Zypressenholz. Geschnitzte Tierskulpturen an den Enden mit bedrohlich aufgerissenen Mäulern. Der Kitsch war so absurd, dass es schon wieder cool war. Elvis schien die Gedanken des Marshal zu erraten.

„Eigentlich war das Ganze hier eine Art Streich, um meinen Daddy zu foppen, wisst ihr. Er kam zu mir, das muss so um '74 gewesen sein, und meinte: ‚Ich war gerade bei Donald's Möbelgeschäft, und die bieten die hässlichste Einrichtung an, die ich je in meinem Leben gesehen hab!' Er hat's mir beschrieben, und ich hab nur gesagt: ‚Passt!', und bin los. Ihr hättet sein Gesicht sehen sollen, als er den Raum das erste Mal betrat, nachdem wir das ganze Zeug hierhergeschafft haben. Einige der Stücke waren so groß, dass wir sie nur durch die Fenster reinhieven konnten!"

„Ich find's cool", kommentierte der Irre im Hintergrund und zupfte prüfend an seinem Bass, der einen satten, tiefen Sound erzeugte.

Der Marshal schwieg und fragte sich, warum man nicht umhinkam, an Elvis sogar den zweifellos grauenvollen Geschmack bei der Inneneinrichtung seines Hauses zu mögen. Irgendwie passte es zu ihm, und irgendwie war grauenvoll bei Elvis nie wirklich grauenvoll. Der Marshal spielte ein paar Akkorde und wunderte sich, wie locker und flink es sich anfühlte, wenn seine Finger die Saiten bearbeiteten.

„Ok, ready?"

Ja, sie waren bereit, und es war einigermaßen absurd, dass die Situation sich anfühlte, als wäre das Ganze hier eine ganz normale Probe. Mit Elvis. Im *Jungle Room* in Graceland. Es war eine Scheinwelt, in der sie sich bewegten. Eine Zwischenwelt, wie Elvis es treffend genannt hatte. Irgendeine mysteriöse Dimension zwischen Diesseits und Jenseits. Ein Warteraum, der mutmaßlich auch von zahllosen anderen, die in dieser Schleife gefangen waren, bevölkert wurde, die man jedoch weder sah noch hörte. Der Marshal registrierte mit Erstaunen, wie sicher und wohl er sich in dieser Schleuse fühlte. Auch die Frage, ob er jemals wieder den Weg aus der Zwischenwelt in die reale Welt zurückfinden würde, verlor spätestens in dem Moment ihre Relevanz, als nun Elvis' Stimme ertönte:

I'm the King of the Jungle, they call me Tiger Man!
Well, I'm the King of the Jungle, they call me Tiger Man!
If you cross my path you take your own life in your hand!

Die Männer setzten mit ihren Instrumenten ein, und der Marshal hatte schon nach den ersten Akkorden das Gefühl, als spielten seine Finger wie von allein. Auch der Irre bearbeitete neben dem Wasserfall seinen Bass mit einer Ruhe und Versiertheit, als habe er sein halbes Leben nicht in deutschen Amtsstuben, sondern auf der Bühne zugebracht. Der Marshal wusste nicht, wie ihm geschah, als das, was seine Sinne ihm vermittelten, mit den Bildern, Farben und Stimmen in seinem Kopf zu einem Film wurde, bei dem die Grenzen zwischen Traum und Wirklichkeit verschwammen. Es schien, als würde er buchstäblich zurückgebeamt in jenen magischen Moment, der sein Leben für immer verändert hatte. Jenen Moment, als er mit zehn Jahren vor dem Fernseher saß und plötzlich diese weiße Gestalt auf dem kleinen Bildschirm erblickte. Die genau das Lied rockte, das in dieser Sekunde die Wände des *Jungle Room* erbeben ließ. Und … ja konnte es denn sein? Der Marshal, der kaum wahrnahm, wie seine Finger über die Saiten der E-Gitarre flogen, hatte plötzlich das komplette Orchester vor sich. Es waren alle dabei, Ronnie Tutt bearbeitete im Hintergrund das Schlagzeug, die Bläser trieben den Mann in Weiß schonungslos vor sich her, und die *Sweet Inspirations* setzten die Geschichte fort, die Elvis in seiner frühen Kindheit geprägt hatte, als er in den Gottesdiensten der Schwarzen die Musik lieben lernte und sich von ihren Bewegungen inspirieren ließ. Aufgepasst, jetzt hatte der Marshal alias James Burton seinen Einsatz! Er spielte wie von Sinnen. Dabei konnte er kaum noch etwas sehen und nahm nur durch einen Schleier die Luftgitarre von Elvis wahr, die dieser in der Mitte des Raumes vollführte.

Way back! Way back!

Die letzten Akkorde waren noch nicht verklungen, da lachte Elvis hell vor Freude auf. Er schien wie befreit zu sein und strahlte über das ganze Gesicht, während er das Mikro beiseiteschob und in die Hände klatschte. Doch dann fiel sein Blick auf den Marshal, und das Lachen auf seinem Gesicht wich betroffenem Erstaunen.

„What's wrong?", fragte er erschrocken.

Der Marshal antwortete nicht und wischte sich mit einer ebenso hastigen wie verlegenen Bewegung über das Gesicht. Was hätte er auch sagen sollen? Er schämte sich, als er Elvis' halb besorgten, halb belustigten Blick sah und scannte wie in einer Dolmetschsituation fieberhaft sein Gehirn auf eine passende Formulierung, nur um sie im selben Moment wieder zu verwerfen. So zog er nur trotzig die Nase hoch und starrte auf seine Gitarre. Elvis musterte den Marshal nachdenklich und drehte sich dann, einer plötzlichen Eingebung folgend, abrupt zu dem Irren um, gerade als dieser sich verstohlen die Augen unter seiner dunklen Sonnenbrille rieb. Elvis wendete sich mit geöffnetem Mund wieder dem Marshal zu, und sein Staunen war ihm auf die Stirn geschrieben. Es klimperte leicht, als er in einer Geste offenbarer Verlegenheit seinen schweren, reich verzierten Gürtel hochzog.

„Well … so schlecht waren wir doch gar nicht", versuchte er sich an einem Scherz und fügte, als dies nichts fruchtete, fast sanft hinzu: „Sagt mal, sind eigentlich alle Deutschen so … so zart besaitet wie ihr? Ist mir damals in Bad Nauheim gar nicht aufgefallen!"

Der Marshal gewann langsam seine Fassung zurück und schüttelte, offenbar selber nach einer Erklärung suchend, nachdenklich den Kopf.

„Weiß der Teufel warum, aber du … du löst oft etwas aus, weißt du, es ist wirklich …"

„ … verrückt!", ertönte es leise aus der Ecke, wo der Irre noch immer mit seinem Bass stand.

„Ja, verrückt", sagte der Marshal „Du drückst irgendwelche unsichtbaren Knöpfe, und es kommt über einen … wie eine Welle, die plötzlich über dich schwappt. Manchmal ist es ein bestimmtes Lied … oder wenn du bei *That's the Way* in deinem weißen Anzug auf die Bühne springst … oder bei einem deiner letzten Konzerte, wenn du am Klavier *Unchained Melody* spielst und kaum noch wiederzuerkennen bist … oder der Anblick der salutierenden Polizisten, als der weiße Cadillac mit deiner Leiche an ihnen vorbeifährt. Es kann alles Mögliche sein."

Der Irre murmelte etwas Unverständliches aus der hinteren Ecke des Raumes.

„What's that?", fragte Elvis und drehte sich zu ihm um.

„Energie!", sagte der Irre leise und wie zu sich selbst. „Es ist eine unfassbare Energie. Ich glaube, ohne diese Energie würde ich all diese … diese Ödnis im Alltag gar nicht überstehen."

Wieder entstand eine kurze Stille, und der Marshal hatte für einen Moment das Gefühl, die von dem Irren angesprochene Energie mit Händen greifen zu können.

„Alles ist Energie", sagte Elvis schließlich, der von sämtlichen Personen, die ihm nahestanden, als tief spiritueller Mensch beschrieben wurde. „Ich habe selbst erlebt, wie das Leben blutleer wird, wenn sie fehlt oder verloren geht. Erst merkst du es gar nicht. Machst einfach weiter.

Tust, was von dir erwartet wird. Gerätst irgendwann in ein gottverdammtes Hamsterrad, das sich immer schneller dreht, während dir langsam die Puste ausgeht, aber das nimmst du gar nicht mehr richtig wahr. Die Stimmen von außen, die dich warnen, bringst du zum Schweigen, denn du bist der Boss. Die inneren Stimmen hörst du nicht oder drückst sie weg. Und machst weiter. Und weiter. Bis es plötzlich kein Zurück mehr gibt. Du hast die Orientierung verloren, der Kompass funktioniert nicht mehr. Du feuerst Leute, die zu deinen treuesten Weggefährten zählen. Verspielst die Frauen, die dich lieben, um noch einmal ganz neu anzufangen … und holst dir eine dumme Zwanzigjährige ins Haus, der vor allem daran gelegen ist, dass du ihrer Familie ein Haus kaufst. Betest, ohne gehört zu werden. Faselst davon, dass die morgen beginnende Tour die beste deiner Karriere wird, obwohl allein ein Blick in den Spiegel genügt, um …" Elvis war im Laufe seines kleinen Monologs immer erregter geworden und hatte die letzten Worte mit lauter, fast wütender Stimme gesprochen. Fast schien es, als würde er mehr zu sich selbst als zu den Männern sprechen. „Tja und dann …" Elvis stemmte einen Arm in die Hüfte und rückte sich mit einer Hand die Brille auf der Nase zurecht „ … dann haut es dich plötzlich vom Klo runter, als du es dir gerade mit einem schönen Buch gemütlich gemacht hast!"

Die Männer erstarrten bei diesen Worten und hielten gebannt den Blick auf Elvis gerichtet. Wieder einer dieser plötzlichen Stimmungswechsel, von denen man immer wieder aus unterschiedlichsten Quellen gehört und gelesen hatte: Man wusste bei diesem Mann nie, was als nächstes kommen, mit welcher Verrücktheit er einen als nächstes überraschen würde.

Elvis schüttelte leicht den Kopf und schien in sich hinein zu glucksen. Die Männer schwiegen, unschlüssig, wie sie sich verhalten sollten. Ihre Augen weiteten sich, als das Glucksen sich zu einem leisen Lachen und von da zu einem veritablen Lachkrampf steigerte, während dessen Elvis sich mit beiden Armen auf den Hocker stützte und seine Schultern im Takt seiner Lachstöße bebten. Es war ein kurzer, heftiger Ausbruch, und Elvis schien sich nicht davon beirren zu lassen, dass die Männer seine Heiterkeit nicht teilten.

Während der Marshal offenbar nicht wusste, wie er sich in dieser skurrilen Situation verhalten sollte, verschanzte sich der Irre in gewohnter Manier hinter seiner unbewegten Sonnenbrillenmiene.

„Ich meine … vom KLO!" japste Elvis nach Luft. „Would you believe it? Ging es nicht etwas theatralischer? Auf der Bühne vielleicht? Einfach beim Schlussakkord von *Polk Salad Annie* tot umfallen, während die Bläser wie verrückt weiterspielen, weil sie denken, ich stehe gleich wieder auf?!"

Es war, als ob Elvis den Film, der vor seinem geistigen Auge ablief und der ihn als Liebhaber absurder Monty-Python-Momente und Peter-Sellers-Sketche so belustigte, telepathisch mit den Männern teilte, sodass auch sie in ein zögerliches Schmunzeln verfielen. In die plötzliche Heiterkeit ihres Gastgebers vermochten sie jedoch nicht einzufallen, dafür war das Thema zu ernst. Oder sollte man gerade deshalb darüber lachen? Der Marshal kam zu dem Schluss, dass dies höchstens Elvis selbst zustand, und fühlte sich hierin bestätigt, als dieser mit einem typischen „Oh Lord, oh Lord!" seine Lachtränen aus dem Gesicht wischte und dann ziemlich unvermittelt wieder ernster wurde.

„Also, mal unter uns … was war denn das für ein Abgang? Ich wünschte, das wäre ein bisschen diskreter abgelaufen."

Der Irre spielte im Hintergrund leise einen Akkord auf seinem Bass, und es war nicht klar, ob es absichtlich oder aus Versehen war.

„Hat dir auch keinen Zacken aus der Krone gebrochen", zuckte der Marshal mit den Achseln. „Deine Angst, dass sie dich nicht mehr lieben würden, wenn du mal Schwäche zeigst, war immer überflüssig!"

„Heißt?", fragte Elvis und schien etwas unsicher, wie er die Worte des Marshal zu deuten habe.

„Er meint", ertönte es mit ruhiger Stimme hinter der Sonnenbrille, sodass Elvis sich unwillkürlich zu dem Irren umwandte, der seinen Bass lässig um die Schulter hängen hatte, „dass deine Abstürze ebenso zu dir gehören, wie deine Erfolge. Wer braucht schon einen Supermann? Du warst immer Superheld und Loser zugleich. Genau genommen wie wir alle, nur hältst du uns einen Spiegel mit maximaler Vergrößerung vor."

Der Marshal warf einen erstaunten Blick auf den Irren. Eine so knappe, geschliffene Analyse hätte man dem wortkargen Mann mit der Sonnenbrille nicht zugetraut. Doch wie würde Elvis reagieren? Man kannte sein impulsives

Temperament ja mittlerweile aus eigener Erfahrung, und der Marshal machte sich innerlich bereit, in Deckung zu gehen, sollte Elvis ob der unverblümten Worte plötzlich eine Waffe aus dem Stiefel ziehen.

Dieser schien jedoch nicht in Stimmung für Krawall zu sein. Er warf erst dem Marshal und dann dem Irren einen unter langen Wimpern halb verdeckten Blick zu, den sie nicht zu deuten wussten, grinste sein typisches, jungenhaft-verschmitztes Grinsen und brummte dann:

„Ist das so? Nun, wenn die Gebrüder Freud jetzt fertig sind, können wir vielleicht noch ein bisschen Musik machen. Nehmt euch was zu trinken aus der *Wet Bar* da drüben, aber seid nicht enttäuscht, es gibt keinen Alkohol, ich brauche euch noch nüchtern!" Der Seitenblick auf den Marshal war ernst, aber ohne Häme oder Arroganz. „Bin gleich wieder da!"

Mit diesen Worten verließ Elvis den Raum, wobei er stark hinkte, bevor er um die Ecke in der Küche verschwand. Die Männer grinsten sich an, denn sie hatten die Anspielung sofort verstanden: Passend zu seinem aktuellen Erscheinungsbild zitierte Elvis hier eine Szene aus *That's the Way It Is*, in der er mit seinem langjährigen Freund und Road Manager, Joe Esposito, auf einem Tandem geradelt und nach dem Absteigen auffällig hinkend im Studio verschwunden war. Egal, in welcher Dimension sich Elvis gerade befand, seinen Humor und seinen Hang zum Verspielten hatte er sich erhalten.

Die Männer legten ihre Instrumente beiseite und traten an die *Wet Bar*. Auch diese war in dem mittlerweile merkwürdig vertraut erscheinenden dunklen Kiefernholz gehalten, das dem *Jungle Room* in skurriler Synthese mit dem leuchtenden Grün von Boden und Decke sein einzigartiges Flair verlieh. Seeschlangen und Wasserspeier mit weit aufgerissenen Mäulern vermittelten eine künstliche Dramatik, die gleichzeitig zum Kopfschütteln anregte und Bewunderung abverlangte. Denn auch wenn das Kitschbarometer heftig ausschlug, dachte der Marshal, während er zwei Gläser griff, um sie mit dem unvermeidlichen *Mountain Valley Spring Water* zu füllen, so ließ sich hier doch ein Effekt studieren, der im Zusammenhang mit dem Hausherrn immer wieder auffiel: Die Unbeirrbarkeit, ja Selbstverständlichkeit, mit der bereits der junge Elvis in der Schule seinen eigenen Stil geprägt und scheinbar immun gegen Widerstände aller Art verteidigt hatte, verlangte auch dem schärfsten Kritiker Respekt ab. Mitläufer würden vielleicht kurzfristig davon profitieren, dass sie lieber anderen das Wort redeten, als selber ihre Stimme zu erheben. Respekt verdienten sie sich damit nie. Selbst tätliche Angriffe männlicher Schulkameraden hatten Elvis auf der High School nicht dazu bringen können, seine auffällig bunte Kleidung abzulegen, seine opulenten Koteletten abzurasieren oder sein ungewöhnlich langes, ursprünglich blondes Haar kürzer zu tragen. Und auch später wäre es ihm nie in den Sinn gekommen, sich seinen persönlichen Stil vom Zeitgeist vorschreiben zu lassen. So beendete er die für ihn bleiernen Sechziger Jahre mit einem völlig unerwarteten Paukenschlag, indem er in einem pechschwarzen Lederanzug auf die Bühne zurückkehrte, der so eng ansaß, dass er ihm nach der Show buchstäblich vom Körper geschnitten werden musste. In den

Siebziger Jahren waren seine Outfits immer exzentrischer geworden und gipfelten in prächtigen Superman-Capes, die er am Ende der Show gerne in kniender Pose auf der Bühne präsentierte. Es war *sein* Stil, und wem das nicht passte, der konnte ja gehen. Selbiges galt für die Innenausstattung von Graceland, die später von einem Besucher als „Taj Mahal des schlechten Geschmacks" verspottet worden war, wobei der *Jungle Room* innerhalb des Hauses sicher als einer der Hauptanwärter auf den Titel gelten konnte. Einzigartig und originell war er allemal, und der Marshal war beeindruckt von der Freiheit und Selbstverständlichkeit, mit der Elvis den Raum unter Einbeziehung zahlreicher Anspielungen auf das von ihm geliebte Hawaii nach eigenem Geschmack gestaltet hatte.

Gerade hatten die Männer sich mit ihren Wassergläsern zugeprostet, als Elvis mit dynamischem Schwung wieder den Raum betrat.

„All right, Ladies!"

Der Marshal warf ihm einen prüfenden Seitenblick zu und verschluckte sich fast an seinem Wasser. Dies war ein anderer Elvis als der, der einige Minuten zuvor den Raum verlassen hatte. Er war um circa zwei Jahre gealtert, denn jetzt trug er einen seiner berühmten, weißen Jumpsuits, den man aus der zweiten, zu seinen Lebzeiten veröffentlichten Konzertdoku, *Elvis On Tour*, kannte.

„White Pyramid", bemerkte der Irre mit fachmännischem Blick, und seine Ruhe zeigte, wie sehr das Unnormale zur Normalität geworden war. „Den hast du '72 im Madison Square Garden getragen!"

„Mit Verlaub", fiel der Marshal ein, „aber da liegen Sie falsch!"

„Auf keinen Fall", hielt der Irre dagegen, und seine Ruhe schien plötzlich wie weggeblasen. „Der Anzug, den er gerade trägt, ist definitiv der White Pyramid!"

„Das bestreitet ja keiner", beharrte der Marshal, „nur hat er ihn im Madison Square Garden in New York eben *nicht* getragen. Auf dem Albumcover wurde zwar der White Pyramid gezeigt, aber tatsächlich trug er im Garden den Eyelet Suit!"

Elvis warf den Männern einen amüsierten Blick zu, schüttelte den Kopf und lachte.

„Ihr seid solche Freaks! Wen schert's, wie das Ding nun genau hieß und ob ich's in New York getragen habe oder nicht, ist doch völlig egal!"

Sollten sie gedacht haben, Elvis für ihren kleinen Disput als Schiedsrichter einspannen, ihn gar mit ihrem Detailwissen beeindrucken zu können, so hatten sie sich getäuscht.

In den folgenden Stunden – oder war es gar nicht so lange? die Männer hatten jedes Zeitgefühl verloren, und es schien, als seien sie durch eine undurchdringliche Watteschicht von ihrer bisherigen Welt getrennt – wurde die Jam-Session fortgesetzt. Elvis schien abwechselnd im Proben- und Bühnenmodus zu sein. Seine fetzige Version des Creedence Clearwater Revival-Hits *Proud Mary* wechselte mit emotionalen Stücken wie *Separate Ways*, jenem Song, den sein langjähriger Freund und Leibwächter, Red West, für ihn geschrieben hatte und der auf traurige Weise die Realität des Jahres 1972 für Elvis widerspiegelte. Die Scheidung von Priscilla in jenem Schicksalsjahr galt vielen als die einsetzende Götterdämmerung.

Darauf angesprochen, lachte Elvis nur trocken auf und umging die Frage, indem er von seinem Hocker rutschte und gedankenverloren die riesige Messing-Gürtelschnalle seines *Gold Attendance Belt* zurechtrückte. Dann trat er an einen der Beistelltische und griff sich ein dort liegendes Zigarettenetui. Als er es öffnete, ertönte sein Hit Surrender, und selbst die Mundwinkel des Irren verzogen sich unter der Sonnenbrille zu einem Lächeln.

„Eine Spieluhr!", rief der Marshal überrascht.

„Hat mir Cilla '62 zu unserem ersten gemeinsamen Weihnachten in Graceland geschenkt", lächelte Elvis und schien für einen Moment so in das kleine Kunstwerk versunken, als habe er es zum ersten Mal vor sich. „Keine zehn Jahre später, im Winter '71, war sie das letzte Mal dabei, und wir haben uns nur gefetzt. Das einzig Gute an diesem Weihnachten war, dass der gottverdammte Wasserfall in Flammen aufging!"

Die Männer starrten ihn verständnislos an.

„Welcher Wasserfall?" fragte der Irre.

„Na, der hinter dir natürlich!", lachte Elvis. „Hatte einen Kurzschluss und fing an, zu brennen. Daddy hatte Panik, dass das ganze Ding Feuer fangen würde und hat wie wild mit einem Vorschlaghammer darauf eingeschlagen, um an die Verkabelung zu kommen, damit uns nicht das Haus abfackelt. Ich hab mich halb totgelacht. War das absolute Highlight von diesem Scheißfest!"

Die Vorstellung von Elvis' Vater Vernon, der wie wild mit einem Vorschlaghammer auf den rauchenden Wasserfall einprügelte, amüsierte die Männer. Der *Jungle Room* war wieder zum Leben erwacht, durchdrungen von Musik und Gelächter wie zu seinen besten Zeiten. Vielleicht war das der Grund, warum der Marshal plötzlich von einem warmen Glücksgefühl durchströmt war, doch kämpfte er es sofort energisch zurück, denn es war ihm unangenehm, immer wieder vor Elvis' erstauntem Blick von seinen Emotionen übermannt zu werden.

Für den letzten Song ihrer Jam-Session verließ die reduzierte *TCB*-Band auf Elvis' Anweisung das Jahr 1972 und spulte vier Jahre auf Oktober 1976 vor, als Elvis den *Jungle Room* als improvisiertes Tonstudio nutzte und dort mit *Way Down* einen Song produzierte, der zum Zeitpunkt seines Todes gerade weltweit die Hitparaden eroberte. Elvis verzichtete darauf, sich entsprechend der fortgesetzten Zeitreise erneut zu verwandeln, und schien in Stimmung für Albernheiten zu sein. Immer wieder verdrehte er absichtlich Worte im Text und machte sich einen Spaß daraus, die krampfhaft um Konzentration bemühten Männer aus dem Konzept zu bringen. Als Elvis zum Abschluss das doppelt tiefe C zu erreichen versuchte, das dem Song seinerzeit ein zwar dezentes, aber beeindruckendes Gran Finale beschert hatte, fielen die Männer ein, und der *Jungle Room* wurde ein letztes Mal von heiterem Lachen erfüllt. Nein, die Tiefen, in die Elvis' treuer Freund und Rekord-Bariton, J. D. Sumner, mit seiner Stimme hinabgestiegen war, blieben für sie unerreichbar.

„Good job!", lachte Elvis. „Ich hätte euch ja glatt in meine *TCB*-Band aufgenommen, aber ich fürchte, dafür seid ihr ein bisschen spät dran!"

„Wusste gar nicht, dass ich die Gitarre noch so gut draufhabe, hab auch Ewigkeiten nicht gespielt!", murmelte der Marshal ehrlich erstaunt.

„Ja", lächelte Elvis ihn schief von der Seite an, „fast wie von Geisterhand!" Er grinste, rückte seine riesige Gürtelschnalle zurecht und verließ ohne ein weiteres Wort den Raum.

Der fragende Blick des Marshal prallte an der dunklen Sonnenbrille des Irren ab. Dieser zuckte die Achseln, legte seinen Bass ab und folgte Elvis Richtung Küche. Der Marshal verharrte noch einen Augenblick und ließ ein letztes Mal den Blick im *Jungle Room* kreisen, als wolle er der Flüchtigkeit des Moments den Mantel der Ewigkeit umhängen. Dann folgte er den anderen nach.

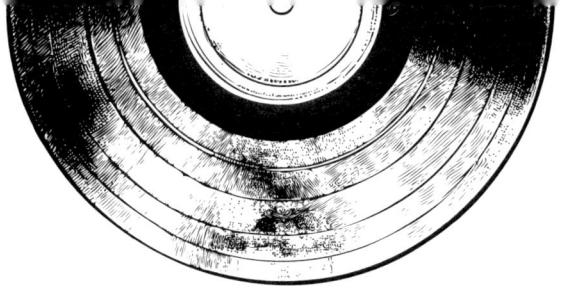

In der Präsidentensuite

„Das hat er gesagt?"

Der Marshal saß aufrecht im Bett und schaute den Irren zweifelnd an. Dieser lag entspannt, die Hände hinter dem Kopf verschränkt, neben ihm auf dem großen Doppelbett, das einst Elvis' Eltern als Schlafstätte gedient hatte, und schien ein heimliches Vergnügen an der Konversation zu finden.

„Genau so. Es gäbe da noch eine Rechnung mit uns zu begleichen, meinte er. Dein Kumpel ist mir noch was schuldig, waren seine genauen Worte."

„Ja, ja …"

Der Marshal durchlebte noch einmal in Zeitraffer den Moment, als er das Bewusstsein verloren und vor versammelter Menge kollabiert war. Was für ein peinlicher Auftritt! Er schaute missmutig drein, und selbst das durch die hellen Vorhänge wogende Licht vermochte den bekennenden Sonnenanbeter nicht aufzumuntern.

Ein gutmütiges Grinsen umspielte die Lippen des Irren unter den dunklen Brillengläsern.

„Nun machen Sie sich mal keinen Kopf, Marshal! Ich hatte nicht den Eindruck, dass Elvis wirklich sauer auf Sie war. Es scheint nur … er hat irgendetwas vor, und wir sollen ihm dabei helfen. Ist mir auch ganz recht, wenn mal was passiert, denn ich komme mir hier langsam vor wie in *Immer grüßt das Murmeltier*!"

Der Irre hatte recht. Wieder hatten sie sich in der Nacht zuvor von Elvis am Treppenabsatz verabschiedet. Wieder waren sie, wie vom Hausherrn angekündigt, im Schlafzimmer von Gladys und Vernon in einen komatösen Schlaf verfallen, und wieder waren sie erst jetzt, da der Tag bereits zur Neige ging, erwacht. Offenbar hatte der Irre vor dem Zubettgehen noch ein paar Worte mit Elvis gewechselt, als der Marshal bereits erschöpft auf dem Bett eingeschlafen war, und nun setzte er seinen Zimmergenossen in der Männer-Graceland-WG ins Bild:

„In der ersten Nacht hat er etwas gesagt wie … er wolle nicht den nächsten Schritt gehen, bevor der Wagen wieder hergestellt ist", versuchte sich der Marshal zu erinnern. „Offenbar geht er davon aus, vor dem Übergang in eine neue Dimension oder was auch immer zu stehen, und will den Wagen vielleicht dorthin mitnehmen."

„Nein", widersprach der Irre. „Er sagte auch, dass er nichts dagegen habe, wenn der Wagen für eine Zeit in Deutschland ausgestellt wird. Er hofft wohl, wie in dem Song Milky White Way, seine Mutter wieder zu treffen und fürchtet, dass sie nicht erbaut sein könnte, weil ihr Cadillac so ramponiert wurde."

„Ja", gab der Marshal ihm nach kurzem Nachdenken recht. „Wenn es irgendein anderes seiner vielen Autos gewesen wäre, hätte er das Ganze wahrscheinlich nur als amüsante Showeinlage gesehen, aber ich musste ja ausgerechnet den heiligen Pink Cadillac seiner Mama demolieren!"

„Es war ein Missgeschick, und das weiß er auch", beruhigte der Irre. „Wir müssen es halt nur fixen, und er wird uns heute sagen, wie!"

„Wann und wo treffen wir ihn denn?", fragte der Marshal und reflektierte im selben Moment, welche Frage er da gerade gestellt hatte: Wann und wo treffen wir Elvis?

„Er sagte mir gestern Nacht, als Sie schon ins Bett gewankt sind, dass wir uns wieder in der Küche was zu essen nehmen und dann ins Untergeschoss kommen sollen."

Die Augen des Marshal leuchteten auf. Im Untergeschoss, wo sich unter anderem der Billardraum und das Fernsehzimmer befanden, war er noch nicht gewesen. Es versprach, wieder ein spannender Abend zu werden, und er fühlte sich nach dem langen, traumlosen Schlaf erfrischt und munter.

„Na, dann wollen wir ihn nicht warten lassen", sagte er fast euphorisch und sprang aus dem Bett, wobei sein Blick auf die weiße Kommode an der Wand fiel. „Was ist das denn?"

Der Irre, neugierig geworden, hatte es auch plötzlich eilig aufzustehen und trat hinzu. Neben einem Bild des fünfjährigen Elvis in seiner Geburtsstadt Tupelo und diversen Gegenständen, die wohl einer der späteren Bewohnerinnen des Zimmers, Elvis' Großmutter Minnie Mae, gehört hatten, lagen auf der Kommode zwei frische Handtücher, Unterwäsche sowie zwei sauber gefaltete T-Shirts. Darauf ein Zettel mit Elvis' unverwechselbarer Handschrift:

Bathroom next door! E. P.

Die Männer grinsten sich an. Die Botschaft ihres Gastgebers, dass sich nebenan ein Badezimmer befinde, war deutlich weniger rätselhaft als ihre bisherigen Erlebnisse in Graceland.

„Wie sagt man noch auf Englisch: Wink mit dem Zaunpfahl?", feixte der Irre.

„Gibt's nicht so wirklich, aber *broad hint* tut's wahrscheinlich", antwortete der Marshal und registrierte nicht ohne Genugtuung, dass der Dolmetscher in ihm auch in einer fremden Dimension auf Knopfdruck abrufbar blieb.

„Er hat jedenfalls nicht unrecht", sagte der Irre trocken und machte ein Gesicht, als habe er in eine Zitrone gebissen, nachdem er kurz an seiner Achsel geschnuppert hatte. „Sogar an frische Anziehsachen hat er gedacht!"

Er griff sich eines der Shirts und rollte es aus. Der Marshal tat es ihm nach.

„Wow!"

Es handelte sich um zwei identische schwarze T-Shirts. Während die Vorderseite ein großer *TCB*-Schriftzug in goldenen Lettern mit dem charakteristischen Blitz zierte, war auf der Rückseite die Silhouette von Graceland abgebildet. Darunter prangte in leuchtendem Gelb der Schriftzug:

Elvis has (not) left the building!

Die Augen des Marshal glänzten. Er bedauerte, den Moment mit dem Irren nicht besser teilen zu können, da sein Blick an den dunklen Gläsern abprallte wie an einer Wand. Immerhin, das leise Lächeln, das um seine Lippen lag, wurde durch die Brille nicht verdeckt.

„Dann machen Sie ruhig den Anfang", ließ der Marshal dem Irren den Vortritt. „Das Badezimmer ist …"

„ … direkt nebenan, gegenüber der Treppe, die nach unten führt, ich bin hier auch schon tausend Mal virtuell unterwegs gewesen!", fiel ihm der Irre ungewohnt schroff ins Wort, nur um seinem Tonfall mit einem Scherz gleich wieder die Schärfe zu nehmen. „Sie können sich ja in der Zwischenzeit mit Minnie Maes Make-up schon mal für Elvis ein bisschen zurechtmachen!"

Mit diesen Worten verschwand er in dem kleinen Badezimmer nebenan. Der Marshal widmete sich noch eine Weile den zahlreichen Gegenständen auf der Kommode und entdeckte dabei allerlei Kuriositäten, wie Minnie Maes Brille im schnittigen Fünfziger-Jahre-Design sowie ihre noch intakte Puderdose, zahllose Haarklammern und weitere Utensilien, die hier nur darauf zu warten schienen, dass ihre Besitzerin zurückkehrte. Bisher war allerdings nur der Hausherr wieder aufgetaucht.

Der Irre ließ sich Zeit beim Duschen, und der Marshal beschloss, ins Wohnzimmer zu gehen, um einen Blick nach draußen zu werfen. Er hatte kaum das Zimmer verlassen, als er mit einem überraschten Ausruf stehenblieb.

„Jesus!"

Offenbar hatte der Irre ihn gehört, denn er trat in diesem Moment aus dem Badezimmer und fragte:

„Was ist los, Marshal?"

Der Angesprochene war so in den Anblick um sich herum vertieft, dass er dem Irren keinerlei Aufmerksamkeit schenkte. Vielleicht war das besser so, denn dieser stand mit triefendem Haar und hastig um die Lenden geschnürtem Handtuch da. Dabei war er, ebenso wie der Marshal, so gebannt von dem Anblick, der sich ihnen bot, dass ihm gar nicht in den Sinn kam, sich zuerst abzutrocknen und etwas überzuziehen.

„Die *Red Period*", murmelte der Marshal durch halb geöffnete Lippen und hatte das Gefühl, dass sein Blick von dem leuchtend roten Samt förmlich aufgesogen wurde, der plötzlich den ganzen Eingangsbereich von Graceland, einschließlich Wohn- und Esszimmer, dominierte. Es stimmte, was er gelesen hatte: die Rote Phase von Graceland machte ihrem Namen alle Ehre, und die Wirkung im realen Leben war noch durchschlagender als auf den wenigen Bildern, die man im Internet fand.

Elvis hatte 1974, gemeinsam mit Linda Thompson, die zu jener Zeit in Graceland lebte, diese letzte Umgestaltung der Räumlichkeiten vorgenommen und sich dabei offenbar vom französischen Sonnenkönig, Ludwig XIV., inspirieren lassen. Herausgekommen war eine Art Las-Vegas-Versailles, dessen üppiges Corvette-Rot nur notdürftig durch einige weiße Läufer und helle Sofakissen aufgelockert wurde. Wohin das Auge reichte, es gab kein Entkommen vor dem schweren, roten Samt, der ebenso den Boden wie die drapierten Zimmerdecken schmückte, die üppig gepolsterten, mit Glassteinen verzierten Sessel und die mit goldfarbigen Troddeln versehenen Geländer. Dabei entstand erneut der mittlerweile vertraute Elvis-Effekt: Der Kitsch, der auch bei den mit falschen Edelsteinen besetzten Lampen, den verzierten Spiegeln und den Gemälden auf schwarzem Samt sämtliche Schutzreflexe des Auges durchbrach, war so grotesk, dass die Mischung aus Originalität, nein, unbekümmerter Skurrilität, laszivem Prunk und achselzuckendem Gleichmut gegenüber gesellschaftlichen Normen den Marshal einmal mehr beeindruckte. Mochte man nicht gar eine Prise Selbstironie in all der Pseudopracht erkennen? Elvis hatte sich selbst nie zu ernst genommen, und die Begeisterung, mit der er Projekte wie dieses angegangen war, hatte immer etwas kindlich Verspieltes an sich gehabt.

„Sind wir wirklich noch im selben Haus?", fragte der Irre rhetorisch und wischte sich eine nasse Haarsträhne aus dem Gesicht.

Er hatte recht. Der Charakter des gesamten Interieurs hatte sich dermaßen gewandelt, dass man denken konnte, dies sei nicht derselbe Ort, an dem sie die Nacht zuvor zu Bett gegangen waren. Graceland befand sich nun in dem Zustand, in dem Elvis es der Welt 1977 hinterlassen hatte. Erst 1982, anlässlich der Öffnung des Hauses für die Weltöffentlichkeit, hatte man beschlossen, das Innere in den Zustand zurückzuversetzen, in dem es sich zu Elvis' Lebzeiten überwiegend befunden hatte.

„Wie hat er das gemacht?", raunte der Marshal leise, als hätte er Sorge, durch zu lautes Sprechen den Wachschutz auf den Plan zu rufen. Noch während die Worte über seine Lippen kamen, wurde ihm klar, wie unsinnig diese Frage war. Der Irre tat einen Schritt an ihm vorbei und bewegte sich zögernd Richtung Wohnzimmer. Erst jetzt registrierte der Marshal, dass sein ungeplanter WG-Partner halbnackt war. „Wollen Sie sich nicht erst mal was überziehen?", fragte er leicht missbilligend und kam sich sogleich spießig vor, als der Irre ihm unter dunklen Gläsern einen amüsierten Blick zuzuwerfen schien.

„Ist ja keiner hier außer uns, so weit ich das erkennen kann. Wenn der Anblick für Sie so schwer erträglich ist, nutzen Sie doch am besten auch die Zeit für eine kurze Dusche!"

Der Marshal holte kurz Luft, als ob er etwas erwidern wollte, schien es sich dann jedoch anders zu überlegen und verschwand im Bad. Die warme Dusche tat gut, und das schicke Graceland-*TCB*-Shirt passte wie angegossen. Im Verlassen des Bades die Sachen des Irren greifend, die dieser zuvor in der Eile vergessen hatte, tauchte er erfrischt in den roten Samt ein, der ihn im Foyer empfing. Prüfend wanderten seine Blicke vom Wohn- zum Esszimmer, und er glich seine Eindrücke mit den Bildern ab, die ihm von der vorherigen Innenausstattung im Kopf geblieben waren. Während die Struktur des Esszimmers unverändert geblieben war, wirkte das Wohnzimmer im Dekor der *Roten Phase* durch mehrere ausladende karminrote Sitzgarnituren noch etwas beengter, als es ohnehin schon der Fall gewesen war. Und als hätte es eines Umstandes bedurft, die Szenerie noch grotesker erscheinen zu lassen, erspähte der Marshal nun den Irren, der nur mit einem Handtuch um die Hüften und der unvermeidlichen Sonnenbrille auf dem Sofa fläzte, das am Fenster stand.

„Fühlen Sie sich ganz wie zu Hause", ätzte der Marshal, musste aber ob des ungewöhnlichen Anblicks unwillkürlich grinsen.

„Werfen Sie mal einen Blick nach draußen", entgegnete der Irre, die mitschwingende Kritik ignorierend.

Der Marshal tat, wie ihm geheißen, und erschrak. Draußen herrschte geschäftiges Treiben. Direkt vor dem Haus legten Arbeiter letzte Hand an ein improvisiertes Rednerpult. Dienstbare Geister kamen mit allerlei Gegenständen und Gerät die langgestreckte Einfahrt nach oben gelaufen. Und so weit man es erkennen konnte, hatte sich unten vor dem *Musical Gate* und bis auf die Straße – die offenbar gesperrt war, denn es standen mehrere Polizeifahrzeuge mit blinkenden Sirenen quer auf der Fahrbahn – eine lange Schlange von Menschen gebildet, die auf Einlass warteten.

„Die Vigil!", hauchte der Marshal tonlos. „Man verliert jedes Zeitgefühl in dieser Blase!"

Erst jetzt war ihm bewusst geworden, dass der Kalender heute den 15. August anzeigte, also den Vorabend von Elvis' Todestag, an dem sich traditionell eine große Gemeinde von Fans aus aller Welt vor den Toren Gracelands einfand, um in einer langen Prozession mit Kerzen und Fackeln das Anwesen hinauf zu den Gräbern zu ziehen und dort bis in die Morgenstunden ihres Idols zu gedenken. Und da man am folgenden Tag den 16. August 2017 schrieb, jährte sich das Ereignis zum 40. Mal, was vermuten ließ, dass der Andrang noch größer sein würde, als in den Vorjahren. Für einen kurzen Moment spielte der Marshal mit der Idee, die Tür von Graceland aufzureißen, hinauszurennen und den Menschen zuzurufen, dass Elvis gar nicht wirklich tot sei, sondern immer noch als unsichtbarer Gast in seinem Haus residierte, doch verwarf er den Gedanken sofort wieder. Der Irre und er waren die einzigen, denen Elvis den direkten Kontakt ermöglicht hatte. Niemand sonst wäre in der Lage, ihn so zu sehen, wie sie es konnten, und jeder Versuch, ihr Wissen mit der Welt zu teilen, würde unweigerlich als weitere Verschwörungstheorie von ein paar Spinnern abgetan werden, von denen schon so viele auf der Welt kursierten. Davon abgesehen, würde man sie entweder wegen Hausfriedensbruchs direkt wegsperren oder gleich in die Klapse bringen. Nein, sie waren in diesem Spiel gefangen, und die Regeln bestimmte der Mann, dessen vermeintlichem Ableben gerade direkt vor ihren Augen mit viel Liebe und Aufwand gedacht wurde.

Dem Irren schienen ähnliche Gedanken durch den Kopf zu gehen, denn jetzt trat er, immer noch notdürftig von seinem Handtuch bedeckt, neben den Marshal ans Fenster und sagte nachdenklich:

„In ein paar Stunden spätestens ist hier die Hölle los, und ich frage mich …"

„Schauen Sie mal, dort!", unterbrach ihn der Marshal plötzlich aufgeregt. „Da kommen Priscilla und Lisa-Marie die Auffahrt hochgelaufen!"

Es stimmte. Mutter und Tochter kamen zügigen Schrittes die Anhöhe hoch. Der Marshal und der Irre verfolgten gebannt ihre Bewegungen. Dies waren die beiden Frauen, die Elvis – mit Ausnahme seiner Mutter – wahrscheinlich mehr geliebt hatte als alle anderen, und jetzt hielten sie direkt auf Graceland zu! Die Männer waren wie hypnotisiert, und als sie endlich gewahr wurden, dass Lisa und ihre Mutter im Begriff standen, das Haus zu betreten, blieb keine Zeit mehr, zu reagieren. Schon waren die Stimmen ganz nah. Die Männer standen wie angewurzelt und blickten sich entsetzt an. Jetzt würde alles auffliegen! Was würden Lisa und ihre Mutter sagen, wenn sie das scharlachrote Graceland betraten, das bis vor Kurzem noch völlig anders ausgesehen hatte? Und, viel wichtiger, was würden sie sagen, wenn sie mitten in Elvis' Wohnzimmer einen halbnackten Mann mit Handtuch und den versoffenen Dolmetscher erblickten, der die feierliche Übergabe des Pink Cadillac ruiniert und das kostbare Fahrzeug dabei auch noch beschädigt hatte?!

Zu spät, die Tür öffnete sich, und die Frauen, Lisa voran, traten ein. Sie schienen ausgelassener Stimmung zu sein, denn sie kicherten wie Schulmädchen.

„I didn't realise what was going on at first", lachte Priscilla gerade. „I mean, the poor guy … what was wrong with him?"

Die Frauen schlossen die Tür und blieben im Eingangsbereich zwischen Wohn- und Esszimmer stehen. Auch wenn sie gerade ins Gespräch vertieft waren, mussten sie jetzt doch …?

„Oh!"

Priscilla trat mit einem Ausruf an den Esszimmertisch und rückte einen der scharlachrot gepolsterten Stühle zurecht, was Lisa mit einer spöttischen Bemerkung quittierte. Sonst schien den Frauen an ihrer Umgebung nichts Ungewöhnliches aufzufallen. Doch wie würden sie reagieren, wenn …? Die Frage beantwortete sich im nächsten Moment. Als Priscilla sich wieder zu Lisa-Marie umwandte, blickte sie direkt ins Wohnzimmer, wo unübersehbar zwei fremde Männer standen, der eine mit vor Schreck weit aufgerissenen Augen und einem schwarzen T-Shirt in der Hand, der andere nur mit einem Handtuch bedeckt und mit dunkler Sonnenbrille auf der Nase.

Der Marshal hielt unwillkürlich den Atem an – und war starr vor Staunen, denn Priscillas Blick schien durch ihn hindurchzugehen. Sie zeigte keinerlei Reaktion. Er fühlte sich plötzlich von der Aufregung übermannt und sank unwillkürlich auf das Sofa am Fenster. Der Irre war stehen geblieben und machte etwas Merkwürdiges: Er winkte. Winkte den Frauen mit gekreuzten Armen wild zu, so als wolle er auf sich aufmerksam machen. Doch als auch dies unbeachtet blieb, ließ er sich ebenfalls neben den Marshal auf das Sofa fallen. Kein Zweifel, sie waren in einer anderen Dimension unterwegs und konnten das Geschehen in ihrer alten Welt wie aus einer jener verspiegelten, schallgeschützten Kabinen verfolgen, die man aus den Polizeiverhören im Fernsehen kannte. Um eine letzte Probe aufs Exempel zu machen, räusperte sich der Marshal hörbar, war aber kaum noch überrascht, als auch dieser akustische Effekt von Lisa und Priscilla ignoriert wurde.

Nun stellte sich nur noch die Frage, von wem die Frauen gesprochen hatten. Sie hätte erst gar nicht kapiert, was los war, hatte Priscilla gesagt. Was denn bloß los gewesen sei mit diesem Typ? Diesem Typ? Plötzlich dämmerte es dem Marshal, um wen es gerade ging, und er fand seine Ahnung bestätigt, als die Unterhaltung fortgesetzt wurde.

„I think it might've been my fault", sagte Lisa jetzt. „Somebody told me afterwards he has a drinking problem but I didn't know, did I, so I kinda pushed him into having a drink before we started 'cuz he seemed kinda nervous. I actually meant to cheer him up a little but I guess it backfired."

Die Männer blickten sich an. Wie nett von Lisa, die ganze Schuld für das Desaster auf sich zu nehmen, nur weil sie den nervösen Marshal vor seinem Auftritt mit einem Drink ein bisschen aufheitern wollte. Erst hinterher hatte offenbar irgendjemand sein Alkoholproblem publik gemacht, von dem sie nichts ahnen konnte.

„I know you meant well, dear", entgegnete Priscilla und hatte sicher recht: Es war offenkundig, dass Lisa-Marie es nur gut mit dem Marshal gemeint hatte.

Die Frauen schwiegen einen kurzen Moment, und die Männer verfolgten die Szene wie aus einem Kinosessel heraus. Fehlte eigentlich nur noch die Tüte Popcorn in der Hand, dachte der Marshal. Plötzlich gluckste Lisa, und Priscilla, die offenbar den gleichen Film vor ihrem geistigen Auge passieren ließ wie ihre Tochter, fiel leise ein:

„He sure made my day", kicherte Lisa. „I was afraid this whole Cadillac thing would get quite emotional but when this guy fainted and ripped off Daddy's side mirror, I nearly cracked up!"

Der Marshal lauschte ihren Worten mit gemischten Gefühlen. Dass er für Lisa, die gefürchtet hatte, bei der Übergabe des Cadillac von ihren Emotionen übermannt zu werden, die Veranstaltung gewissermaßen gerettet hatte, indem er inmitten des Festakts zusammenbrach und im Fallen den Pink Cadillac beschädigte, war ja grundsätzlich nicht schlecht. Dennoch war ihm die Heiterkeit, die er ungewollt mit seinem theatralischen Auftritt hervorgerufen hatte – ich hätte fast losgeprustet, waren Lisa-Maries Worte gewesen – auch deutlich peinlich.

Als die Frauen zu sinnieren begannen, wo der verrückte Dolmetscher denn wohl geblieben sei und ehrlich besorgt schienen, war der Marshal gerührt und hätte sich am liebsten in die Unterhaltung eingemischt, was jedoch angesichts der ebenso unsichtbaren wie undurchdringlichen Wand, die sie trennte, ein vergebliches Unterfangen war.

Priscilla tat einen Schritt ins Wohnzimmer und stand jetzt weniger als einen Meter entfernt frontal vor den Männern, den Blick durch das Fenster nach draußen gerichtet. Der Marshal hielt unwillkürlich den Atem an und meinte auch die Anspannung des halbnackten Irren neben sich zu spüren. Dieser hatte sich ja schon bei ihrer nächtlichen Pool-Session gegenüber Elvis als Verehrer von dessen Ex-Frau geoutet, und der Blick, mit dem er Priscilla nun musterte, verriet, dass sich daran nichts geändert hatte.

„This is gonna be the biggest Vigil ever", sagte Priscilla leise, während ihre Tochter, die Schönheit des Vaters wie eine Silhouette in den eigenen Zügen tragend, neben sie trat. Dass dies die größte Elvis-Mahnwache bisher werden würde, erschien angesichts des 40. Jahrestages und der Menschenmenge vor den Toren Gracelands eine plausible Annahme. „I miss him!"

Priscilla schien wie zu sich selbst zu sprechen. Man merkte ihr an, wie berührt sie in diesem Moment war, doch blieb sie gefasst.

„If only he was here!", seufzte Lisa. „I wish he could see how much they still love him!"

Dem Marshal krampfte das Herz zusammen. Hier standen Priscilla und Lisa-Marie. Sie vermissten Elvis und wünschten sich nichts sehnlicher, als dass er sehen könne, wie die Menschen auch vierzig Jahre nach seinem offiziellen Ableben noch nach Graceland strömten, um seiner zu gedenken. Es war tröstlich für den Marshal, zu wissen, dass Elvis tatsächlich noch da und im Bilde darüber war, was in seiner alten Welt passierte. Ebenso war es traurig, dieses Wissen mit niemandem teilen zu können, vor allem nicht mit den beiden Frauen, die den Männern in diesem Moment so nah und gleichzeitig so fern waren.

Peng!

Der Marshal und der Irre zuckten zusammen. Kein Zweifel, das war ein Schuss gewesen, wenn auch nur gedämpft wahrnehmbar, denn er war offenbar aus dem Untergeschoss gekommen. Hastig sprangen sie auf und hätten in ihrer Eile fast Lisa-Marie und Priscilla über den

Haufen gerannt. Oder wären sie einfach durch sie hindurch geglitten? Es blieb keine Zeit, es herauszufinden. Gefolgt von dem Irren, der im Laufen mit einer Hand das Handtuch um seine Lenden hielt, stürmte der Marshal zurück zu ihrem Schlafzimmer und bog nach links Richtung Küche ab, um sogleich scharf links die enge Treppe mit den verspiegelten Wänden zu nehmen, die hinab ins Untergeschoss führte. Dort lagen, wie der Marshal von seinen virtuellen Besuchen wusste, zwei weitere Räume, die Elvis 1974 neu gestaltet hatte.

Da war zunächst der bis zur Decke mit meterweise knallbunter Baumwolle ausgeschlagene *Pool Room* mit einem Billardtisch, in dessen Filz durch den misslungenen Trickshot eines Spielers bis heute ein Loch klaffte. Der Marshal überzeugte sich mit ein paar raschen Blicken, dass der Raum leer war, und eilte weiter nach nebenan in den direkt unter dem Wohnzimmer liegenden *TV Room*. Hier bot sich ihm und dem atemlos herbeihastenden Irren ein denkwürdiges Bild: Elvis saß auf einem großen, dunklen Sofa und hielt den Blick auf die Wand gerichtet, in die nebeneinander drei Fernsehgeräte eingelassen waren. Während auf dem linken Gerät ein Basketballspiel lief und auf der rechten Seite eine populäre Soap in kurzen Abständen das bekannte Studiolachen produzierte, klaffte im mittleren Bildschirm ein großes Loch, aus dem Rauch quoll. Nun fiel der Blick des Marshal auf die qualmende Pistole in Elvis' Hand, und seine Züge entspannten sich etwas.

„Ich weiß nicht, ich weiß nicht", murmelte Elvis. „Ich hätte nie gedacht, dass ich jemals auf einen Präsidenten der Vereinigten Staaten schießen würde, aber dieser Kerl … ich meine, wo ist seine Empathie?"

Er warf den Männern einen Blick zu, in dem der Marshal den Anflug eines schlechten Gewissens zu erkennen glaubte. Elvis war schon immer in vielerlei Hinsicht ein konservativer Südstaatler, ein echter *Southerner* gewesen, und seine virtuelle Attacke auf den Präsidenten musste ihn selbst überraschen, wenn nicht gar ein Stück weit schockieren. Wahrscheinlich war es um den kürzlichen, von rechten Gruppen organisierten Protestmarsch im amerikanischen Charlottesville gegangen, bei dem es zu Ausschreitungen gekommen war, die unter den Gegendemonstranten ein Todesopfer gefordert hatten. Dass der amtierende Präsident in gewohnter Manier keinerlei Anteilnahme für die Opfer zeigte, schien Elvis übel aufgestoßen zu sein.

„Wir wollen jetzt aber nicht über Politik sprechen, auch wenn das Thema mich heute deutlich mehr interessiert als früher", winkte dieser nun ab. „Schade um den schönen Fernseher. Ist ein Original von 1974!"

Kunstpause.

„Also … war." Ein schiefer Blick. „Aber das lässt sich ja fixen. Habe damals gehört, dass Präsident Johnson drei Fernseher nebeneinander bei sich laufen hatte, um über alle großen Nachrichtensender gleichzeitig auf dem Laufenden zu bleiben, und dachte mir, das würde sich hier in Graceland auch gut machen. Ist überhaupt ein cooles Zimmer, findet ihr nicht? Ich bin gerne hier unten!"

Die Männer verharrten wie einer der jährlich 600.000 Besucher Gracelands an der Schwelle und ließen staunend die Blicke kreisen. Der ganze Raum ein Meer aus schwarz und gelb. Ein Fest für die Sinne, das vielleicht nicht jedermanns Geschmack traf, aber da der Marshal in den letzten Jahren gelb als seine neue Lieblingsfarbe entdeckt hatte, gefiel ihm, was er sah. Eine Jukebox in der Ecke. In der Mitte der großzügigen, U-förmig angelegten Sitzgarnitur ein heller Glastisch, auf dem unter anderem ein Affe aus weißem Porzellan thronte, der thematisch auch im *Jungle Room* ein passendes Zuhause gefunden hätte. Der dunkle Sofabezug, aufgelockert durch eine endlos scheinende Reihe knallgelber Sitzkissen. Über dem Sofa ein gelber Blitz in offenkundiger Anspielung auf Elvis' Motto: Taking Care of Business *in a flash*. Der Kamin zur Linken eingebettet in eine Spiegelwand. Die Wände changierend in stimulierendem Gelb und sedierendem Schwarz. Die Decke komplett verspiegelt. In diesem Raum gingen auf wenigen Quadratmetern Rock und Pop eine einzigartige Synthese ein.

„Ich dachte, du zerschießt immer nur den Fernseher, wenn Robert Goulet auf der Mattscheibe erscheint", feixte der Irre, eine bekannte Elvis-Legende zitierend, der zufolge der amerikanische Entertainer zu Elvis' Lebzeiten in Graceland einen vielfachen Fernsehtod gestorben war.

„Nicht nur", brummte Elvis, und es war nicht auszumachen, ob tatsächlich Ärger in ihm schwelte oder er die Szene nur amüsant fand. „Und du ziehst dich am besten erstmal nebenan um. Keine Sorge, es hat sich niemand zum Billardspielen angesagt!"

Der Irre grinste, griff sich die Sachen, die der Marshal immer noch für ihn bereithielt, und verschwand nebenan.

„Ich habe in meinem früheren Leben schon so ziemlich alles erschossen, nur glücklicherweise keine Menschen", sagte Elvis in die entstandene Stille hinein, und es war unklar, ob er tatsächlich zum Marshal oder mit sich selbst sprach. „War allerdings auch bisschen Glück dabei. Einmal hätte ich fast Linda aus Versehen getroffen, als ich in meiner Suite in Vegas rumgeballert habe. Junge, war die sauer!" Elvis rückte die Brille zurecht und schaute auf seine Hände. Seine Verlegenheit wirkte teilweise kokett. „Wollte sie natürlich nicht treffen, hab nur 'n bisschen Zielschießen in der Suite gemacht, weil mir langweilig war, und nicht bedacht, dass ihr Umkleidezimmer direkt nebenan lag. Richtig ausgetickt bin ich meistens nur bei Sachen, die nicht funktionierten. Hatte mal einen italienischen Sportwagen, der mir zu viel rumgezickt hat. Da hat er dann irgendwann die Kugel bekommen."

„Kann ich verstehen", gab ihm der Marshal unerwartet Schützenhilfe. „Als ich noch ein Junge war, habe ich immer mit Cowboy- und Indianerfiguren gespielt, und wenn die nicht richtig standen, wurde ich manchmal so wütend, dass ich ihnen nach der dritten Warnung mit einer Schere die Füße abschnitt und sie aus dem Fenster warf!"

Elvis schaute überrascht auf und warf dem Marshal einen ungläubigen Blick zu, wobei die getönten Gläser seiner Brille sich vergeblich mühten, das Blau seiner Augen zu dämpfen.

„Die Füße abgeschnitten? Aber erst nach der dritten Warnung? Hahaha, du bist ja noch verrückter als ich dachte, Marshal!"

Der so Geadelte grinste. Was von jedem anderen ein zweifelhaftes Kompliment gewesen wäre, war aus Elvis' Mund ein Ritterschlag. In diesem Moment trat der Irre neben ihn, dem die Verwunderung über die plötzliche Heiterkeit anzusehen war. Elvis verzichtete auf eine Erklärung und musterte die beiden Männer in den schwarzen *TCB*-Shirts mit wohlwollendem Blick.

„Heute im Partnerlook, Gentlemen? Die Sachen gehen aufs Haus. Nun setzt euch aber erst mal!"

Die Männer nahmen neben Elvis auf dem Sofa Platz. Sie registrierten erst jetzt, dass ihr Gastgeber erneut über Nacht gealtert war. Es war nicht genau zu bestimmen, aber der Marshal schätzte, den Elvis des Jahres 1973 vor sich zu haben. Er hatte zugenommen, das Haar war länger und nicht mehr so sorgfältig frisiert, die Koteletten an den Seiten reichten bis an die unteren Backenknochen, und der Kopf schien etwas in die Breite gegangen zu sein. Sein Gesicht zierte erneut eine *TCB*-Brille, die besonders dadurch ins Auge stach, dass der Steg mit den Buchstaben *EP* verziert war.

„Aloha-Pressekonferenz?", fragte der Irre mit fachmännischem Seitenblick.

Der weiße Anzug mit schwarzen Kontrastelementen im typischen Siebziger-Jahre-Design war keiner der berühmten *Jumpsuits*, doch da Elvis sich auch privat gerne extravagant kleidete, hätte er sich in diesem Outfit auch problemlos dem Spotlight auf der Bühne stellen können. Unter der weit geschnittenen Jacke leuchtete ein buntes Hemd, die breiten Schlaghosen schlossen mit spitz zulaufenden Stiefeln im schwarz-weißen Karodesign ab. Der

Marshal nickte anerkennend, denn der Irre lag zweifellos richtig. Elvis war, seinem Äußeren nach zu urteilen, auf dem Zeitstrahl im September 1972 angelangt. Pressegespräch mit RCA-Präsident Rocco Laginestra zur Ankündigung von *Aloha from Hawaii*, dem ersten weltweit per Satellit ausgestrahlten Konzert. Der Mann in Weiß hing lässig mit übergeschlagenem Bein in seinem Stuhl und wirkte leicht abwesend, als er sagte, die Dimension des Ereignisses sei schwer zu begreifen. Die ewige Frage, ob seine scheinbare Schüchternheit echt oder doch eher eine Masche oder eine Mischung aus beidem war, würde auch nach dem wenig ergiebigen Interview unbeantwortet bleiben.

Was man schon damals wusste: Hier wurde Geschichte geschrieben, und die Zahlen würden den Puls der Rockgeschichte für alle Zeiten beschleunigen. Erste Ausstrahlung in verschiedene, meist asiatische Länder im Januar 1973. Zeitverzögerte Übertragung in über dreißig europäische Länder. Bis Elvis im weiß blitzenden American-Eagle-Anzug über die Hälfte aller US-Amerikaner vor den Bildschirm lockte, würde es April geworden sein.

Was man damals noch nicht wusste: *Aloha from Hawaii* würde den Scheitelpunkt in Elvis' Karriere markieren und damit den Moment, ab dem sein Stern unaufhaltsam zu sinken begann, bis er vier Jahre später in der Sonne von Las Vegas verglühte. Eine Tragödie im Zeitraffer, die höchstens wahrnahm, wer genügend Abstand hatte. Diejenigen, die heute sein Erbe verwalteten, allen voran Priscilla und Lisa-Marie, mussten sich des

Vorwurfs erwehren, die letzten Jahre von 1974 bis 1977 komplett aus der Erinnerung tilgen zu wollen, so als hätten sie nie stattgefunden. Nein, war die behutsame Antwort gewesen, aber man wolle nicht, dass ein Teil von Elvis' Karriere, der nicht so gut verlaufen sei wie alles andere, übermäßigen Raum einnehme und bösen Zungen noch mehr Raum für Hohn und Spott gebe. Eine Begründung, die dem Marshal zumindest teilweise einleuchtete.

„Aloha?", fragte Elvis jetzt. „Hab ich den Fimmel bei dem Pressegespräch mit RCA getragen? Kann schon sein."

Die gespielte Gleichgültigkeit überzeugte den Marshal nicht, doch war er vorsichtig, Elvis nicht zu verärgern.

„Ich kann verstehen, dass du den Raum hier magst. *King of Pop* warst du auch noch nebenbei", witzelte er. Doch wie es öfter bei Elvis der Fall war, wechselte im nächsten Moment abrupt die Stimmung. Seine Miene verfinsterte sich, und es war, als hinge plötzlich etwas Dunkles, Unheilvolles über seinen Zügen.

„Hör mir auf mit *King of Pop*! Keine Ahnung, was Lisa bei der Aktion damals geritten hat!"

Die Männer nickten verständnisvoll. Die 1994 von den Medien als Traumhochzeit gefeierte Ehe von Lisa-Marie mit Michael Jackson hatte nur zwei Jahre gehalten und galt vielen als reiner PR-Gag: Der *King of Pop* mit der Tochter des *King of Rock'n'Roll*, es klang wie das Konzept eines findigen Marketinggurus, und Lisas Beteuerungen, sie hätten eine normale Ehe geführt, erschienen angesichts der exzentrischen Exzesse ihres Mannes wenig glaubwürdig.

„Immerhin hat sie schnell den Absprung geschafft",
sinnierte Elvis düster weiter. „Letztlich war Michael ja ein
armer Teufel. Man sagt, er sei ähnlich gestorben wie ich.
Dabei habe ich nie Propofol genommen, und schon gar
nicht in meiner letzten Nacht!"

Ein kaum wahrnehmbares, zynisches Grinsen. Elvis'
Galgenhumor war grundsätzlich sympathisch, aber bei
diesem Thema blieb einem das Lachen dennoch im Halse
stecken.

„Denke eher, dass Dr. Hofman mir nicht das Kodein
hätte verschreiben sollen. Gegen das Zeug war ich aller-
gisch, und das könnte mir den Rest gegeben haben."

Die These, dass Elvis' Zahnarzt ihm nach einer kurzfristig anberaumten Behandlung in der Nacht vor seinem
Tod Kodein als Schmerzmittel verschrieben hatte, das
Stunden später im Zusammenwirken mit diversen anderen Substanzen eine allergische Reaktion hervorrief, die
zum Tod führte, war ebenso bekannt wie unbewiesen. Der
2006 verstorbene Arzt war nie deswegen belangt worden.

„Sie haben bei der Obduktion ungefähr ein Dutzend
Substanzen in deinem Körper gefunden", sagte der Marshal fast sanft und war bemüht, jede Spur von Anklage
und Arroganz in seinem Tonfall zu vermeiden.

Unglücklicherweise waren seine Worte direkt von einem
lauten Studiolachen aus der Soap gefolgt, die immer noch
auf dem rechten Fernseher lief. Elvis ignorierte den leicht
beklemmenden Moment und kommentierte stattdessen
lobend einen spektakulären Wurf in dem Basketballspiel,
das auf dem anderen, noch nicht exekutierten Fernseher
lief:

„Good shot!"

Das Signal war klar. Elvis wollte das Thema nicht weiter diskutieren. Er und nur er allein bestimmte, worüber man sprach und womit man sich beschäftigte. Eine ganze Weile verlor keiner der drei Männer ein Wort, und die Stille wurde nur von dem künstlichen Studiolachen und der aufgeregten Stimme des Sportmoderators unterbrochen. Dann verebbte das Gelächter, und auf dem rechten Bildschirm erschien das ernste Gesicht eines Nachrichtensprechers.

Der Marshal schien der Sendung zu folgen, hörte jedoch in Wahrheit nur mit halbem Ohr zu und behielt den Mann zu seiner Linken in den Augenwinkeln im Blick. Die durcheinander plappernden Stimmen des Sportkommentators und des Nachrichtensprechers machten ihn nervös. Noch nervöser machte ihn, dass Elvis verstimmt wirkte und seine goldverzierte Beretta immer noch spielerisch in der rechten Hand hin und her drehte. Schließlich war zu befürchten, dass der Präsident in den Nachrichten erneut eine willkommene Zielscheibe für ihn bieten würde. Tatsächlich erschien alsbald das vertraute Gesicht mit der wie aufgeklebt wirkenden, gelben Mähne auf dem Bildschirm, um einen gewaltsamen Zusammenprall rechter und linker Gruppierungen zu kommentieren, indem er in einer schriftlichen Erklärung das komplette Gegenteil dessen verlas, was er nur wenige Tage zuvor in seiner ersten Stellungnahme zu dem Geschehen verkündet hatte. Der Marshal starrte kopfschüttelnd auf den Bildschirm und konnte sich des Gedankens nicht erwehren, dass Elvis' Reaktion durchaus nachvollziehbar war. Nur gut, dass man in Deutschland nicht Waffen wie ein Stück Kaugummi besorgen konnte!

Minuten später erschien auf einem Bild hinter dem Nachrichtensprecher plötzlich ein anderes Gesicht, und Elvis schaltete die Sportübertragung auf stumm. Er zeigte mit der linken Hand auf sein jugendliches Ebenbild hinter dem Sprecher, und erst jetzt bemerkte der Marshal den überdimensionierten Ring an seinem Mittelfinger. Ein elfeinhalbkarätiger Diamant auf schwarzem Grund, darunter die Buchstabenfolge *TCB* aus rundgeschliffenen Diamanten, rechts und links von je drei dynamischen Diamantblitzen eingefasst, gekleidet in siebenhundertfünfziger Gold.

„Warum zeigen die eigentlich immer nur Bilder von mir aus den Fünfzigern?", fragte Elvis und deutete mit seinem *TCB*-Ring auf den Fernseher. „Man könnte meinen, es hätte die Siebziger gar nicht gegeben!"

„Seh ich genauso", brummte der Irre. „Es ist nur …"

„Was?"

„Willst du nicht erst hören, was sie über dich sagen?"

„Nein, hab ich schon tausend Mal gehört, ist eigentlich jedes Jahr das Gleiche, nur dass es diesmal ein Jubiläum ist."

„Gut, also … man kann vielleicht sagen, dass in deinen letzten ein, zwei Jahren damals nicht alles rund gelaufen ist. Und es gibt eine Menge Leute, die bei deinem Namen nur den Strahlemann aus den Fünfzigern und den übergewichtigen Typ in den komischen weißen Anzügen aus den Siebzigern vor Augen haben."

„Eine absurde Verzerrung!", warf der Marshal voller Überzeugung ein, während sein Blick sorgenvoll die noch immer in Elvis' Hand jonglierende Beretta streifte.

„Aber das ist dir doch bestimmt nicht entgangen, wenn du in all den Jahren auch alles andere mitbekommen hast?", fragte der Irre.

„Ich hatte in den letzten vierzig Jahren verdammt viel Zeit", entgegnete Elvis mit melancholischem Unterton, ohne auf die Frage einzugehen. „Wusstet ihr, dass ich in meinem früheren Leben an die eintausendsiebenhundert Konzerte gegeben habe, davon über eintausendeinhundert allein in den Siebzigern?"

„Ja!" erwiderte der Irre trocken. „Und davon fast 650 Shows nur in Vegas!"

Elvis stutzte kurz, dann hellte sich seine Miene leicht auf, und er lachte leise.

„Okay, hätt ich mir denken können, dass ihr Freaks das schon wusstet. In den Siebzigern habe ich über Jahre zwei Shows an einem Tag gemacht, eine nachmittags und die zweite um Mitternacht. Der Colonel hat mich verheizt, um seine verfluchten Spielschulden zu bezahlen, und ich hab's nicht geschnallt. Mum wusste schon, warum sie den Kerl nicht ausstehen konnte!"

„Er hat sich fünfzig Prozent deiner Einnahmen geschnappt und die Rechte an deinen Songs für'n Appel und 'n Ei an RCA verhökert. Du hättest ihn spätestens Ende der Sechziger feuern müssen, als du wieder Live-Auftritte machtest!"

Auch der Marshal war mutiger geworden, blieb jedoch auf der Hut, denn er hatte die Berichte jener, die Elvis nahegestanden hatten, genau studiert und wusste, dass die Stimmung in Sekundenschnelle von Einsicht und Reue in blanke Wut umschlagen konnte, wenn Elvis das Gefühl hatte, dass andere sich auf eine Art in sein Leben einmischten, die ihnen nicht zustand. Priscilla hatte es einmal so zusammengefasst: Man sagte einem Elvis Presley nicht, was er zu tun oder zu lassen hatte! Doch Elvis schien nicht in Stimmung für Radau und legte die Beretta beiseite.

„Water under the bridge", bemerkte er trocken. Natürlich, letztlich war das alles Schnee von gestern. Er konnte zwar sein irdisches Dasein in einer Art Paralleluniversum überdauern, doch die Zeit zurückdrehen und alles anders machen, das lag offenbar nicht in seinen Möglichkeiten.

Sie schwiegen und lauschten den leicht pastoral anmutenden Worten des Reporters im Fernsehen: Auch vierzig Jahre nach dem Tod des *King of Rock'n'Roll* – an dieser Stelle registrierte der Marshal das erste Mal, wie Elvis mit den Augen rollte –, der am 16. August 1977 von seiner Freundin Ginger Alden leblos auf dem Boden seines Badezimmers in Graceland gefunden worden sei – erneutes Augenrollen –, strömten die Menschen zu Tausenden an den Ort des Geschehens, um ihres Idols zu gedenken.

Der Marshal unterdrückte ein Grinsen und versuchte, die absurde Situation zu verarbeiten. All diese Menschen, die dort mit Kerzen und Fackeln über den Siebziger-Jahre-Fernsehbildschirm flimmerten, standen in diesem Moment buchstäblich über ihren Köpfen, während der Mann, der sie hierhergeführt hatte, direkt neben ihm auf dem Sofa saß und das Geschehen verfolgte, als hätte er damit nichts zu tun! Sein Gesichtsausdruck ließ sich dabei am ehesten als gespielte Langeweile beschreiben, stellte der Marshal mit verstohlenem Seitenblick fest, aber es schien auch etwas Melancholisches in seinen Zügen zu liegen.

„Sieht so aus, als ob die Party oben langsam losgeht", murmelte Elvis nun, und der Bildschirm wurde in dem Moment schwarz, als der Sprecher ankündigte, die heutige *Vigil* würde wahrscheinlich die größte aller Zeiten werden. Elvis stand auf und zog sein weißes Jackett glatt. „Das sagen sie auch jedes Jahr", grinste er. „Lasst uns nach oben gehen, ich will mal hören, was Priscilla zu sagen hat. Lisa wird auch da sein. Ihr habt die beiden ja schon getroffen."

Die Männer schauten sich an. Es war nicht klar, ob Elvis sich auf die Übergabe des Pink Cadillac oder ihr ungeplantes Zusammentreffen mit den Frauen im Wohnzimmer bezog, aber was machte das schon für einen Unterschied? Er schien ohnehin alles, was in seiner unmittelbaren Umgebung geschah, wie aus einem Kinosessel beobachten zu können. *A fly on the wall* nannten die Engländer das, und das Bild passte irgendwie, auch wenn man den stattlichen Mann, der jetzt ohne zu warten vor ihnen die enge Treppe nach oben stieg, sicherlich nicht primär mit einer Fliege an der Wand assoziierte, die von ihrem exponierten Platz aus unbemerkt das Geschehen verfolgte. Von oben drangen gedämpft die Geräusche von draußen herein.

Die Vigil

Die Stimmung war gespenstisch.

Wohn- und Esszimmer lagen in mattes Licht getaucht und versanken in einem Meer aus rotem Samt und Plüsch, was in diesem Moment deprimierend leblos wirkte. Elvis war zielstrebig an das Fenster im Esszimmer getreten, von wo aus man den besten Überblick über das Geschehen draußen hatte, und war gerade dabei, sich ein Zigarillo anzustecken. Als er merkte, dass die Männer zögernd im Hintergrund stehengeblieben waren, paffte er den Rauch aus und winkte sie mit einer lässigen Handbewegung herbei.

„Nicht so schüchtern, die sehen uns nicht!"

Sie traten näher, und der Marshal bezog zu Elvis' Rechten Stellung, während sich der Irre links von ihm postierte. Der Anblick, der sich ihnen in der anbrechenden Dämmerung bot, war überwältigend. Nicht nur das weitläufige Anwesen, das sich bis hinunter zur Straße erstreckte, sondern auch der *Elvis Presley Boulevard* waren schwarz vor Menschen. Ein Meer aus Fackeln und Kerzen breitete sich aus, so weit das Auge reichte. Die rotierenden Blaulichter der Einsatzfahrzeuge auf der für den Verkehr gesperrten Straße waren vom Haus aus gut zu erkennen. Die Ansagen der Polizei über Hand-Megafon drangen zwar akustisch nicht bis auf den Hügel hinauf, doch deuteten sowohl der Tonfall der Beamten als auch die Bewegungen der Menge darauf hin, dass die Stimmung ruhig und friedlich war. Einige Menschen standen in Grüppchen zusammen und sangen Elvis-Lieder. Jemand hatte auf dem Boden den Schriftzug E L V I S aus Kerzen geformt. Ein vielleicht achtjähriges Mädchen präsentierte stolz den Umstehenden ihren schwarzen Elvis-Jumpsuit. Am Rande des Geländes, da wo die Männer die niedrige Mauer des Anwesens übersprungen hatten, erspähte der Marshal ein improvisiertes Zelt, das von einem großen Pappmaché-Elvis bewacht wurde.

Gerade wollte er das neben ihm stehende Original scherzhaft auf sein künstlerisches Ebenbild aufmerksam machen, da verschluckte er nach einem kurzen Seitenblick die Worte, die ihm auf der Zunge gelegen hatten.

War Elvis bisher in jeder Minute, die sie zusammen verbracht hatten, präsenter gewesen als so mancher Normalsterbliche, so schien er jetzt plötzlich in seiner eigenen Welt, ja, sein Blick wurde förmlich angesogen von einer Gruppe von Menschen, die sich in diesem Moment, nur provisorisch durch eine Kordel und eine Handvoll Beamte von der Menge abgeschirmt, um das Rednerpult vor dem Eingang scharte. Neben Priscilla stand dort Lisa-Marie, gemeinsam mit ihren beiden Töchtern Harper und Finley und einem jungen Lockenkopf, den der Marshal als Sohn Benjamin ausmachte, dessen mutmaßliche Ähnlichkeit mit dem berühmten Großvater immer wieder für Debatten in den weltweiten Elvis-Foren sorgte. Lisa hielt eine Fackel in der Hand und machte ein ernstes Gesicht. Einen weiteren Mann aus der Gruppe identifizierte der Marshal als Elvis' langjährigen Freund und Schützling, Jerry Schilling, der auch heute noch ein gefragter Gast auf Elvis-Veranstaltungen rund um den Globus war. Den Redner, der in diesem Moment ans Pult trat, kannte der Marshal hingegen nicht, und die Spannung, hier oben im Esszimmer von Graceland, war förmlich mit Händen zu greifen, als sich fast schlagartig eine feierliche Stille über dem Kerzenmeer vor ihnen ausbreitete.

„Hold your candles in the air and let the world know why we're gathered here tonight!"

Tausende von Kerzen schossen in die Höhe. Sie wollten der Welt zeigen, warum sie hier waren, wer sie hierher geführt hatte und welche Gefühle sie einten, und den Marshal überkam eine Gänsehaut. Keine normale Gänsehaut, sondern ein Faserregen, der ihm wie ein guter alter Bekannter erschien. Als ob eine magische Substanz durch seinen Körper rieselte. Sie ergriff Hände und Füße, um im selben Moment seinen Kopf zu durchströmen, sodass alles in ihm pulsierte. Der Effekt war so stark, dass es etwas Unheimliches an sich hatte, und die Energie, die dadurch in Sekundenbruchteilen freigesetzt wurde, schrie förmlich danach, in Taten umgesetzt zu werden. Der

Marshal unternahm den wahrscheinlich unbewussten Versuch, den inneren Aufruhr mit der größtmöglichen Ruhe nach außen zu kompensieren, und fragte in gespielter Gelassenheit:

„Wer ist der Typ?"

„DJ Argo", klärte Elvis ihn mit abwesender Stimme auf. „Guter Mann! Macht seit 15 Jahren *Elvis Radio* und weiß, wie man die Leute in Stimmung bringt. Googelt ihn mal, findet ihr alles im Netz!"

Der Marshal schaute an Elvis vorbei zu dem Irren, dem sein Erstaunen auch hinter den dunklen Brillengläsern anzumerken war.

„Du … du surfst im Internet? Google und so?", fragte er verdutzt.

„Logisch! Wie soll man denn sonst auf dem Laufenden bleiben? Sagt bloß, ihr Steinzeitmenschen habt keine Handys?"

Elvis verstand die Kunst, mit seinen Worten zu grinsen, ohne das Gesicht zu verziehen. Ein bisschen ähnelte er in dieser Hinsicht dem Irren.

„Doch, sicher!", beeilte sich der so Geschmähte zu versichern, wurde jedoch von einem achselzuckenden „Na, also!" zum Schweigen gebracht, bevor die Diskussion weiter vertieft werden konnte.

Durch den kleinen Diskurs in Elvis' Online-Gewohnheiten waren ihnen die weiteren Worte von DJ Argo entgangen, und nun trat Priscilla ans Mikrofon. Vierzig Jahre sei es schon her, kaum zu fassen, sagte sie, und ihre Stimme klang fest und emotional zugleich. Der Marshal bewunderte, wie sie meisterhaft auf dem schmalen Grat zwischen mangelnder Teilhabe und übertriebener Gefühlsduselei balancierte.

„He loved you and you love him because you're here!"

Der Marshal benötigte diesmal keinen Seitenblick, um sich der emotionalen Regung des Mannes zu seiner Linken zu vergewissern. Transzendental sei die Kommunikation in seiner Welt, hatte Elvis bei ihrer ersten Begegnung gesagt, und mittlerweile verstand der Marshal besser, was damit gemeint war. Priscillas Formulierung, er hat euch geliebt, und ihr liebt ihn, denn ihr seid hier, ging natürlich unter die Haut, aber sie befanden sich hier, im Herzen von Graceland, in ihrem eigenen Gefühlsuniversum, in dem die Kommunikation nur weniger Worte bedurfte. Dies sei die größte Elvis-Gedenktagsfeier, die es je gegeben habe, rief Priscilla nun ins Mikrofon.

„You're keeping Elvis Presley alive!"

An dieser Stelle registrierte der Marshal mit gelindem Staunen, dass Elvis schmunzelte.

„Elvis Presley", echote er die Worte seiner Ex-Frau. „Als wir noch verheiratet waren, hat sie mich nur bei vollem Namen genannt, wenn sie sauer auf mich war!"

Doch wurde seine Miene sofort wieder ernst, als nun Lisa-Marie ans Rednerpult trat. Sie habe sich von den bisherigen Gedenktagsfeiern immer ferngehalten, da es ihr zu emotional gewesen sei, gestand sie, und der Marshal war angetan von der unverfälschten Offenheit, in der Elvis' einziges Kind hier seine Gefühle mit einem anonymen Kerzenmeer teilte.

„But it feels good to be here!"

Die Menge klatschte, und die drei Männer am Fenster schauten schweigend zu, wie Lisas Kinder ihre Fackeln an der ihrer Mutter entzündeten. Langsam setzte sich der obere Teil des Zuges in Bewegung, und die Menschen begannen *Can't Help Falling in Love* zu singen, den Song, mit dem Elvis in den Siebziger Jahren routinemäßig seine Shows beendet hatte. Ohne Zugabe. Lisa verharrte zunächst an ihrem Platz, um den ersten vorbeidefilierenden Fans die Möglichkeit zu geben, ebenfalls ihre Kerzen an ihrer Fackel zu entzünden, was einige für einen kurzen, persönlichen Austausch nutzten.

Elvis stand reglos und verfolgte still das Geschehen vor seinem Fenster. Obwohl das von der Menge feierlich intonierte *Can't Help Falling in Love* gedämpft zu ihnen drang, empfand der Marshal hier, im Inneren von Graceland, eine bleierne Stille, die schwer zu ertragen war. Doch während er noch sein Hirn marterte, um etwas Passendes zu sagen, murmelte Elvis plötzlich in die Stille hinein:

„Lasst uns Racquetball spielen!"

Die Männer stutzten.

„Racquetball?", vergewisserte sich der Irre, der seinen Ohren nicht traute.

„Ja, Racquetball!", antwortete Elvis, als sei es die normalste Sache von der Welt. „Ihr wisst doch, dass ich mir in den Siebzigern drüben hinter dem Pool einen Anbau komplett mit Racquetball-Platz hingestellt habe?"

Es war mehr eine Feststellung als eine Frage, und Elvis wurde nicht enttäuscht, da der Irre sogleich tonlos die Fakten herunterrasselte:

„Gebaut 1975, um die 200 Quadratmeter, zwei Stockwerke. Racquetball-Platz und Lounge unten. Oben Umkleide und Duschen und auch ein Jacuzzi, so weit ich weiß."

„Streber!", grinste der Marshal.

„Freak!", ergänzte Elvis, doch war seinem Tonfall anzuhören, dass er die Faktenkenntnis des Irren mit Wohlwollen betrachtete, vielleicht sogar davon geschmeichelt war.

„Allerdings gibt es den Platz ja schon ewig nicht mehr", ließ sich der Irre nicht aus der Ruhe bringen. „Wie ihr wisst, ist in dem Teil, wo sich einst der Platz befand, heute ein Teil des Trophy Rooms untergebracht!"

„Nicht mehr!", raunte Elvis vielsagend, dessen Züge in dem matten Licht des Raumes noch edler wirkten als sonst, während seine Silhouette an einen kunstvollen Scherenschnitt aus fernen Jahrhunderten erinnerte. Diese Gestalt war über die Zeit erhaben. „Cilla hat das Gebäude gerade erst vor ein paar Monaten in seinen Ursprungszustand zurückversetzen lassen, sodass die Besucher es jetzt so sehen, wie ich es damals hinterlassen habe. Bin enttäuscht, dass ihr das nicht wisst, was ist los mit euch?"

Das Glimmen! In Seinen! Augen!

„Die können uns zwar nicht sehen, aber wir nehmen der guten Ordnung halber trotzdem den Hinterausgang!", ordnete Elvis an und schien Spaß daran zu finden, behutsamen Schrittes an der Treppe vorbei in den hinteren Teil des Hauses zu gehen, wo eine Tür nach draußen auf die Rückseite des Anwesens führte. Die Männer folgten ihm über einen kleinen, überdachten Vorbau, der in früheren

Zeiten für ausgelassene Grillfeste genutzt worden sein mochte, und gelangten von dort auf die überdachte Fußgängerpassage, die sie zwei Nächte zuvor bereits auf dem Weg zum Pool benutzt hatten.

Der Marshal hatte wieder einmal das Gefühl, als Zuschauer einem Film beizuwohnen, in dem er ungefragt eine Hauptrolle erhalten hatte, und sah plötzlich die ganze Szenerie aus der Vogelperspektive vor sich: Während auf der Vorderseite von Graceland eine schier endlose Reihe von Menschen singend und mit Kerzen oder Fackeln bewaffnet Richtung *Meditation Garden* zog, liefen auf der Rückseite des Gebäudes, annähernd parallel zum Hauptstrom, drei Gestalten durch die überdachte Passage, welche an Pool und *Meditation Garden* vorbei direkt zum Racquetball-Gebäude führte, angeführt von dem Mann, den die Menge auf der anderen Seite unter der Grabplatte wähnte, die den Namen *Elvis Aaron Presley* trug.

War das nicht beinahe unfair? Hatten all diese Menschen, die vielfach von weit angereist waren, um Elvis an seinem 40. Todestag die Ehre zu erweisen, nicht verdient, zu wissen, dass er noch unter ihnen war und gerade im Begriff stand, nur wenige Meter entfernt eine Partie Racquetball zu spielen? Der Marshal zuckte im stummen Zwiegespräch mit sich selbst die Achseln. Selbst wenn es ihm in dieser Situation möglich gewesen wäre, die dimensionalen Grenzen zu überwinden und mit seiner alten Welt direkt zu kommunizieren, würde man ihn für verrückt erklären. Zurecht! Sein Bedarf an peinlichem

Drama war definitiv gedeckt. Abgesehen davon, hätte er sich nie über Elvis hinweggesetzt, der offenbar gerne Zeit mit ihnen allein verbrachte und kein Interesse daran hatte, sein Geheimnis mit weiteren Menschen zu teilen, was die größte Ehre darstellte, die ihm je im Leben widerfahren war.

Als sie vor dem weiß getünchten, rechteckigen Bau mit dem hölzernen Flachdach anlangten, war der Marshal überrascht, wie groß das Gebäude wirkte. Vom in Sichtweite liegenden *Meditation Garden* drangen die Geräusche der singenden Menge herüber. Elvis stand den Männern mit dem Rücken zugewandt und machte sich an der Tür zu schaffen. Plötzlich drehte er sich um.

„Damn! Die haben das Schloss ausgewechselt, wir kommen nicht rein!"

Es entstand eine kurze Stille, die nur von den gedämpft herüberdringenden Stimmen am Grab unterbrochen wurde, und der Marshal studierte gespannt Elvis' verärgerten Gesichtsausdruck, um zu erahnen, was nun geschehen sollte.

„Kann man nichts machen, gehen wir zurück nach Graceland", zuckte dieser nun mit den Achseln. Gerade wandten sich die Männer enttäuscht zum Gehen, da ertönte hinter ihnen ein metallisches Klack.

„Schlüssel sind überbewertet", lachte Elvis leise und betrat durch die geöffnete Tür das Gebäude. „Ihr glaubt nicht im Ernst, dass mich ein stinknormales Schloss davon abhält, eine Runde Racquetball zu spielen, oder? Schon gar nicht an diesem … hm … besonderen Feiertag!"

Sie traten ein, und Elvis betätigte den Lichtschalter. Für einen Moment fühlte sich die Szenerie merkwürdig normal an: Ein guter Freund hatte sie eingeladen, mit ihm Racquetball zu spielen, und da er sehr vermögend war, traf man sich bei ihm zu Hause, wo er einen Privatplatz unterhielt. Das Gebäude war dem Marshal aus seinen Recherchen grundsätzlich vertraut, auch wenn er aufgrund seines miserablen Orientierungssinns gelegentlich Schwierigkeiten hatte, sich auf den Bildern und Videos im Internet zu orientieren. Eine kleine Treppe, deren Wandseite Elvis' Initialen zierten, verband eine oben gelegene, offene Galerie mit dem als *Lounge* bezeichneten Sitzbereich unten, an den sich hinter einer Glaswand der erst kürzlich wiederhergestellte Racquetball-Platz anschloss. Die Galerie, von der eine weitere Treppe ins Obergeschoss führte, war in einen aktiven Teil mit Flipperautomaten und einer Vorrichtung für Bauchmuskeltraining sowie einen weiteren Bereich unterteilt, in dem eine Bar und eine dunkelbraune Leder-Sitzgarnitur zur Entspannung einluden. Die ebenfalls offen gestaltete Lounge unten zierte als prägendes Element ein Klavier, das an der galerieseitigen Wand zum Eingang aufgestellt worden war, sowie eine Sofa- und Sesselgarnitur, die sich im gleichen Design auch eine Ebene höher, in der Galerie, wiederfand.

Der Marshal musterte eingehend jedes Detail in dem Versuch, es sich einzuprägen. In Berlin war er seit Monaten — oder waren es Jahre? — nicht mehr in der Lage gewesen, sich über die Veränderungen in Graceland oder auch nur das grobe Weltgeschehen auf dem Laufenden zu halten, da er immer tiefer in die Spirale von Trunksucht und Depression geraten war. So war ihm, und erstaunlicherweise wohl auch dem Irren, tatsächlich entgangen, dass Priscilla nur wenige Monate zuvor den Auftrag erteilt hatte, das Innere des Racquetball-Gebäudes wieder in den Zustand zu versetzen, in dem Elvis es hinterlassen hatte. Dies bedeutete, dass der jahrzehntelang als *Trophy Room* umfunktionierte Racquetball-Platz wieder seine ursprüngliche Form erhalten hatte, mit dem Unterschied, dass heute seitlich des Platzes eine Tür eingelassen war, die den zahllosen Besuchern aus aller Welt als Ausgang diente.

„Macht's euch bequem, ich zieh mich noch kurz um!", sagte Elvis und verschwand auf der Treppe ins Obergeschoss, wo sich neben Dusch- und Umkleideräumen eine weitere Lounge befand, aus der sich das Geschehen unten auf dem Platz gut verfolgen ließ.

Die Blicke der Männer trafen sich, doch kam kein Wort über ihre Lippen. Dies war ein besonderer Ort. Hierhin hatte sich Elvis vor genau vierzig Jahren mit seiner Freundin Ginger sowie einem seiner engsten Vertrauten, Cousin Billy Smith, und dessen Frau Jo zurückgezogen, um in den frühen Morgenstunden des 16. August 1977 eine Partie Racquetball zu spielen, nachdem er zuvor zu nächtlicher Stunde noch einen Zahnarztbesuch absolviert hatte. Was andere Menschen erstaunt die Augenbrauen hochziehen ließ, war bei Elvis, der konsequent die Nacht zum Tage machte, Alltag gewesen. Wer zum inneren Zirkel gehörte, wusste das und musste immer damit rechnen, einen Anruf zu erhalten, auch wenn es mitten in der Nacht war.

Der Marshal ließ sich mit dem leichten Zögern eines Besuchers, der wusste, dass antike Sitzmöbel in einem Museum nicht zum Sitzen da sind, auf der Kante des großen Sessels nieder, der linkerhand des Klaviers stand, während sich der Irre für das Sofa in der rechten Ecke entschied. Keiner von ihnen hätte es gewagt, auch nur einen Moment auf dem gepolsterten Schemel Platz zu nehmen, der verwaist vor dem Klavier zwischen ihnen stand. Hier, genau hier, hatte Elvis zum letzten Mal gesungen, zum letzten Mal in seinem Leben Musik gemacht. Eine kleine, verspielte Probe für die nächste Tour, die noch am Abend desselben Tages beginnen sollte und in der Community als *The tour that never was – Die Tour, die nie stattfand* bezeichnet wurde. Er hatte auf genau diesem Schemel gesessen und an genau diesem Klavier gespielt.

„*Unchained Melody*", murmelte der Marshal leise.

„Und *Blue Eyes Crying in the Rain*", ergänzte der Irre ohne zu Zögern die Liste der Lieder, die Elvis der Überlieferung zufolge in jener schicksalhaften Nacht am Klavier gesungen hatte. „Und als Letztes kam noch *Way Down*."

„Nein", widersprach der Marshal energisch, plötzlich aus seiner Lethargie erwacht. „Er hat nur zwei Lieder gesungen!"

„Wer sagt das? Waren Sie dabei?", ätzte der Irre.

„Wohl kaum, das weiß man einfach!", keilte der Marshal zurück und verspürte für eine Sekunde den Wunsch, in Elvis-Manier eine Pistole zu zücken und irgendetwas aufs Korn zu nehmen.

„Ho, was ist denn hier los? Historikerstreit?", wurden sie in diesem Moment von einer Stimme aus der Galerie unterbrochen. Die Männer sprangen auf, als fürchteten sie eine Rüge dafür, dass sie sich gesetzt hatten, und folgten Elvis mit den Augen, während er die kurze Treppe aus der Galerie hinunterlief.

Er hatte sich erneut verwandelt, war ein weiteres Mal gealtert und nunmehr am Ende angelangt. Das war Elvis, wie man ihn von den letzten privaten Aufnahmen her kannte. Er hatte erneut zugenommen, und unter seiner Kleidung zeichnete sich unverkennbar eine kleine Wölbung ab, doch entsprach sein tatsächlicher Körperumfang nicht dem unvorteilhaften Image vom fettleibigen, übergewichtigen Mann, das erst nach seinem Tod entstanden war. Auffälliger als seine Figur waren der unerklärlich weiter in die Breite gegangene Kopf, der an die Form einer Melone erinnerte, sowie die fast bis zur Unkenntlichkeit veränderten Gesichtszüge. Der griechische Gott war gestorben, noch bevor der König tot war.

Elvis trug einen dunkelblauen Trainingsanzug mit weißen Streifen, auf dem der Schriftzug „DEA Staff" prangte. Der Marshal identifizierte ihn sofort als den Tracksuit der *Drug Enforcement Agency*, den Elvis häufig in seinen letzten Lebensjahren und auch in jener Nacht vor vierzig Jahren getragen hatte. Dass ein tablettensüchtiger Star mit Stolz und Vorliebe ein nicht im Handel erhältliches und somit aus dem Innersten der Organisation stammendes Kleidungsstück der obersten Drogenbekämpfungsbehörde des Landes trug, hatte den Marshal immer fasziniert. Bei jedem anderen hätte man wahrscheinlich eine Verschleierungstaktik, ein Täuschungsmanöver gegenüber der Außenwelt unterstellt, doch wenn der Mann mit den dichten Koteletten am Ende seines Lebens jemanden täuschen wollte, dann nur sich selbst. *Wie soll ich denn tablettensüchtig sein, die DEA hat mir diesen Tracksuit doch nicht umsonst geschenkt!*, schien er sich selbst suggerieren zu wollen. Der Marshal lächelte unwillkürlich, als plötzlich das Gesicht seiner Ex-Frau vor ihm auftauchte. Der „Hobby-Psychologe" war wieder am Werk. Mit dem Titel konnte er leben.

„Cooles Outfit!", nickte der Irre Elvis mit unbewegter Miene zu, als dieser bei ihnen unten angekommen war, und der Marshal nickte zustimmend. Wie schaffte dieser Kerl es nur, selbst in diesem Zustand mit einem weitgehend normalen Trainingsanzug so cool auszusehen, dass man am liebsten die DEA angerufen und bekniet hätte, noch einen weiteren Tracksuit zu verschenken?

„Wir machen das heute alles so authentisch, wie möglich!", sagte Elvis, ohne auf das Kompliment des Irren einzugehen. „Damals, in meiner letzten Nacht, habe ich auch diesen Anzug …" Er unterbrach sich, als er die Blicke der Männer sah, und winkte lächelnd ab. „Okay, das wisst ihr schon. Zeitlich sind wir aber nicht ganz im Rahmen. Es ist noch nicht einmal Mitternacht, das heißt, um die Zeit saß ich noch mit Ginger beim Zahnarzt."

„Doktor Kodein, meinst du?", provozierte der Irre.

Elvis warf dem Mann mit der Sonnenbrille einen nachdenklichen Blick zu, tat einen Schritt zum Klavier und spielte, scheinbar wahllos, ein C. Erst dann sagte er, sichtlich seine Worte abwägend:

„Es stimmt wohl, dass ich eine Unverträglichkeit von Kodein hatte, und vielleicht hat Doktor Hofman in der Nacht tatsächlich nicht aufgepasst. Aber, ganz offen … was für einen Unterschied macht das schon? Die Diskussion ist genauso sinnlos wie die Frage, ob Linda mich gerettet hätte, wäre sie noch da gewesen. Klar, Ginger hat sich nicht groß geschert, sie war einfach zu jung und in jeder Hinsicht überfordert. Aber ich war fertig. Finished. Finito. Die verfluchten Pillen haben mir den Kopf zerschossen, ich konnte nicht mehr klar denken. Wenn es nicht in jener Nacht passiert wäre, dann in irgendeiner anderen bald danach. Das habe ich mittlerweile verstanden. Jetzt, vierzig Jahre später, habe ich die Gelegenheit, das alles hinter mir zu lassen und einen Schritt weiter zu gehen, voran in die nächste Dimension oder was auch immer mich dort erwartet. Dafür brauche ich allerdings etwas Unterstützung!"

Elvis legte eine bedeutungsvolle Pause ein und schien die Männer mit seinem Blick zu durchbohren, bevor er gedehnt wie Kaugummi hinterherschob:

„Und damit meine ich euch zwei Klugscheißer!"

Die Augen hinter der großen Brille mit den Initialen *EP* glimmten, und der immer noch schöne Mund in dem runden Gesicht zuckte leicht.

„Sheriff JW Pepper aus *Leben und Sterben lassen*, James Bond!", grinste Elvis.

„Kenn' ich", schmunzelte der Marshal, der Elvis' permanente Stimmungs- und Tempowechsel ebenso amüsant wie verwirrend fand. Genau wie einst die *TCB*-Band waren er und der Irre gezwungen, jederzeit auf Elvis' unberechenbare Eingebungen zu reagieren. „Aber wie können wir dir dabei helfen?"

„Sag ich euch gleich. Aber erst spielen wir 'ne Runde. Marshal, wir machen das erste Spiel. Fang!"

Der Schläger kam aus dem Nichts geflogen, und der Marshal konnte von Glück sagen, dass er ihn noch rechtzeitig mit der Hand abwehrte, sodass er zu Boden fiel.

„Da hat Charlie meine Gitarren auf der Bühne aber besser gefangen", brummte Elvis, und die Erinnerung daran, wie sein treuer Freund aus Armeezeiten, Charlie Hodge, der in den Siebziger Jahren auf der Bühne zu seiner rechten Hand und einer Art Sidekick avanciert war, seine überraschenden Gitarrenwürfe in der Show pariert hatte, ließ ein amüsiertes, aber auch leicht melancholisches Lächeln um seine Mundwinkel spielen.

„Der hatte ja auch mehr Übung", sagte der Marshal trocken und trat, gefolgt von dem Irren, hinter Elvis durch die Glastür auf den Racquetball-Platz.

„Was ist das überhaupt genau, Racquetball?", traute sich der Irre zu fragen, und der Marshal war ihm dankbar für seinen Mut, denn auch wenn ihm wohlbekannt war, dass Elvis diesen Sport liebte, hatte er nie die Muße gehabt, sich eingehender damit zu beschäftigen.

„Sieht ein bisschen wie Squash aus", warf er in dem Versuch ein, die offenkundige Bildungslücke zu kaschieren.

„Ist ja auch ähnlich", nickte Elvis, „aber Racquetball ist viel anspruchsvoller!"

Im Folgenden gab Elvis den Männern einen Überblick über die Spielregeln beim Racquetball. Wie alle Leute, die mit einer Sache besonders gut vertraut sind, verband er dabei eine zu hohe Informationsdichte mit zu großer Geschwindigkeit, sodass dem Marshal, dessen Konzentrationsfähigkeit in den letzten Jahren ohnehin gelitten hatte, schon bald der Kopf schwirrte:

„Wir spielen beide auf die vordere Wand und nutzen zusätzlich die Seiten- und Rückwände, um den Ball so zu platzieren, dass der Gegner ihn nicht rechtzeitig erreicht. Das heißt, der Ball darf nur einmal abspringen, sonst hast du den Punkt verloren oder musst den Aufschlag an den Gegner abgeben. Du kannst nur bei eigenem Aufschlag punkten. Wenn du aufschlägst, stehst du in dem Feld zwischen den beiden durchgezogenen Linien, also hier! Der Gegner nimmt den Aufschlag hier zwischen der gepunkteten Linie und der Glaswand entgegen. Nein, nicht dort, die *gepunktete* Linie! Wenn du als Aufschläger einen Punkt verlierst, wird gewechselt. Wir spielen bis 15. Alles klar?"

Der Marshal hatte nur mit halbem Ohr zugehört und betrachtete gedankenverloren das merkwürdige Utensil, das Elvis ihm in die Hand gedrückt hatte. Es sah aus wie ein Hybrid aus Tennis- und Badmintonschläger und war am Griff mit einer Schlaufe versehen, damit es nicht aus der Hand rutschte. Der blaue Hohlgummiball, der wenige Momente später wie ein Geschoss durch die kleine Halle flog, sprang dermaßen schnell und unkontrolliert ab, dass das ungeübte Auge des Marshal kaum erkennen konnte, ob er den Boden schon zwei Mal berührt hatte oder nicht.

Wie nicht anders zu erwarten, schien Elvis es damit aber ohnehin nicht allzu genau zu nehmen, sondern sah sich offenbar in einer kombinierten Rolle aus Spieler und Schiedsrichter zu seinen Gunsten, sodass die zaghaften Proteste des Marshal ohne Diskussion im Keim erstickt wurden. Zwar war er deutlich schlanker und wendiger als der Elvis vom August 1977, der sich nur wenig und schwerfällig auf dem Platz bewegte, doch abgesehen davon, dass Elvis die Technik des Sports grundsätzlich beherrschte, verließen den immer stärker außer Atem geratenden Marshal schon nach kurzer Zeit die Kräfte. Er schlich nach kurzem, klar verlorenem Match verärgert vom Platz und verspürte zum ersten Mal seit längerer Zeit wieder Lust, sich einen Drink zu genehmigen.

Während der Irre federnden Schrittes an ihm vorbei durch die Glastür den Platz betrat – dem Marshal kam es plötzlich so vor, als seien sie Gladiatoren, die nacheinander in der Arena zum Kampf antreten mussten – fiel sein Blick auf die verwaiste Bar oben in der Galerie. Ob da nicht vielleicht …? Nein, die Bar war ja seit Jahren nur noch Deko, ein Strand, dem das Meer abhandengekommen war, eine Bühne ohne Zuschauer. Außerdem hätte er ja auch nicht einfach … oder doch?

Der Marshal zwang sich, eine Weile dem Spiel auf dem Center Court zu folgen und sah sich einmal mehr von dem Irren überrascht, der mit erstaunlicher Wendigkeit Elvis' Heimvorteil zu neutralisieren wusste, indem er den blauen Ball mit einer Geschicklichkeit und Reaktionsschnelle platzierte, die man ihm nie zugetraut hätte. Der Marshal registrierte nicht ohne Schadenfreude, wie es nun an Elvis war, immer mehr außer Atem zu geraten und mit seiner Erschöpfung zu hadern. Gleichzeitig wurmte es ihn, dass der Irre so viel besser als er selbst in der Lage schien, Elvis im Racquetball die Stirn zu bieten.

Während der Kampf auf dem Platz zunehmend verbissen wurde, fasste der Marshal, unfähig, dem Überraschungsangriff seiner alten Dämonen weiter standzuhalten, einen Entschluss. Es waren nur wenige Stufen, die hoch in die Galerie führten, und niemand würde seine kurze Abwesenheit bemerken. Doch wenn er gehofft hatte, an der Bar seine alten Bekannten Jack und Johnny wieder zu treffen, so sah er sich enttäuscht: Der Gastgeber, der in diesem Moment unten auf dem Platz laut fluchte, gab ihm lediglich die Wahl zwischen *Mountain Valley Spring Water* und einem isotonischen Sportgetränk namens *Gatorade*. Überraschen konnte das nicht, denn entgegen anderslautender Gerüchte war Elvis nie ein großer Freund hochprozentiger Getränke gewesen. Doch irgendetwas ließ dem Marshal keine Ruhe. Es war, als ob ihm eine Sicherung durchgebrannt wäre oder er sich plötzlich im freien Fall befände. Es musste doch an dieser Bar irgendwelchen Alkohol geben, selbst wenn sie seit vierzig Jahren verwaist war! Die warnenden Stimmen in seinem Kopf drängte er zurück, ein Mechanismus, der ihm gleichzeitig vertraut und fremd erschien. Er wollte sich ja nicht besaufen! Nur ein kleiner Drink, das war alles, und ginge es nur darum, die Lippen leicht zu benetzen und für einige Sekunden das scharfe Brennen zu spüren, das er von früher so gut kannte. Er ging hinter den Tresen und begann, zu suchen, und mit jedem leeren Schränkchen, jedem vergeblich geöffneten Türchen wuchs erst seine Hektik und dann seine Wut.

„Goddamnit!", fluchte er auf Englisch und nahm nur am Rande wahr, wie die Wut und die Gier ihm das Blut in den Kopf trieben. Als plötzlich eine Stimme hinter ihm ertönte, war es, als würde er jäh aus einem bösen Traum gerissen:

„What do you think you're doing?"

Er hielt inne und wandte sich um, die Augen weit aufgerissen, das Haar wild in die Stirn hängend. Ja, was zum Teufel machte er hier eigentlich?

„Ich … ich hab nur was zu Trinken … war durstig nach dem Spiel!"

Elvis, der unbemerkt von unten in die Galerie hochgestiegen war, stand auf der anderen Seite der Bar und sah ihn mit verärgertem Blick an. Er schwitzte und sein unübersehbar aufgedunsenes Gesicht hatte eine ungesundbleiche Hautfarbe. In der rechten Hand hielt er noch immer seinen Racquetball-Schläger.

„Bist du blind? Hier steht doch alles voll mit Wasser und Gatorade! Aber das war es nicht, was du suchtest, nehme ich an. Reiß dich zusammen, Marshal, und hör auf mit der verfluchten Sauferei, wir brauchen dich hier noch!"

Als er diese Worte hörte, übermannte den Marshal eine solche Welle aus Wut und Scham, dass seine Reaktion von kleinlaut in blanke Aggression umschlug.

„Reiß dich zusammen? Reiß dich zusammen?", brüllte er unkontrolliert los. „Wer sagt das? Etwa der Typ, der einen DEA-Anzug trägt, obwohl er sich seit Jahren mit einem Berg von Tabletten zudröhnt? Der auf der Bühne seine Texte nur noch stammelt und überhaupt kaum wiederzuerkennen ist, weil er sich mit dem ganzen Scheiß, den er einschmeißt, so die Birne zerschossen hat? Der in ein paar Stunden zum vierzigsten Mal sterben wird, weil er alle Ratschläge ignoriert hat und meint, ewig so weitermachen zu können, weil er ja schließlich Elvis ist? Will der mir wirklich Ratschläge erteilen, was ich zu trinken habe und was nicht, ausgerechnet der?!"

Es war einer jener Momente, in denen man Dinge sagt, von denen schon während des Sprechens klar ist, dass man sie bereuen wird, doch finden die Worte so schnell, so zielstrebig über die im Stakkato vibrierenden Lippen den Weg in die Freiheit, dass sie nicht mehr einzufangen sind. Sobald die letzte Silbe uneinholbar seinen Mund verlassen und dem Mann, der vor ihm stand, wie eine Ohrfeige ins Gesicht geklatscht war, bereute der Marshal seine Worte zutiefst. Doch es gab kein Zurück, und jeder Versuch, das Gesagte ungeschehen zu machen, wäre nicht nur vergeblich gewesen, sondern hätte ihn auch noch das letzte Stück Selbstachtung gekostet. Daher bemühte er sich, seinen wütenden Gesichtsausdruck aufrecht zu halten, während ihre Blicke sich ineinander verkeilten wie zwei Sumoringer. Kein Zweifel, der Marshal war zu weit gegangen, und nun war es um ihn geschehen. Elvis würde seine Waffe ziehen und den vierzigsten Jahrestag seines irdischen Ablebens damit begehen, dass er erstmals einen Menschen erschoss und nicht nur Fernseher oder Tontauben.

Eine gefühlte Ewigkeit standen der hagere Mann mit dem wirren Blick und den noch wirreren Haaren und der Mann mit dem zu großen Kopf und den zu langen Koteletten sich im stummen Augenduell gegenüber. Fest entschlossen, in Würde zu sterben, hielt der Marshal dem Blick stand, während er innerlich bei der Frage, ob es noch irgendjemanden oder irgendetwas gäbe, das vor seinem Tod zu berücksichtigen sei, zu keinem Ergebnis kam.

„Ein Gatorade für mich!", erklang in diesem Moment eine Männerstimme von der Treppe. Es war der Irre, der Elvis in die Galerie gefolgt war und auf der vorletzten Stufe der Treppe verharrt hatte, um dem Geschehen zu folgen. Nun war er offenkundig bemüht, die spannungsgeladene Situation zu entschärfen, doch die beiden Männer an der Bar starrten sich weiter in die Augen, und der Marshal fühlte sich an alte Westernfilme erinnert, die er in seiner Kindheit mit Begeisterung gesehen hatte. Allerdings hatten bei den dortigen Duellen immer beide Kontrahenten in ihren tief hängenden Holstern, um die der Marshal sie glühend beneidete, Revolver stecken gehabt, während ihm als einzige Waffe sein grimmiger Blick blieb, der zudem reiner Bluff war.

„Du magst meinen DEA-Anzug nicht?"

Elvis' mit beunruhigender Ruhe ausgesprochene Frage nahm dem Marshal augenblicklich den Wind aus den Segeln, und er hatte auch den letzten Rest seiner Wut so schnell verloren, wie sie gekommen war.

„D… doch, klar mag ich deinen Anzug!", stotterte er überrumpelt.

„Na, also!", schüttelte Elvis den Kopf. „Sieht so aus, als ob ich nicht der Einzige hier bin, der gelegentlich sein Temperament nicht im Griff hat!"

Damit löste er den Marshal aus der Umklammerung seiner Augen und trat am Tresen vorbei an die Bar. Er öffnete eine Flasche Gatorade und reichte sie dem Irren. Dann griff er nach kurzem Zögern eine zweite Flasche, öffnete sie ebenfalls und hielt sie dem Marshal hin. Die Friedenspfeife, dachte dieser, und griff erleichtert zu. Eine dritte Flasche war für Elvis selbst bestimmt, und für einen Moment wurde die seltsame Stille in dem seltsamen Gebäude nur durch die Trinkgeräusche der drei Männer unterbrochen. Als der Marshal die Flasche absetzte, hatte er sich wieder gefangen und murmelte an Elvis gewandt, jedoch ohne ihm direkt in die Augen zu sehen:

„Es tut mir leid, ich … es ist plötzlich mit mir durchgegangen. Sieht so aus, als ob ich mir auch schon ganz schön die Birne zerschossen habe."

Elvis antwortete nicht sofort und drehte spielerisch die halb geleerte Flasche in seiner Hand.

„Ich brauch keine Entschuldigung", hob er schließlich an. „Es ist nur so …" Er wandte sich abrupt dem Marshal zu, der überrascht war, in den müden, verquollenen Augen mehr Melancholie als Ärger zu entdecken. „Wenn man im ersten Durchgang nicht zu viel Mist baut, muss man im zweiten vielleicht nicht als Geist durch die Gegend irren und ewig darauf warten, grünes Licht für den dritten zu bekommen …"

Bevor der Marshal etwas antworten konnte, legte Elvis seinen Schläger auf den Tresen und schickte sich an, die Treppe hinaufzusteigen, die ins Obergeschoss führte.

„Lasst doch mal schauen, was unsere Gäste so treiben!", rief er und war schon dabei, die ersten Stufen zu nehmen.

Der Marshal und der Irre tauschten vielsagende Blicke. Langeweile gab es mit Elvis keine Sekunde. Sie folgten der stämmigen Figur im Trainingsanzug auf der Treppe nach oben und waren überrascht zu sehen, wie klein und unprätentiös die Räumlichkeiten im Obergeschoss, einschließlich der blau-lila gekachelten Duschräume, wirkten. Doch Elvis schien nicht in Stimmung für eine Führung, sondern bedeutete den Männern, ihm eine weitere Treppe hinauf zu folgen, die auf das Dach des Hauses führte. Der Marshal atmete befreit die warme Nachtluft ein und erlaubte seinen Augen, sich einen Moment in dem schönen Sternenhimmel zu verlieren, der über ihnen prangte. Als er sah, dass Elvis und der Irre an die Dachbalustrade getreten waren, um von dort das Geschehen im Meditation Garden zu verfolgen, trat er neugierig näher. In der Tat, von hier oben hatte man einen perfekten Überblick:

Rechterhand das rückwärtige Gelände von Graceland mit der überdachten Fußgängerpassage, die sie zum Racquetball-Gebäude geführt hatte, geradezu der Poolbereich und zur Linken der *Meditation Garden*, der noch immer – so viel war zu erkennen, obwohl die Stätte von ihrem Standort aus nicht vollständig einsehbar war – von einer nicht enden wollenden Menschenschlange durchzogen war, deren Anfänge sich irgendwo hinter den Bäumen jenseits des Pools in der Dunkelheit verloren. Die Menschen sangen noch immer, und das Meer von Fackeln und Kerzen schien kaum etwas von seiner Strahlkraft eingebüßt zu haben, seit sie es zuletzt aus dem Esszimmer von Graceland beobachtet hatten.

„Bist du öfter hier oben?", durchbrach der Marshal vorsichtig die Stille.

„Ja", entgegnete Elvis kurz. „Hab das Racquetball-Gebäude immer gemocht, konnte es zu Lebzeiten aber nur zwei Jahre lang nutzen. Seit ich hier alleine lebe, ist es fast zu meinem Lieblingsort geworden, so klein und überschaubar und vor allem nur mit schönen Erinnerungen verbunden. Nicht historisch kontaminiert, falls ihr wisst, was ich meine …"

Der Marshal nickte. Ja, er wusste genau, was damit gemeint war. Das Racquetball-Gebäude war für Elvis eine grüne Zone, so wie sein Badezimmer drüben, im Obergeschoss von Graceland, sicherlich eine rote Zone für ihn darstellte.

„Wenn Mitternacht vorbei ist und sie meinen Todestag begehen, stehe ich eigentlich immer hier oben", fuhr Elvis nachdenklich fort. „Hat der 16. August schon begonnen?"

Der Irre warf einen Blick auf seine Uhr und bestätigte, dass der neue Tag bereits eine knappe Stunde alt war. *Der Tag.*

„Diesen Menschen da unten und ihren Eltern und Großeltern verdanke ich alles. Sie haben die Kleidung gemacht, die ich trug, und daher fand ich es auch in Ordnung, wenn sie mir ein Stück vom Leib reißen wollten. Ohne sie würden wir jetzt nicht hier oben auf dem Dach meines eigenen Racquetball-Gebäudes stehen. Ohne sie hätte es Elvis nie gegeben. Allerdings frage ich mich manchmal …" Elvis zögerte, und die Männer blickten ihn fragend von der Seite an. „Manchmal frage ich mich, ob meine Mum länger bei mir geblieben wäre, wenn es Elvis und all diese Menschen nie gegeben hätte. Ich glaube, sie konnte damit nicht umgehen. Naja, ich ja letztlich auch nicht, aber wer weiß, wenn Mum nicht so früh gegangen wäre … sie hat mir gefehlt all die Jahre, und ich hoffe, sie in der nächsten Dimension endlich wiederzusehen. Ihr wisst schon, wie in dem *Gospel Milky White Way*:

> *I wanna tell*
> *My mother howdy*
> *When I get home*
> *Yes, I'm gonna tell*
> *My mother howdy*
> *When I get home*
> *Well, well, well, well*
> *I'm gonna shake my mother's hand*
> *I will shake her hand that day*
> *That's when we'll walk on this Milky White Way*
> *O Lord*
> *Some of these days*

Nie war der Marshal dankbarer für die Dunkelheit gewesen, als in diesem Moment, da Elvis einen seiner Lieblingsgospels sang und sein Herz sich anfühlte wie ein nasser Schwamm, der schwer in der Brust hing. Er hörte sich selbst Elvis antworten – wie gut er den Verlust von Gladys verstehen könne, wie sehr man sich in der Elvis-Community einig sei, dass sie der einzige Mensch war, der ihn möglicherweise vor sich selbst hätte schützen können, und was für ein wunderbares Lied es doch sei, das er da sang – , doch die Worte blieben in seinem Kopf gefangen.

Sie schwiegen eine Weile, bevor Elvis wieder das Wort ergriff:

„You know … manchmal habe ich es satt, unsichtbar zu sein. Es ist Segen und Fluch zugleich … aber es gibt diese Momente, da *will* ich, dass sie mich sehen. Nur kurz, wisst ihr. Ich bin ja noch da … irgendwie … und all diese Leute da unten haben eigentlich gar keinen Grund für so viel Traurigkeit."

Der Irre, der mit gespannt gesenktem Kopf jedes Wort verfolgt hatte, richtete sich mit einem Ruck auf und schien Elvis hinter seinen dunklen Brillengläsern zu fixieren.

„Heißt?"

Elvis schien plötzlich wieder von innen zu glimmen, von einer bubenhaften, schelmischen Freude erfüllt. Seine abrupten Stimmungswechsel vermittelten das Gefühl, unter einer Dusche zu stehen, die unkontrolliert und ohne vorhersehbares Muster abwechselnd warmes und kaltes Wasser auf sie herabprasseln ließ.

„Seht ihr die da unten? Passt mal auf!"

Der Marshal kniff die Augen zusammen und erkannte unten im Halbdunkel zwei Frauen, die offenbar unbemerkt den *Meditation Garden* verlassen hatten, um das Gelände hinter Graceland zu erkunden. Das Racquetball-Gebäude zu ihrer Rechten ignorierend, wollten sie sich gerade zielstrebig nach links wenden, als sie wie vom Donner gerührt stehen blieben.

„This is private property and all trespassers will be prosecuted!", tönte es von oben herab.

Auch der Marshal und der Irre verharrten in Schockstarre. Dass Elvis völlig unvermittelt bis an den äußersten Rand der Brüstung ihres Daches treten und die ungebetenen Gäste mit dröhnender Stimme darüber belehren würde, dass es sich hier um Privatgelände handele, dessen Betreten für Unbefugte verboten sei, traf sie ebenso unvorbereitet wie die Angesprochenen selbst. Wesentlich verstärkt wurde der Effekt noch dadurch, dass Elvis sich vor ihren Augen erneut verwandelt hatte und nun den *Mexican Sundial* Jumpsuit mit der riesigen, goldenen Sonnenuhr auf Brust und Rücken trug, der bei vielen Konzerten seiner letzten Tournee sein bevorzugtes Bühnenoutfit gewesen war.

Die Frauen, die unten auf der Rasenfläche zwischen Pool und Racquetball-Gebäude wie angewurzelt stehengeblieben waren, starrten zu ihnen nach oben, und der Marshal glaubte ihre Fassungslosigkeit intensiv über Dunkelheit und Distanz hinweg zu spüren. Sie deuteten zu ihnen nach oben und schienen angeregt zu diskutieren, doch dann tauchte, angelockt von dem der Zeremonie unangemessenen Lärm, wie aus dem Nichts ein uniformierter Mann auf, der die Frauen barsch anwies, sich sofort zurück in den *Meditation Garden* zu begeben, da sie sonst des Geländes verwiesen würden.

„Ist das nicht wieder dieser Wachmann, wie hieß er noch?", verfiel der Marshal unwillkürlich ins Flüstern.

„Henry", flüsterte der Irre zurück und sah sich durch Elvis' Nicken bestätigt.

Die Männer lauschten angestrengt, um die Diskussion unten wenigstens bruchstückhaft verstehen zu können.

Wie bitte, Elvis sei da oben, hörten sie Henry fragen. Wo oben? Auf dem Dach des weißen Gebäudes? Das ist das Racquetball Building, meine Damen, und Elvis spielt da schon lange nicht mehr, schon gar nicht auf dem Dach. Im weißen Anzug? Na klar. Haben Sie getrunken? Hier entlang! Ihre aufgeregten Stimmen verloren sich in der Dunkelheit, während der pflichtschuldige Wachmann die Frauen zurück eskortierte. Der Marshal und der Irre starrten Elvis ungläubig von der Seite an.

„Sie haben dich also wirklich gesehen?", fragte der Irre, seine Spannung mühevoll kontrollierend, um dem selbstgewählten Image des Mr. Cool zu entsprechen.

„Kurz!", grinste Elvis. „Dann wieder nicht. Und dann nochmal kurz. Wie eine Lampe quasi. Wir wollen's ja nicht übertreiben." Er gluckste befriedigt. „Aber keine Sorge, euch hat keiner gesehen. Und diejenigen, die mich gesehen haben, sind sowieso als Spinner verschrien. Shame actually …"

„Schade eigentlich?", wiederholte der Marshal ungläubig, der versuchte, das gerade Erlebte irgendwie zu verstehen. „Heißt das, die ganzen Elvis-Sichtungen rund um den Globus sind gar keine Erzählungen von Spinnern und Wichtigtuern, sondern du warst wirklich da?" Die Frage klang fast empört.

„Nein, das Meiste ist Blödsinn", beschwichtigte Elvis mit jenem betont harmlosen, aber unverkennbar vergnügten Unterton, der den Männern mittlerweile bekannt war.

„Kurz nach deinem Tod soll ein Mann, der dir sehr ähnlich sah, am Flughafen Memphis einen Flug nach Buenos Aires gebucht und dabei den Namen Jon Burrows verwendet haben, den du früher oft als Decknamen für Hotelbuchungen und Ähnliches verwendet hast", forschte der Irre und hielt seine dunklen Gläser starr auf Elvis gerichtet.

„Klar, das war ich!", gab Elvis unverwandt zu. „War meine erste Auslandsreise. Fand's direkt enttäuschend, wie wenig Aufsehen ich erregt habe. Davon abgesehen, brauche ich heutzutage für meine Reisen gar keine Flugzeuge oder dergleichen mehr, hab ich aus reiner Nostalgie gemacht!"

„Und was ist mit dem Film *Home Alone*?", fiel der Marshal ein. „Da gibt es diese Szene, wo Kevins Mutter Kate für ihn am Flughafenschalter die Flüge checken will, und im Hintergrund steht ein Mann mit Bart, der erstaunliche Ähnlichkeit mit dir hat, das war das Jahr 1990, also dreizehn Jahre nach deinem Tod!"

„Ach so, ja, das war reiner Zufall", entgegnete Elvis. „Ich sagte ja, ich fliege manchmal gerne aus reiner Nostalgie, und als ich da am Flughafen bin, sehe ich plötzlich, dass die einen Film drehen, also hab ich mich einfach mal unter die Menge gemischt. War schon 'n ziemlicher Abstieg, früher hab ich immer die Hauptrolle gehabt!"

„Und der ältere Typ mit dem grauen Rauschebart, den sie bei einer der letzten *Vigils* hier auf dem Gelände von Graceland entdeckt haben? Es hieß, du nähmest *undercover* an deiner eigenen Gedenkfeier teil!", forschte der Irre unbeirrt weiter.

„Warum sollte ich das tun?", fuhr Elvis ihn unerwartet an. „Und außerdem … ich habe das Foto gesehen, wo hat dieser Typ denn bitte Ähnlichkeit mit mir?"

Mit diesen Worten wandte er sich abrupt von den Männern ab und stapfte zur Treppe, die vom Dach hinunter ins Obergeschoss führte.

„Kommt, wir haben nicht mehr viel Zeit!", rief er im Hinuntergehen.

„Langsam dämmert es mir, wie die Geschichte mit Henry damals wirklich gelaufen ist", murmelte der Marshal, während er Elvis nachdenklich hinterher schaute.

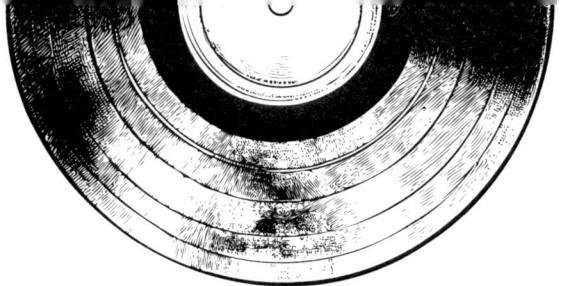

Die Mission

Kurz darauf hatten der Marshal und der Irre es sich in den schweren, dunkelbraunen Ledersesseln der Lounge bequem gemacht, und erst jetzt wurde dem Marshal bewusst, dass Elvis, der neben ihm gedankenverloren auf dem Klavier klimperte, wieder zu seinem bevorzugten Outfit, dem DEA Tracksuit, zurückgekehrt war.

„Mal fürs Protokoll. Ich kann mich selbst nicht mehr erinnern, ob ich außer *Unchained Melody* und *Blue Eyes Crying in the Rain* in meiner letzten Nacht noch weitere Lieder gesungen habe", sagte Elvis nun in Anspielung auf den Disput der beiden Männer. „Ich weiß noch, dass ich beim Racquetball nur rumgealbert habe, und dann saßen wir hier in der Lounge mit Billy, seiner Frau Jo und Ginger. Ginger sah verdammt gelangweilt aus, oder vielleicht war sie auch nur müde, war ja schließlich schon vier Uhr morgens oder so. Schätze, das kann man ihr nicht verdenken. Mir ging's eigentlich nicht schlecht. Dachte ich jedenfalls. Am Abend sollte die nächste Tour beginnen, und ich wollte tagsüber noch ein bisschen Schlaf tanken, wie ich das immer so gemacht habe. Wusste aber, dass es schwierig werden würde, da ich zu dem Zeitpunkt weniger der *King of Rock'n'Roll* als der gottverdammte *King of Insomnia* war!"

König der Schlaflosigkeit. Darauf konnte nur Elvis kommen.

„Weißt du noch, wie Charlie dir nur wenige Monate zuvor, bei einem deiner letzten Konzerte, das Mikro an den Mund gehalten hat, während du dich zu *Unchained Melody* selber am Klavier begleitetest?", fiel der Marshal jetzt ein, und seine Stimme klang belegt. „Die Kamera hat die ganze Zeit draufgehalten, und der Schmerz in Charlies Gesicht war fast schlimmer als der Anblick, wie du um Luft rangst."

„Ist ein schöner Song", murmelte Elvis und spielte wahllos ein paar Tasten auf dem Klavier.

„War im übrigen eine phantastische Performance, auch wenn du angeschlagen warst", warf der Irre ein.

„Angeschlagen? Eher angezählt", murmelte der Mann am Klavier ohne aufzublicken und spielte einen lauten Akkord.

„Ja, aber ein Kämpfer bis zum Schluss!"

Die Augen des Marshal schimmerten verdächtig.

„Charlie was a good man", verfiel Elvis plötzlich ins Englische, als ob die Erinnerung an seinen guten Freund und treuen Wegbegleiter aus Armeezeiten untrennbar mit seiner Muttersprache verbunden sei, und die Männer nickten voller Überzeugung.

In der ganzen Elvis-Community wäre es wohl schwierig gewesen, eine einzige Seele ausfindig zu machen, die den kleinen Mann nicht geschätzt hätte, der auf der Bühne alles tat, um Elvis im besten Licht erscheinen zu lassen und sich dabei selbst stets im Hintergrund gehalten hatte.

„Vielleicht seht ihr euch ja bald wieder", sagte der Marshal und stellte mit Verwunderung fest, dass er seine Worte tatsächlich so meinte, obwohl er nicht religiös war und nie an ein Leben nach dem Tod geglaubt hatte, doch die Erfahrungen der letzten Tage waren nicht spurlos an ihm vorübergegangen.

„About that …", sagte Elvis, und dieses *Apropos* war so bedeutungsschwer, dass die Männer sofort aufhorchten. „Es gibt da noch etwas … ich sagte ja schon, ich habe noch eine … hm … nennen wir es *Mission* für euch! Genau genommen, möchte ich nur etwas zurückhaben, das mir durch euch verloren gegangen ist."

„Euch?", fragte der Marshal mit hochgezogenen Augenbrauen. „Ich fürchte, der Spiegel geht auf meine Kappe, damit hat der Irr … äh … Liam doch nichts zu tun!"

„Das stimmt. Fast!", entgegnete Elvis und rückte seine *TCB*-Brille zurecht. „Du bist kollabiert, Marshal, und hast dabei auf der Fahrerseite meines Cadillac den Außenspiegel abgerissen!"

„Genau genommen, war es der Cadillac deiner Mum", warf der Irre mit unbewegter Miene ein, und der Marshal hätte ihn schlagen können.

„Das ist der Punkt", nickte Elvis. „Was soll ich meiner Mum sagen, falls ich sie wirklich wiedersehe? Sie hängt an dem Wagen! Allerdings gibt es noch jemanden, der den Wagen besonders mag, und der hat uns letztlich die Suppe eingebrockt!"

Der Mann sprach in Rätseln.

„Und der wäre?", fragte der Irre verwirrt.

„Du müsstest es wissen, Liam!", wandte sich Elvis direkt an den Irren. „Du standst direkt daneben, ich weiß, dass du es gesehen hast, aber du hast trotzdem nichts unternommen, um ihn zu stoppen!"

Der Marshal starrte erst Elvis und dann den Irren mit offenem Mund an, der sichtlich verlegen in seinem Sessel hin- und herrückte.

„Es herrschte Chaos, nachdem du zusammengebrochen bist, Marshal", rekapitulierte Elvis das Geschehen. „Es war sofort eine Traube Menschen um dich herum, unter anderen Cilla und Lisa-Marie. Cilla hat die Sanitäter herbeigerufen und schien besorgter, als sie es je um mich war!" Das verschmitzte Grinsen in dem aufgeschwemmten Gesicht hatte seine alte Schönheit verloren, sich aber dennoch eine erstaunliche Strahlkraft bewahrt. „Die Sanis kommen, und Cilla schüttet dir vor Aufregung ein Glas Wasser ins Gesicht." Elvis lachte bei der Erinnerung an die sowohl für Priscilla als auch den Marshal unrühmliche Szene. „Du kommst sofort wieder zu dir, bist aber völlig neben der Spur. Versuchst aufzustehen, kommst aber nicht sofort hoch. Erzählst irgendeinen Blödsinn in einem irren Kauderwelsch aus Deutsch und Englisch und fluchst wie ein Müllkutscher. Junge, war ich froh, dass Cilla und Lisa kein Deutsch verstehen! Die Sanis wollen dich untersuchen, aber du wehrst sie ab und stolperst davon. Ich würde sagen, das war in einer Liga mit meinen letzten Auftritten!"

„Schon gut", winkte der Marshal verlegen ab. Er nahm sich immer selbst mit auf die Schippe. *Self-deprecating humor* nannten die Amerikaner das. „Aber was war mit dem Spiegel?"

„Hat keinen interessiert, als du dich da unten rumgewälzt hast! Er lag neben dir auf dem Boden. Gut, denke ich, Cilla oder Lisa werden das Ding sicher gleich in Sicherheit bringen, ist ja schließlich historisch, aber die kümmern sich nur um dich!"

Der Marshal schloss Priscilla und Lisa-Marie gedanklich in die Arme.

„Stattdessen steht da dieser komische Typ mit Sonnenbrille, der mir verdächtig vorkommt, also behalte ich ihn im Auge und warte auf einen passenden Moment, mir selbst den Spiegel zu schnappen. Und dann sehe ich plötzlich Lonan."

„Lonan?"

„Lonan Ways, du weißt schon, mein Juwelier. Ist natürlich auch nicht jünger geworden, aber ich habe ihn sofort erkannt. Hätte ihn am liebsten angesprochen. *Hey, Lonan, ich bräuchte mal wieder ein paar Ringe und Halsketten von dir!* Stattdessen traue ich meinen Augen kaum, als er sich in dem Gewühl plötzlich bückt und den Spiegel in einem Beutel verschwinden lässt! Und dieser Typ mit der Sonnenbrille …" Elvis warf dem Irren einen schiefen Blick zu, „ … der hat's genau gesehen, macht sogar kurz Anstalten, sich ihm in den Weg zu stellen, überlegt sich's dann aber anders und starrt ihm nur nach! Was hast du dir dabei gedacht, Liam?"

Der so Gescholtene wirkte ungewöhnlich verlegen.

„Es war ein alter Mann! Ich hab nicht erkannt, dass es Lonan war. Dachte, der Alte will sich sein Taschengeld bisschen aufbessern, er sah so aus, als ob er's nötig hätte, und ich hab's nicht fertiggebracht, ihn vor allen Leuten zur Rede zu stellen."

„Ein dunkles Gesicht, aber ein helles Gemüt!", neckte Elvis, und es war ihm anzumerken, dass er nicht wirklich böse war.

„Aber was will er denn mit dem Spiegel, wenn es wirklich Lonan war?", rätselte der Marshal.

„Ich denke, es hat mit Angela zu tun", erklärte Elvis. „Er hat sie im Sommer 1969 kennengelernt, das heißt, ungefähr zur gleichen Zeit, als er auch mich kennenlernte. Er war nervös, weil ihr erstes Date anstand, und bis über beide Ohren verliebt. Also sag ich zu ihm: ‚Lonan', sag ich, ‚du musst sie mit irgendetwas beeindrucken, das ihr kein anderer bieten kann! Mag sie schöne Autos?' Er darauf: ‚Weiß nicht, denke schon, jeder liebt schöne Autos, nicht?' ‚Gut', sag ich, dann kündige ihr an, dass du sie in Elvis' Pink Cadillac ausführst und dass er dir den Wagen persönlich genau hierfür geliehen hat!' Ihr hättet es sehen sollen, seine Augen strahlten heller als sämtliche Edelsteine, die ich ihm später dutzendweise abgekauft habe. Es wurde sein ganz persönlicher *Summer of sixty-nine*!"

„Und es hat offenbar geklappt, oder?", forschte der Irre.

„Das kann man sagen, die beiden haben im Jahr darauf geheiratet und 2010 ihren vierzigsten Hochzeitstag gefeiert. Ich wünschte, meine Ehe hätte nur halb so lange gehalten!" Elvis seufzte mit leicht theatralischem Anstrich. „Leider hat es zur Goldenen nicht mehr gereicht, da Angela letztes Jahr verstorben ist. Lonan hat der Verlust schwer getroffen, schätze ich. Und das ist wohl auch der Grund, weswegen er spontan entschieden hat, sich den Spiegel zu schnappen. Für ihn ist es ein Stück von Angela."

„Und nun?", fragte der Marshal. „Sollen wir bei ihm klingeln und sagen: ‚Hello, Mister Ways, Elvis hat uns geschickt, den Außenspiegel von seinem Pink Cadillac zu holen, den Sie geklaut haben'?"

„Very funny", sagte Elvis, das grinsende Gesicht des Irren ignorierend. „Er soll seinen Spiegel haben, nur halt nicht das Original, das brauch ich für meine Mum."

„Sehe ich richtig, dass das ganze Problem sich letztlich nur um Frauen dreht?", fragte der Marshal mit gespieltem Drama. „Ich meine, ohne seine Frau hätte Lonan den Spiegel nicht mitgehen lassen, und ohne deine Mutter wäre es sowieso egal, dass ich ihn abgerissen habe."

„Schon richtig, dieses Grundprinzip kenne ich noch gut aus meinen Lebzeiten", feixte Elvis. „Aber nun mal ernsthaft, hier ist der Plan: Ihr werdet als Journalisten getarnt in Lonans Haus gelangen und dort den Spiegel gegen ein identisches Ersatzstück austauschen. Ich will nicht, dass Lonans Herz noch einmal bricht, wir waren gut befreundet, und er hat für mich alle meine Lieblingsschmuckstücke kreiert. Die Presseausweise liegen schon in eurem Zimmer für euch bereit. Ihr seid anlässlich der Übergabe des Pink Cadillac hier und wollt die Gelegenheit nutzen, um Elvis' persönlichen Juwelier zu interviewen. Das wird ihn freuen. Ich hoffe nur, er wird nicht langsam senil. Schließlich geht er auf die Achtzig, und der Verlust von Angela hat ihn sicher zusätzlich geschwächt. Andererseits könnte es hilfreich sein, wenn er nicht mehr so auf Zack ist, wie früher."

„So oder so, wie sollen wir an den Spiegel kommen und ihn gegen das Fake-Teil tauschen? Sind die wirklich hundertprozentig identisch?" Der Marshal wirkte skeptisch.

„Er wird den Unterschied nicht bemerken", gab Elvis sich zuversichtlich. „Das Original unterscheidet sich nur dadurch, dass im unteren Rand auf der Rückseite der Name meiner Mutter und das Jahr eingraviert sind, in dem sie den Cadillac von mir bekommen hat. Ich bin sicher, er verwahrt den Spiegel bei sich im Tresor, ihr braucht ihn nur zu öffnen!"

„Klar, nichts leichter als das", verzog der Irre keine Miene. „Indem wir die Panzerknacker spielen, oder wie?"

„Müsst ihr nicht! Ich war mehr als einmal bei Lonan zu Hause, und wir waren nicht nur Geschäftspartner, sondern auch Freunde. Er hat mir damals ganz stolz gezeigt, wo der Tresor versteckt ist – in seinem Arbeitszimmer im ersten Stock, eingelassen in die Wand und seit 1973 versteckt hinter einem Bild meiner AlohaShow. Sogar die Kombination hat er mir verraten, die mit einiger Sicherheit auch noch die gleiche ist, denn es ist der Geburtstag seiner Frau!"

„Trotzdem", beharrte der Marshal, dem bei dem Gedanken, den alten Herrn in seinen eigenen vier Wänden so zu hintergehen, sichtlich unwohl war. „Wie sollen wir an den Tresor kommen? Er dürfte nicht senil genug sein, das Ding zwei deutschen Journalisten zu zeigen, die plötzlich bei ihm vor der Tür stehen!"

„Lasst euch was einfallen", zuckte Elvis mit den Achseln. „Zögert das Interview hinaus, geht ihm ein bisschen um den Bart, verwickelt ihn in ein Gespräch, und dann muss eben einer von euch mal für kleine Journalisten, schleicht sich nach nebenan ins Arbeitszimmer und tauscht den Spiegel aus. Kinderspiel!"

„Kinderspiel", echote der Marshal ironisch. „Warum machst du es nicht selbst, wenn's so einfach ist? Dürfte wesentlich leichter für dich sein, wenn du so verdammt kosmisch bist!"

Elvis gähnte und streckte sich.

„Ihr müsst ja auch mal was tun für euer Geld! Das kriegt ihr schon hin."

„Was ist, wenn er mich erkennt?", zweifelte der Marshal weiter. „Wahrscheinlich habe ich mich mit meinem glorreichen Auftritt unauslöschlich in seine Erinnerung eingeprägt! Willst du mir eine Perücke verpassen oder einen Bart ankleben?"

„Good point", nickte Elvis nachdenklich. „Hab ich gar nicht dran gedacht! Dann ist eben nur Liam Journalist, und du bist … hm …" Man sah Elvis an, dass ihm etwas auf der Zunge lag, das er noch gerade rechtzeitig eingefangen hatte, aber seine Augen blitzten vergnügt.

„ … der durchgeknallte Dolmetscher, der den gottverdammten Spiegel abgerissen hat, sodass Lonan ihm auf ewig zu Dank verpflichtet ist", vollendete der Marshal Elvis' Gedanken.

„Your words, not mine", lachte Elvis, „das hast du jetzt gesagt! Aber ist doch tatsächlich kein Problem. Liam kann angeblich kein Englisch und nimmt dich daher als Dolmetscher mit zu dem Interview. Auf diese Weise könnt ihr sogar direkt vor Lonans Augen ungestört auf Deutsch die Lage sondieren, während er denkt, du dolmetschst nur, was er gesagt hat. Abgesehen davon, ist es durchaus plausibel, dass du als Elvis-Fan die Gelegenheit nutzen willst, bei diesem Interview dabei zu sein!"

Das klang nach einem überzeugenden Konzept. Es entstand eine kurze Stille, dann sagte der Marshal:

„Es klingt komisch, wenn Elvis vor mir sitzt und von mir als Elvis-Fan spricht!"

„So?", hob Elvis fragend die Augenbrauen und klang fast etwas beleidigt. „Wie würdest du's denn nennen?"

„Das ist die Sache", entgegnete der Marshal nachdenklich. „Mir fällt auch kein anderer Begriff ein, der passender wäre, aber ‚Elvis-Fan' klingt so nach naiv-blinder Verehrung. Das passte vielleicht in den ersten paar Jahren, nachdem du dich in mein Leben gebeamt hast, aber dann … "

„Story of my life", brummte Elvis, dessen amüsiertes Glimmen in den Augen verriet, dass er dem Marshal seine Offenheit nicht übel nahm. „Ich glaube, so ging es Cilla auch mit mir!"

„Du gehörst einfach zur Familie", murmelte der Marshal, immer noch ernsthaft bemüht, eine Formulierung zu finden, die sein Verhältnis zu dem Mann am Klavier am treffendsten beschrieb.

„Selbst, wenn man keine hat!", warf der Irre grinsend aus seiner Ecke ein.

Elvis lachte, doch sein Lachen war nicht mehr so hell, nicht mehr so unbekümmert, nicht mehr so ansteckend. Es klang müde.

„Fan oder nicht, jetzt gibt es Wichtigeres, Ladies! Es sind nur noch ein paar Stunden bis Tagesanbruch, und ihr braucht euren Schönheitsschlaf, denn nachher müsst ihr fit sein. Lonan erwartet euch um 20 Uhr. Pünktlich!"

„Er weiß schon, dass wir kommen?", fragte der Irre überrascht.

„Ist alles arrangiert", antwortete Elvis geheimnisvoll und mit jenem befriedigten Lächeln auf den Lippen, das dem Marshal schon bei ihrer ersten Begegnung aufgefallen war. „Den Spaß hab ich mir nicht nehmen lassen. Hab mich bemüht, meinem Englisch einen deutschen Akzent zu verpassen und den Namen irgendeines eurer Magazine genannt, die online zu finden sind. Meinte, einer unserer Journalisten sei wegen der Übergabe des Pink Cadillac in der Stadt und wolle gerne ein Interview mit Elvis' persönlichem Juwelier führen. Er hat natürlich meine Stimme erkannt und war ziemlich verwirrt!" Elvis lachte bei der Erinnerung in sich hinein. „ ‚Mr. Ways', hab ich zu ihm gesagt, ‚dass meine Stimme wie die von Elvis klingt, ist zwar das größte Kompliment, das mir je gemacht wurde, aber Sie hören ja sicher meinen deutschen Akzent und wissen außerdem schon, dass der Mann seit vierzig Jahren tot ist, oder?' Das war ihm ziemlich peinlich, er fürchtete wohl, für senil gehalten zu werden."

„Und wo …"

„Die Adresse könnt ihr googeln, ist zum Glück nicht weit von hier. Seht zu, dass ihr euch nicht verquatscht und mir den richtigen Spiegel zurückbringt. Ich brauche ihn bis spätestens Mitternacht! Mit Ablauf meines vierzigsten Todestages, also des heutigen 16. August, erfolgt mein Übergang in die nächste Dimension, und ich will sichergehen, dass ich im Jenseits keinen Ärger von Mama kriege, weil ich im Diesseits nicht auf ihren Cadillac aufgepasst habe. Alles klar?" Dass Elvis bei seiner Mum keinen Spaß verstand, war bekannt. Die Männer nickten. „Wenn ihr zeitig zurück seid und den richtigen Spiegel mitbringt, habt ihr einen Wunsch bei mir frei", fuhr Elvis versöhnlicher fort. „Gibt es etwas, womit ich euch eine Freude machen könnte?"

Der Blick des Marshal begegnete der Sonnenbrille des Irren. Er musste nicht lange nachdenken, da es immer sein Traum gewesen war, eine der Original-*TCB*-Ketten zu besitzen, mit denen Elvis nur besondere Vertraute aus seinem Umkreis ausgezeichnet hatte. Wie sehr sich auch die Beschenkten, viele aus dem Kreis der Memphis Mafia und der Leibwächter, dieser Ehre bewusst gewesen waren, ließ sich daran ablesen, dass sie ihre Ketten immer für alle sichtbar über ihren Hemden getragen hatten. *Taking Care of Business* war ihre Mission gewesen. Nun war es am

Marshal und dem Irren, für Elvis eine Mission zu übernehmen. Doch ehe der Marshal seine Gedanken teilen konnte, kam ihm der Irre zuvor:

„Das Obergeschoss", sagte er so leise, als sei ihm bewusst, wie ketzerisch sein Wunsch war. „Würdest du uns das Obergeschoss zeigen?"

Elvis schaute erst den Irren, dann den Marshal an und wendete sich wieder seinem Klavier zu, um scheinbar wahllos einige Tasten anzuspielen.

„Wie ich schon sagte, das ist privat", brummte er.

„Meinst du nicht, dass alles, was wir hier in den letzten Tagen mit dir geteilt haben, irgendwie verdammt privat war?"

Der Marshal bewunderte den Irren insgeheim für seinen Schneid. Elvis spielte ohne erkennbare Reaktion ein, zwei Akkorde auf dem Klavier, setzte sich dann auf, als habe er eine Entscheidung getroffen und sagte:

„Das Obergeschoss, na meinetwegen. Ihr werdet enttäuscht sein, ist nichts Besonderes. Nicht viel Platz da oben. Cilla und Lisa-Marie haben tatsächlich nichts Wesentliches verändert in den letzten vierzig Jahren, ist die reinste Zeitkapsel!"

Die Männer schwiegen fasziniert, und der Marshal sah sich im Geiste mit Elvis die Treppe ins Obergeschoss hinaufsteigen. Früher hatte er immer gedacht, die Tür auf der linken Seite des Treppenabsatzes oben führe in Elvis' Privaträume. Erst durch seine späteren Online-Recherchen war ihm klar geworden, dass von dort lediglich ein Weg nach unten in die Küche führte und der Zugang zum eigentlichen Obergeschoss durch eine weitere, von unten nicht einsehbare Tür auf der rechten Seite erfolgte.

„Aber immer eins nach dem anderen!", riss ihn Elvis in diesem Moment aus seinen Träumen. „Es geht auf drei Uhr morgens, und vor genau vierzig Jahren habe ich hier gesessen und die letzten Songs meines Lebens gesungen – welche genau, darüber streiten sich bis heute die Geister!" Ein kurzer Blick nach links und rechts, ein stummes Lächeln in den verquollenen Augen. „Mir ist gerade nicht so nach Musik, aber ein Lied sollten wir in Erinnerung an meinen glorreichen Abgang damals noch singen …"

„*Unchained Melody* ist mir zu traurig", maulte der Marshal.

„*Blue Eyes Crying*?", schlug der Irre vor.

„Nein", sagte Elvis. „Wir singen jetzt Gospel!" Und mit einem Seitenblick auf den Marshal: „Auch wenn's den Gottlosen unter uns vielleicht nicht passt!"

„Hab deine Gospels immer geliebt", konterte der Marshal und musste dabei nicht lügen. „Zugegeben, die Texte blende ich meistens aus, selbst wenn ich sie mitsinge, aber … wenn du Gospel singst, dann ist das reiner Soul und dreht sich nicht nur um Religion. Auch wenn dir das vielleicht nicht passt!"

Er mochte es, mit Elvis die Klingen zu kreuzen, auch wenn immer die Unsicherheit darüber mitschwang, wie dieser reagieren würde. Widerworte war der Herr von Graceland aus seinem ersten Leben nicht gewohnt.

„Ihr wisst, mein Glaube war mir immer sehr wichtig", griff Elvis die kleine Provokation des Marshal auf. „Ich bin so aufgewachsen, und das hat mich … na, ihr wisst schon, das hat mich geprägt. Dachte immer, der Herr wird mir die Richtung weisen, und hab nicht gemerkt, wie ich mich in den letzten Jahren immer mehr verirrte. Wo war er da? Dann endete das Leben … und ging in einer anderen Dimension irgendwie weiter. Und was kommt jetzt? Ganz ehrlich, ich weiß es nicht. Vielleicht bringt die neue Welt mehr Klarheit."

„Ich wünsche es dir", sagte der Marshal und ertappte sich im selben Moment bei dem Gedanken, wie spannend es wäre, zu erfahren, wie es Elvis in der nächsten Dimension ergehen würde.

„Vielleicht geht es ja so weiter", wandte sich Elvis wieder dem Klavier zu und stimmte an: *I'm gonna walk, walk dem golden stairs.* „Remember?" Natürlich erinnerten sie sich. „Den Refrain am Anfang und nach den Strophen singen wir gemeinsam, den Rest übernehm ich! Text kennt ihr?"

„Ungefähr, aber nicht Wort für Wort", murmelte der Irre und zückte sein Smartphone. Der Marshal tat es ihm nach. Dann ertönte auch schon das Klavier, und die drei Männer sangen wie aus einem Mund:

I'm gonna walk, walk dem golden stairs
'Cause I know my Jesus answers all my prayers
Well, well I know when he calls me to my home on high
I'll walk dem golden stairs when I die, when I die

Nun war Elvis allein an der Reihe und übernahm die erste Strophe:

Oh Lord, you know I can hardly wait
To reach that suite by and by by by
And now I see those pearly gates
I'll walk dem golden stairs when I die, when I die
Well, well, well

Als sie wieder in den Refrain einfielen, vermischten sich im Kopf des Marshal, wie schon zuvor im *Jungle Room*, die Klänge im Raum mit denen der bekannten Aufnahme ; die tiefe, gleichzeitig mächtige und müde Stimme des Elvis neben ihm mit dem fast jugendlichen Organ des Elvis der frühen Sechzigerjahre; die eigenen Stimmen mit denen eines Chors, den die Augen nicht sahen und dessen Kraft den Marshal dennoch innerlich erbeben ließ. Elvis bearbeitete beidhändig das Klavier und kam dabei so in Hitze, dass der Schweiß von seiner Stirn auf die Tasten tropfte, während er in die letzte Strophe verfiel:

When Jesus says to me well done
And all my cares are laid by
I'll lay down my soul, my battles are won
I'll walk dem golden stairs when I die when I die
Well, well, well

Sie hoben ein weiteres Mal zum Refrain an, und der Marshal hoffte, dass Elvis nicht hörte, wie seine Stimme brach:

I'm gonna walk, walk dem golden stairs
'Cause I know my Jesus answers all my prayers
Well, well I know when he calls me to my home on high
I'll walk dem golden stairs when I die, when I die

Als die letzte Silbe sich in den Höhen der Galerie verloren hatte, war der Marshal plötzlich zurück in der Neuen Straße. So, genau so war das Gefühl gewesen, wenn er sich bei seinen im Dunkeln abgehaltenen Elvis-Konzerten auf imaginären Bühnen als König feiern ließ und die Nadel des Plattenspielers sich nach den letzten Tönen wieder hob. Es schloss sich ein Kreis. Erst jetzt warf er einen Blick auf den Irren, der wie nach einer großen Anspannung erschöpft in seinem Sessel hing, während Elvis in seiner Haltung verharrte und immer noch die Hände über dem Klavier hielt, als wolle er jeden Moment wieder beginnen, zu spielen. Nun wandte er sich um und schien im Gesicht des Marshal etwas zu entdecken, das er nicht deuten konnte.

„What's up?"

„Nichts weiter", entgegnete der Marshal, und sein Blick ging an Elvis vorbei. „Ich habe mir nur gerade überlegt, dass sie diesen Song auf meiner Beerdigung spielen sollen."

Das Interview

Ein Veggieburger. Von Elvis. Ausgerechnet! Zu Lebzeiten hatte der Mann mit seinem Burgerkonsum noch die Arbeitsplätze in der Fleischindustrie gesichert, und als Untoter, der mutmaßlich gar nichts mehr zu sich nehmen musste, war er plötzlich zum Überzeugungsvegetarier geworden? Sie standen wieder in der Küche, und der Marshal hielt dem Irren mit hochgezogenen Augenbrauen die Packung mit den Veggie-Bratlingen vor die Nase, die er gerade aus dem Kühlschrank gefischt hatte. Dieser zuckte ungerührt mit den Achseln und griff sich eine der Pfannen, die neben dem Herd an der Wand hingen. Wenn es in den letzten Tagen so etwas wie einen roten Faden gab, dann war es die Erkenntnis, wie schnell das Unnormale – nein, das Undenkbare, das Absurde – zur Normalität werden konnte.

Dem Marshal kam unwillkürlich ihre erste Begegnung mit Elvis in den Sinn: „*Das* gibt euch zu denken?" hatte er sich amüsiert, als sie sich in erster Linie von seinem makellosen Deutsch überrascht gezeigt hatten und nicht von der Tatsache, dass er vierzig Jahre nach seinem Ableben in Fleisch und Blut vor ihnen saß. Während er gedankenverloren weitere Zutaten für ihr abendliches Frühstück aus dem Kühlschrank räumte, registrierte der Marshal eine gewisse Wehmut bei dem Gedanken an jenes erste Zusammentreffen, mit dem alles begonnen hatte, so als wäre schon jetzt alles vorbei, als hätte sich Elvis schon verabschiedet und sie stünden kurz davor, in ihre alte Welt zurückzukehren. Was würde den Marshal dort erwarten? Ein schäumender Renner. Schadensersatzansprüche von EPC. Eine endgültig ruinierte Dolmetscherkarriere und damit einhergehende finanzielle Turbulenzen. Und im schlimmsten Fall der erneute Griff zur Flasche. Nein, er wollte am liebsten gar nicht zurück! Die Tür des Kühlschranks krachte mit unbeabsichtigter Heftigkeit ins Schloss, und der Marshal meinte, hinter den dunklen Sonnenbrillengläsern des Irren eine Mischung aus Tadel und Verwunderung zu erahnen.

Sie aßen mit wenig Appetit, was angesichts der langen Zeit, in der sie hauptsächlich Flüssigkeit zu sich genommen hatten, erstaunen musste. Möglicherweise erging es ihnen innerhalb ihrer Blase ähnlich wie dem Hausherrn, der nach eigener Aussage nur noch „aus reiner Gewohnheit" aß und trank – ein Zustand, an den man sich gewöhnen konnte.

„Heute wird er uns wohl nicht wieder zum Jammen nach nebenan rufen", sagte der Irre nun in die Stille hinein und biss lustlos in seinen Burger.

Er schien von der gleichen Wehmut erfüllt wie der Marshal. Nein, Elvis würden sie erst wieder gen Mitternacht sehen, und auch dann nur, um Abschied zu nehmen, das hatte er unmissverständlich klargemacht. Als letzte gemeinsame Unternehmung blieb nur die versprochene Führung durch das Obergeschoss von Graceland, wenn sie ihre Mission erfolgreich abschlossen.

„Ihr wisst ja mittlerweile, wie das läuft", hatte Elvis gesagt, als sie zwischen drei und vier Uhr morgens das Racquetball-Gebäude verließen und sich über die vertraute Passage entlang des rückseitigen Geländes dem Hintereingang näherten. Die *Vigil* auf der anderen Seite und im *Meditation Garden* hatte sich der relativen Stille nach zu urteilen weitgehend aufgelöst. Nur einige Hartgesottene würden wahrscheinlich bis Tagesanbruch weiter an dem Grab ausharren, das keines war. „Ihr habt meinen früheren Schlafrhythmus übernommen, das heißt, ihr werdet wieder erst am späten Nachmittag erwachen." Die Formulierung hatte den Marshal aufhorchen lassen. Elvis wusste, wie lange sie schlafen und wann sie wieder aufwachen würden, es war eine Ankündigung, keine Einschätzung.

Sie hatten Graceland durch den Hintereingang betreten, und die Männer waren an der Schwelle zu ihrem Schlafzimmer stehengeblieben, während sich Elvis anschickte, die Treppe ins Untergeschoss zu nehmen.

„Gehst du nicht nach oben?", war es dem Marshal herausgerutscht, und er empfand seine Frage im selben Moment als taktlos.

„Als ich vor genau vierzig Jahren in derselben Situation mit Ginger nach oben gegangen bin, führte das zu keinem guten Ende. Nicht, dass ich abergläubisch wäre …" Ein schiefes Grinsen aus müden Augen. „Ich gehe lieber nach unten und schaue noch ein bisschen Fernsehen. Vielleicht gibt es mal wieder eine dieser Sendungen, in denen ich die ‚Wahrheit' über mich erfahren kann. Also, *so long* und viel Glück für euer Treffen mit Lonan, ich zähl' auf euch! Der Rucksack in eurem Zimmer enthält alles, was ihr braucht. Und lasst euch bloß nicht einfallen, mit dem Fake-Spiegel zurückzukommen, mir macht ihr nichts vor!"

Der Marshal hatte verlegen geschwiegen, er fühlte sich ertappt, da er in der Tat kurz mit dem Gedanken gespielt hatte, die strafbare Öffnung des Tresors zu umgehen, indem sie Elvis nach ihrer Rückkehr einfach die Kopie als das Original verkauften. Angesichts der Signatur auf der Rückseite war dieser Gedanke allerdings töricht, und es entsprach im Übrigen auch nicht dem Geist von *TCB* und dem Anspruch des Marshal an sich selbst.

„Seht zu, dass ihr spätestens eine halbe Stunde vor Mitternacht zurück seid, wenn ihr noch das Obergeschoss sehen wollt!", hatte Elvis noch gerufen, als er die enge Treppe ins Untergeschoss hinabstieg. Dann waren die Männer, wie in den Nächten zuvor, in ihr Zimmer gegangen und auf ihrem Doppelbett übergangslos in einen komatösen Schlaf verfallen.

Wie von Elvis vorhergesagt, waren sie erst am späten Nachmittag wieder erwacht. Sie hatten sich davon überzeugt, dass der Sonnenkönig Ludwig XIV. weiterhin als unsichtbarer Monarch Wohn- und Esszimmer wie eine besetzte Kolonie beherrschte, deren roter Samt dem Marshal plötzlich bedrückend erschien. Hatten mit einem Blick aus dem Fenster festgestellt, dass draußen vor dem Haus die letzten Aufräumarbeiten nach der vergangenen *Vigil* liefen und dabei vergeblich nach Priscilla und Lisa-Marie Ausschau gehalten. Hatten in der Karten-App ihrer Smartphones recherchiert, dass Lonan Ways nicht weit von ihrem Standort lebte, man jedoch gezwungen war, das weitläufige Gelände von Graceland zu umlaufen, sodass sich der Fußweg auf eine gute halbe Stunde addierte, wenn man nicht querfeldein über die Nachbargrundstücke gehen wollte, was in diesem Land lebensgefährlich sein konnte. Waren abwechselnd in dem kleinen Bad neben ihrem Zimmer damit beschäftigt gewesen, ihre Drei-Tage-Bärte zu rasieren und sich für ihren Termin „in Schale zu werfen", wie der Marshal es formulierte. Und hatten dann beschlossen, die verbleibende Zeit für einen Imbiss zu nutzen, den ihre erstaunlich genügsamen Mägen achselzuckend zur Kenntnis nahmen.

„Was ist eigentlich mit dem Rucksack?", fragte der Marshal nun, der gerade im Geiste die Checkliste für ihre bevorstehende Mission durchging. „Haben Sie den gesehen?"

„Nein, hab nicht drauf geachtet, aber wenn Elvis sagt, dass er alles für uns vorbereitet hat, dann wird das auch so sein!", entgegnete der Irre überzeugt. „Übrigens, da

Sie offiziell der Einzige sind, der mit Ways auf Englisch kommunizieren kann, wird es wohl am besten sein, wenn Sie bei ihm bleiben, während ich unter einem Vorwand den Raum verlasse, um den Tresor zu suchen und die Spiegel zu tauschen. Sollte es dabei irgendwelche Komplikationen geben, schicke ich Ihnen eine SMS, also behalten Sie Ihr Handy unauffällig im Auge. Mobile Daten haben Sie?"

„Sicher!", entgegnete der Marshal fast beleidigt. Er war durchaus technikaffin, musste jedoch zugeben, die rasante Entwicklung der letzten Jahre im Multimedia-Bereich kaum nachvollzogen zu haben, da er immer tiefer in Suff und Depression versunken war. Sein altes Handy tat noch seinen Dienst, ließ jedoch die meisten Funktionen moderner Geräte vermissen.

Die Männer beendeten ihr abendliches Frühstück und kehrten in ihr Zimmer zurück, wo sie, angelehnt an Minnie Maes Kommode, einen kleinen Rucksack vorfanden, der neben dem Spiegel und einigen Schreibutensilien auch zwei erstaunlich authentisch wirkende ID-Karten enthielt, von denen die eine den Irren als Pressevertreter und die andere den Marshal als *Interpreter*, also Dolmetscher auswies. Elvis hatte an alles gedacht, nun war es an ihnen, ihre Mission zu erfüllen. Als sie feststellten, dass der Abend schneller vorangeschritten war als gedacht und die Uhr im Wohnzimmer bereits Viertel vor acht zeigte, erschraken sie. Soeben wollte der Marshal eilig das Haus durch den Haupteingang verlassen, da griff ihn der Irre am Arm.

„Elvis hat doch gesagt, wir sind auf dem gesamten Gelände in einer Art Tarnkappenmodus, solange er da ist, oder?"

„Eben", schüttelte der Marshal die Hand an seinem Arm mit hörbarer Verärgerung ab. „Deswegen können wir ja auch hier vorne raus!"

„Ich habe eine bessere Idee", raunte der Irre verschwörerisch. „Kommen Sie!"

Widerwillig folgte der Marshal seinem seltsamen Kumpan, der zielstrebig in den hinteren Teil des Hauses zurücklief, um sodann durch den Hinterausgang das Gebäude zu verlassen. Selber dem von Elvis zugesicherten Tarnkappenmodus offenbar nicht trauend, vergewisserte er sich kurz, dass niemand zu sehen war, und lief in gerader Richtung los, bis ein niedriger Zaun ihn stoppte.

„Eine Abkürzung?", japste der Marshal etwas atemlos, als er den Irren eingeholt hatte.

„Habe mir das vorher in der Karten-App im Satellitenmodus angeschaut", sagte der Irre und musterte prüfend ihre Umgebung. „Sehen Sie da drüben, wo die kleine Zufahrtsstraße in einer Sackgasse endet?" Er deutete querfeldein in nördlicher Richtung. „An dieser Ecke stehen zwei Häuser, deren Baumbestand uns etwas Sichtschutz bietet, sodass wir zwischen ihnen durchlaufen und direkt auf den Punkt stoßen, wo der Charles Drive auf den Lehr Drive trifft. Von dort sind es dann nur noch gut zehn Minuten bis zu Ways, und wir haben mindestens eine Viertelstunde Fußweg um das Gelände herum gespart."

„Klingt gut", sagte der Marshal anerkennend, dessen mangelnder Orientierungssinn sie wahrscheinlich zurück in die Beale Street geführt hätte. „Ich frage mich nur, welche dieser ganzen Zäune hier die Außengrenze von Graceland und welche nur eine Abgrenzung innerhalb des Geländes markieren. Wäre gut zu wissen, ab welchem Punkt wir für andere wieder sichtbar werden!"

„Ich vermute zwar, dass die ganzen Freiflächen hier, einschließlich der Sackgasse dort hinten, noch zum Anwesen zählen, aber sicher sein kann man sich nicht, also lassen Sie uns einfach einen Zahn zulegen. Aber nicht rennen, das wäre zu auffällig, falls uns jemand sieht!"

Sie durchquerten zügigen Schrittes, jedoch bemüht, etwaigen Beobachtern entspannte Normalität zu suggerieren, nordwärts das Gelände und hatten nach wenigen Minuten und drei selbst vom Marshal mühelos überwundenen Zäunen die von dem Irren bezeichnete Sackgasse erreicht.

„Da diese Zufahrt direkt vom Hauptportal Gracelands hierherführt, sind wir wahrscheinlich immer noch auf dem Anwesen und somit unsichtbar, aber gehen wir lieber kein Risiko ein und schlagen uns hier schnell in die Büsche", flüsterte ihr selbsternannter Scout nun beschwörend hinter seinen dunklen Gläsern, und der Marshal konnte sich des Eindrucks nicht erwehren, dass der Irre das Ganze als eine Art Schnitzeljagd betrachtete.

Als sie kurz darauf an dem kleinen Wendekreis standen, der zu ihrer Rechten in den Charles Drive und linkerhand in den Lehr Drive mündete, atmeten sie erleichtert auf. Niemand hatte sie angehalten und zur Rede gestellt, bis hierher war das Unternehmen geglückt, doch eines war klar: Sie waren ab sofort wieder für die Außenwelt sichtbar, denn Graceland lag nun auf der anderen Seite, hinter den Häusern, die direkt vor ihnen den Charles Drive säumten.

„Hier entlang!", kommandierte der Irre, nachdem er sich nochmals kurz auf seinem Smartphone der Route versichert hatte. Sie setzten ihren Weg fort und passierten verschiedene Straßen, die auffällig menschenleer waren und typisch anmutende Südstaatennamen wie Old Hickory Road oder Huckleberry Street trugen. Wie vom Irren vorhergesagt, war keine Viertelstunde vergangen, bis die Männer ein letztes Mal abbogen und sich erneut in einer Sackgasse fanden, an deren Ende ein Anwesen sofort ins Auge fiel.

„Hier müsste es sein", murmelte der Irre und musterte den im Sockelbereich verklinkerten Bau, dessen darüberliegendes Holzgeschoss mit der langen, offenen Veranda an eine Lodge erinnerte. „Hinten im Garten zeigt der Satellit noch einen großen Pool. Ist ja ganz schmuck, aber um ehrlich zu sein, habe ich mir das Haus von Elvis' Juwelier irgendwie spektakulärer vorgestellt!"

„Ganz schmuck passt", grinste der Marshal, um sofort fast entschuldigend hinzuzufügen: „Wortspiele sind so eine Art Dolmetscherkrankheit."

„Schon gut", brummte der Irre. „Hauptsache, der Herr Dolmetscher vergisst nicht, dass jetzt gleich ein Job auf ihn wartet!"

„Danke für die Erinnerung!" Der Marshal grinste. Vor diesem Einsatz war ihm nicht bange. „Und Sie kümmern sich um den Spiegel. Meine ID-Card brauche ich noch!" Er deutete auf den Rucksack, den der Irre lässig um die Schulter hängen hatte.

Sie hatten sich während ihres Gesprächs dem durch eine weiße Umzäunung hervorgehobenen Eingangsbereich des Hauses genähert und blieben nun vor einer schmiedeeisernen Glastür stehen. Da keine Klingel zu entdecken war, setzte der Marshal gerade an, zu klopfen, als die Tür sich bereits öffnete.

„Right on time, that's how we know you Germans!", lachte ein älterer Herr sie an, und sein prüfender Blick aus wachen Augen hinter einer altmodisch wirkenden runden Hornbrille stand in leichtem Kontrast zu seiner betonten Jovialität. Er war von kleiner Statur, und seine Glatze säumte ein grauer Haarkranz.

„Er sagt, unsere Pünktlichkeit sei typisch deutsch", übersetzte der Marshal für den Irren, dessen Englisch durch seine halbirische Abstammung wahrscheinlich besser war, als sein eigenes.

„Vielen Dank", brummte dieser, ohne eine Miene zu verziehen. „Was würde ich nur ohne Sie anfangen?"

Der Marshal stellte sich und den Irren vor. Leider spräche sein Begleiter kaum Englisch, daher wäre er als Dolmetscher dabei, doch das sei eigentlich nur die halbe Wahrheit, da er vor allem die Gelegenheit nutzen wolle, Elvis' Freund und persönlichen Juwelier kennenzulernen. Ways lächelte höflich, ließ es sich jedoch nicht nehmen, noch während sie in der Tür standen die ID-Karten der Männer zu inspizieren. Alles in Ordnung, nickte er, und fuhr in breitem Südstaaten-Englisch fort: Der Gentleman mit der Sonnenbrille – schade, dass er kein Englisch spräche – sei also Journalist eines deutschen Magazins … wie hatte die Agentur, die den Termin buchte, es noch genannt? Richtig, davon habe er schon gehört. Kurios, dass er von jemandem angerufen worden sei, der original wie Elvis klang. Er müsse es schließlich wissen. Allerdings habe der Anrufer einen deutschen Akzent gehabt.

„And you're the interpreter? Why does your face look familiar?"

Der Marshal hatte damit gerechnet, dass sein Gesicht Ways bekannt vorkommen würde und konnte dennoch nicht verhindern, dass ihm das Blut in den Kopf schoss. Ja, er habe einen wenig rühmlichen Auftritt bei der Übergabe des Pink Cadillac an den deutschen Elvis Presley Club gehabt. Waren Sie auch dort? Ach, wissen Sie, ich habe kurz vor dem Einsatz etwas getrunken, das mir nicht bekommen ist. Dazu die mörderische Hitze. Ich verspreche Ihnen aber, dass ich heute bei Ihnen nicht kollabieren werde, Ehrenwort!

Die Charme-Offensive des Marshal schien zu funktionieren, denn Ways lachte wohlwollend und winkte die Männer herein. Wie schon in Graceland, so wirkte auch dieses stattliche Haus von innen erstaunlich beengt. Ways, der sich für einen Mann von annähernd achtzig Jahren mit erstaunlicher Wendigkeit bewegte, ging voran und führte sie ins Wohnzimmer, wo er sich trotz des tadellosen Zustands für die Unordnung entschuldigte.

„My wife passed away last year", fügte er hinzu, und seine Stimme schien leicht zu beben.

„Die enorme Unordnung kommt daher, dass seine Frau letztes Jahr gestorben ist", dolmetschte der Marshal ironisch für den Irren ins Deutsche.

„So eine Ordnung würde ich mit oder ohne Frau nicht hinbekommen", erwiderte der Irre mit unbewegter Miene, und Ways schaute den Marshal erwartungsvoll an.

„Sorry for your loss!", sprach dieser zunächst ihr Beileid aus und gab anschließend die Aussage des Irren wider, die Ways mit einem Lächeln quittierte.

Er wies die Männer an, auf dem Sofa Platz zu nehmen, verschwand einen Moment in der angrenzenden Küche und kehrte mit einem Tablett zurück, auf dem sich neben einer Flasche Mineralwasser und drei Gläsern ein Fläschchen mit einer durchsichtigen Flüssigkeit und drei Schnapsgläser befanden. Der Marshal hatte das Gefühl, als werde sein Blut bei dem Anblick wie von einem Bunsenbrenner erhitzt. Ways stellte das Tablett auf einen gläsernen Beistelltisch, der die beiden Sofagarnituren voneinander trennte, schenkte etwas Wasser ein und nahm den Männern gegenüber Platz.

Er fühle sich geehrt, lächelte er, dass ein deutsches Magazin sich für Elvis' Juwelier interessiere. In der Tat könne er von sich behaupten, mit Elvis in seinen letzten Lebensjahren über die reine Geschäftsbeziehung hinaus gut befreundet gewesen zu sein und auch seine extravagantesten Wünsche erfüllt zu haben.

„Our nickname for Elvis was ‚Crazy‘. You never knew what he was gonna do next", lachte der alte Mann kopfschüttelnd, was sich mit den Erfahrungen der Männer deckte: Man wusste nie, was Elvis als Nächstes anstellen würde.

„Sieht so aus, als ob Sie mit Elvis den gleichen Spitznamen teilen", stellte der Marshal trocken fest und warf dem Irren einen Blick zu, der mit unbewegter Miene auf seinem Block Notizen machte.

Das hatte offenbar eine motivierende Wirkung auf Ways, denn er geriet so in Fahrt, dass sich der Marshal genötigt sah, ihm gelegentlich ins Wort zu fallen, um eine Verdolmetschung für den vermeintlich unkundigen Irren vorzutäuschen. Er habe nicht selten mitten in der Nacht Anrufe von Elvis erhalten, plauderte Ways, und hätte sich mehr als einmal in den Flieger setzen müssen, um für die ausgefallenen Schmuckvorstellungen seines Klienten die richtigen Edelsteine aufzutreiben.

„Dafür hat er sich bestimmt ‘ne goldene Nase an diesen Aufträgen verdient", murmelte der Irre, und Ways schaute erwartungsvoll zum Marshal.

„What did he say?"

„He says that must have been quite strenous at times", dolmetschte der Marshal ebenso falsch wie höflich.

Oh ja, lachte Ways, das sei in der Tat manchmal stressig gewesen, aber bei einem solchen Kunden gälten einfach andere Regeln. Er habe ein Juweliergeschäft in Germantown, einem Vorort von Memphis gehabt, fuhr er fort und blinzelte vielsagend mit den Augen.

„Looks like your ancestors were big here!“

Der Marshal grinste den Irren an.

„Unsere Vorfahren aus Germantown die große Nummer in Tennessee? Weiß ich nichts von. Haben Sie in Geschichte aufgepasst?“

„Sechs, setzen!“, kommentierte der Irre trocken.

Jedenfalls, fuhr Ways fort, habe ihn diese Verpflichtung daran gehindert, Elvis' Wunsch nachzukommen und ihn auf jeder Tour mit seinem braunen Schmuckköfferchen persönlich zu begleiten. Also habe er ihm das gute Stück einfach mitgegeben und Elvis habe sich genommen, was er brauchte, schließlich sei ihm die Zahlenkombination bekannt gewesen.

„Wenn es die gleiche Kombination wie vom Tresor ist, kennen wir sie auch“, sagte der Marshal an den Irren gewandt und nickte Ways freundlich zu, der jedes Mal geduldig wartete, bis die vermeintliche Verdolmetschung des letzten Abschnitts abgeschlossen war. Dieses Spiel begann, Spaß zu machen.

Eigentlich habe Elvis mehr Schmuckstücke für andere geordert als für sich selbst, fuhr Ways fort. Als das Publikum bei einer Show in North Carolina 1975 nicht mit der gebotenen Begeisterung reagierte, habe sich Elvis kurzerhand das Köfferchen auf die Bühne bringen lassen und wahllos Schmuckstücke an die Zuschauer in der ersten Reihe verteilt. „If he wanted something, he was all-in. He didn't care about the money!“

Der Marshal lachte leise. Man musste den Kerl für all seine Verrücktheiten einfach lieben. Und war es nicht auch eine Form von *Taking Care of Business*, immer aufs

Ganze zu gehen, um das zu erreichen, was man wollte, und sich dabei nicht ums Geld zu scheren?

„Fragen Sie ihn mal, welches das wichtigste Schmuckstück ist, das er je für Elvis hergestellt hat", schlüpfte der Irre nun in seine Rolle als Journalist.

„Oh, that must be the *TCB* ring!", rief Ways fast euphorisch aus, nachdem der Marshal ihm die Frage verdolmetscht hatte. Elvis habe ein Schmuckstück gewünscht, das ihn und seine Philosophie förmlich atme, fuhr er sichtlich erregt fort und benutzte dafür tatsächlich das englische Wort *breathe*. 35.000 Dollar sei ihm das gute Stück wert gewesen, und am Schluss sei Elvis so begeistert gewesen, dass er ihm als Dreingabe noch einen funkelnagelneuen Lincoln Mark III Cartier vor die Tür gestellt habe.

Während der alte Mann fortfuhr, von dem elfeinhalbkarätigen Solitär und den weiteren 55 Diamanten zu schwärmen, die er in seinem Paradering verarbeitet hatte, sah der Marshal vor seinem geistigen Auge Elvis neben sich auf der Couch im Fernsehzimmer sitzen. „Warum zeigen die eigentlich immer nur Bilder von mir aus den Fünfzigern?", hatte er gefragt und dabei mit seinem *TCB*-Ring auf den Fernseher gezeigt. Offenbar hatte der Irre ähnliche Gedanken, denn nachdem Ways' Redefluss versiegt war, bemerkte er:

„Am liebsten würde ich ihm jetzt sagen, dass Elvis den Ring immer noch trägt, aber was würde das nützen?"

Der Marshal wandelte die Aussage des Irren in der englischen Verdolmetschung so ab, dass Elvis den Ring bestimmt auch noch im Jenseits trage, wenn dies möglich sei, und Ways nickte dankbar. Ja, das täte er bestimmt. Und übrigens ließe sich eine exakte Replika dieses und anderer Schmuckstücke auf seiner Webseite ordern.

„Haben Sie genug Kleingeld dabei?", ulkte der Marshal an den Irren gewandt.

„Kann ich mir weder als Journalist noch als Beamter leisten", brummte der Irre, dessen Missmut ebenso echt wie gespielt sein konnte. Diesmal wartete Ways die Verdolmetschung nicht ab, sondern rief, als folge er einer plötzlichen Eingebung:

„Gentlemen, it's time for a drink!"

Mit diesen Worten griff er zu der kleineren Flasche auf dem Tablett und schickte sich an, die Schnapsgläser zu füllen.

„Not for me, thank you!", wehrte der Marshal höflich ab, und Ways hielt erstaunt inne. Dann beugte er sich in verschwörerischer Manier über den Tisch.

„Das ist mein Selbstgebrannter aus dem Keller. Verpetzt mich bloß nicht bei der *Memphis Police*. Ich gebe zu, seit ich Angela verloren habe, trinke ich ein bisschen mehr, als gut ist, aber es betäubt den Schmerz, das versteht ihr doch, oder?"

Ja, der Marshal verstand sehr gut, was Ways meinte, und genau deswegen musste er jetzt standhaft bleiben. Ein stechender Duft stieg ihm aus der geöffneten Flasche in die Nase, und es fühlte sich an, als träfe er einen alten Freund, den man mochte, obwohl man wusste, dass er kein guter Einfluss war. Ihr Gastgeber schien seine widerstreitenden Gefühle zu bemerken und hakte nach, wobei er mutmaßlich ebenso von guter Absicht getrieben war wie seinerzeit Lisa-Marie vor dem großen Auftritt des Marshal:

„Just one drink, it's really nothing!"

Nur einen, das ist doch gar nichts, das sagten die Leute immer, egal ob man sich diesseits oder jenseits des Großen Teichs befand.

„I really shouldn't …", wehrte der Marshal ein weiteres Mal schwach ab, doch Ways war schon dabei, die Gläser zu befüllen.

„Come on", lachte er in offenkundiger Vorfreude. „You'll love it, I know you do!"

Der Marshal hatte plötzlich wieder das Gefühl, neben sich zu stehen und nur noch passiv, quasi als Zuschauer seiner selbst, dem Geschehen zu folgen. Gerade sah er seine Hand nach dem dargebotenen Glas greifen, da erklang es neben ihm wie aus dem Off:

„No, he doesn't, he's still sick!"

Die Hand des Marshal blieb auf halbem Weg in der Luft hängen. Dabei war es weniger die ungewohnte Schärfe in der Stimme des Irren, die ihn erstarren ließ, als vielmehr der durchdringende Blick, der ihn völlig unvermittelt getroffen hatte.

Der Irre hatte zum ersten Mal seine Sonnenbrille in die Stirn geschoben und blickte dem Marshal direkt ins Gesicht. Dieser hatte schon mehrmals darüber spekuliert, welche Augenfarbe sich wohl hinter der dunklen Sonnenbrille verbergen mochte. Ein strahlendes Terence-Hill-Blau vielleicht. In jedem Fall etwas Spektakuläres. Doch wenn die merkwürdig farblosen, graublauen Augen überhaupt durch irgendetwas hervorstachen, dann höchstens durch ihren ernsten Blick, der den Marshal im visuellen Schwitzkasten hielt und eine lähmende Wirkung auf ihn ausübte. Es entstand ein kurzes, angespanntes Schweigen. Dann fragte Ways mit leiser Stimme, als wolle er den Zorn des deutschen Journalisten nicht weiter herausfordern:

„Still sick? What do you mean? And you do speak English after all, don't you!"

Der Marshal verkniff sich mühsam ein Stöhnen.

„Hundert Punkte, Liam! Jetzt weiß er, dass Sie Englisch sprechen. Und was soll ich auf die Frage sagen, wovon mir immer noch schlecht ist?"

„Von der Veranstaltung natürlich", antwortete der Irre ungerührt und schob sich wieder die Sonnenbrille auf die Nase. „Sagen Sie ihm, es hat Ihnen bei Ihrem großen Auftritt den Magen verhauen, und Sie wollen kein Risiko eingehen. Und dass ich ein paar Brocken Englisch beherrsche, macht den Kohl jetzt auch nicht fett."

Doch Ways war bereits misstrauisch geworden.

„Are you guys winding me up?", fragte er nun, und sein Lächeln konnte nicht darüber hinwegtäuschen, dass die Frage, ob seine beiden Gäste etwas im Schilde führten, ernst gemeint war. Nein, beeilte sich der Marshal zu versichern, sein Kollege, der über rudimentäre Englischkenntnisse verfüge, sei nur besorgt, da er nicht wolle, dass der Dolmetscher wegen seines angegriffenen Magens wieder kollabiere. Ways nickte, machte jedoch nicht den

Eindruck, als hätten ihn das gequälte Lächeln des Marshal und die unbewegte Miene des Irren überzeugt. Gut, dann bräuchten sie eben nur zwei Gläser, sagte er mit leichtem Missmut, Hauptsache, ich muss nicht alleine trinken. Er schenkte ein, schob dem Irren über den Tisch ein Schnapsglas zu und rief: „Salut, Gentlemen!"

Der Irre, der schon bei der nächtlichen Zechtour mit dem Marshal in Downtown Memphis seine Vorliebe für „Kurze" gezeigt hatte, schnupperte mit Kennermiene an dem dargebotenen Gläschen, schien mit dem Ergebnis zufrieden und kippte den Inhalt in einem Schluck hinunter.

„Aaaahhh!", machten beide Männer zeitgleich, als sie ihre Gläser wieder absetzten.

„Good stuff!", lobte Ways seine Eigenkreation. Eigentlich bekomme es ihm ja nicht, zu trinken, und er wisse hinterher manchmal gar nicht mehr, wie ihm geschehen sei, aber der Moment sei es wert oder etwa nicht?

Der Marshal schüttelte innerlich den Kopf und war dem Irren dankbar, dass er ihn in einem schwachen Moment vor sich selbst bewahrt hatte. Dafür schien der Mann mit dem Käppi und der Sonnenbrille jetzt selbst einen schwachen Moment zu haben. Er musterte anerkennend sein leeres Glas, als sei darin das Geheimnis des gelungenen Tranks zu finden, und leckte sich begehrlich die Lippen. Ways reagierte sofort und schenkte nach.

„Reißen Sie sich am Riemen, Liam, Sie haben hier gleich noch eine Aufgabe zu erfüllen!", mahnte der Marshal und bemühte sich um einen freundlichen Ton, damit Ways keinen Verdacht schöpfte.

„Mmh?"

„Der Tresor, gottverdammt!"

Es gelang dem Marshal nicht vollständig, seinen Ärger zu verbergen, also erklärte er Ways wahrheitsgemäß auf Englisch, er habe den Kollegen gewarnt, nicht zu viel zu trinken, da er schließlich noch zu arbeiten habe.

„Oh, he'll be fine", lachte Ways mit einer wegwerfenden Handbewegung. „If I can think of any more Elvis stories, you just jot down some notes and he can use them for his article afterwards."

Der Marshal biss sich auf die Lippen und verschluckte seine Antwort, dass er Dolmetscher und kein Journalist sei, der für andere Notizen mache, damit sie später einen Artikel daraus fabrizieren konnten. Jetzt galt es, Elvis' Auftrag zu erfüllen, und er konnte nicht zulassen, dass der verfluchte Alkohol ihm erneut ein Bein stellte. Doch während die Gläser im gefühlten Minutentakt geleert und neu befüllt wurden, wuchs in dem Marshal die Erkenntnis, dass der ursprüngliche Plan unmöglich eingehalten werden konnte. Er selbst musste den Tresor finden und die Spiegel austauschen, bevor es zu spät war. Dabei kam ihm zupass, dass der Irre trotz seines bereits deutlich angeheiterten Zustands geistesgegenwärtig genug war, sich mit ihrem Gastgeber in radebrechendem Englisch mühsam zu verständigen, was aufgrund seines perfekt gespielten deutschen Akzents und absichtlich verballhornter englischer Worte beide gleichermaßen zu belustigen schien. In einem Moment, als die Männer sich königlich über die vermeintliche Unfähigkeit des Irren amüsierten, das englische Wort für Aussprache, *pronunciation*, korrekt auszusprechen, griff sich der Marshal kurzentschlossen den Rucksack und stand auf.

„Excuse me, where's the bathroom?", erkundigte er sich bei Ways nach dem Badezimmer.

„Right here, on the first floor, on the left!", deutete Ways auf eine Tür, und seine Augen tränten immer noch vor Lachen. Der Marshal verließ das Wohnzimmer und beneidete die beiden Männer etwas um ihre ausgelassene Heiterkeit. „Why is he taking his backpack?", hörte er Ways prustend fragen. „Did he bring his own toilet paper?"

Wenn Ways gewusst hätte, dass sich in dem Rucksack keineswegs mitgebrachtes Toilettenpapier, sondern ein beschädigter Außenspiegel befand, der seinem entwendeten Exemplar verblüffend ähnelte, hätte er das Ganze wohl nicht mehr so lustig gefunden, dachte der Marshal grimmig. Außerdem schien der Alte doch etwas senil zu sein, da er gesagt hatte, das Badezimmer befinde sich „hier, im ersten Stock", obwohl sie sich eindeutig im Erdgeschoss befanden. Jedenfalls war es glückliche Fügung, dass sich das Badezimmer, laut Elvis, im ersten Stock befand, also dort, wo auch Ways' Arbeitszimmer mit dem Tresor liegen sollte. Der Marshal ließ die nächsten Türen unbeachtet und entdeckte erwartungsgemäß eine Treppe, die nach oben führte. Er verharrte kurz an der Stufe und nickte zufrieden, als Stimmen und Lachen aus dem Wohnzimmer zu ihm herüberdrangen. Der Irre sorgte wohl dafür, dass Ways abgelenkt blieb, wobei sich angesichts des krassen Alkoholkonsums die Frage stellte, ob er anschließend noch in der Lage sein würde, nach Graceland zurückzulaufen. Eins nach dem anderen, mahnte sich der Marshal zur Ruhe und stieg mit klopfendem Herzen die kurze Treppe empor.

Auch im Obergeschoss konnte man sich eines gewissen Engegefühls nicht erwehren. Rechterhand lag ein Badezimmer, das der Marshal ignorierte. Jetzt galt es, den Tresor zu finden, was nicht schwer sein sollte, da man laut Elvis lediglich nach einem großen Aloha-Bild Ausschau halten musste. Rasch verschaffte er sich einen Überblick: Von einem engen Korridor zweigten drei Räume ab, die allesamt nach vorne lagen und an der Vorderseite des Hauses durch die lange, offene Veranda miteinander verbunden waren, die ihnen bereits bei ihrem Kommen aufgefallen war. Der erste Raum schien ein verwaistes Kinderzimmer zu sein, dessen größtenteils rosafarbene Ausstattung darauf hindeutete, dass hier einst eine Tochter von Ways ihr Reich gehabt hatte. In der Mitte befand sich ein großes Schlafzimmer, und als der Marshal, seine Schritte beschleunigend, den dritten Raum am Ende des Korridors betrat, fand er sich zu seiner Enttäuschung in einem umfunktionierten Fitnessstudio mit diversen Gerätschaften wieder. Keiner der Räume konnte als Arbeitszimmer gelten, und von einem Aloha-Poster war auch keine Spur zu entdecken.

Gerade wollte er den Rückzug antreten, als sein Handy mit einem Piepton signalisierte, dass er eine Mitteilung erhalten hatte. Hastig zog er es aus der Tasche. „Liam" stand da als Absender. Richtig, sie hatten vor ihrer Expedition noch die Mobilnummern getauscht. Dass der Irre jetzt schrieb, konnte nichts Gutes bedeuten.

Vorsicht, er kommt hoch! First floor ist US EG! Halten Sie ihn auf, ich hole den Spiegel!

Der Marshal musste die Nachricht zweimal lesen, doch dann fiel es ihm wie Schuppen von den Augen. „Glückwunsch, Herr Dolmetscher", murmelte er zu sich selbst und stürmte aus dem improvisierten Studio am Ende des Korridors zurück Richtung Treppe, doch er kam nicht weit, da in diesem Moment wie aus dem Nichts plötzlich Ways vor ihm auftauchte. In der Hand hielt er ein Gewehr halb im Anschlag, und der Marshal fragte sich für einen Moment, ob sein Gesicht aufgrund des reichlich genossenen Alkohols so rot war oder vor Wut.

„Bathroom, right?", krächzte der Alte jetzt mit bebender Stimme, und seine Heiterkeit und Jovialität schienen wie weggeblasen. Er schwankte leicht, und seine Augen hatten ihren klaren Blick verloren, was allerdings angesichts der Gewehrmündung, in die der Marshal nun starrte, nicht beruhigen konnte.

„Let me … let me explain, this is a terrible misunderstanding!", stotterte der Marshal nicht sehr überzeugend und schien sein Gegenüber damit noch mehr zu verärgern, da er sein Gewehr, eine Winchester 73, nun mit jenem charakteristischen, metallenen Klicken entsicherte, das dem Marshal nur zu vertraut war. Schließlich hatte er in einem anderen Leben bereits aus unzähligen

Winchester-Gewehren Kugeln empfangen, war jedoch immer wieder unbeschadet aufgestanden. Der Kindheit glücklicher Spiele!

So so, ein Missverständnis also, höhnte der Alte jetzt, und seine Stimme schien plötzlich ein, zwei Oktaven höher gerutscht zu sein. Was gäbe es da nicht zu verstehen? Er, Ways, habe genau verfolgt, wie der Marshal erst am Badezimmer unten und dann am Badezimmer oben vorbeigelaufen sei, um dann so schnell wie möglich die anderen Räume nach Wertgegenständen zu filzen. Der Marshal stutzte.

„You saw me? How? You were in the living room!"

Die Frage, wie es ihm möglich gewesen war, den Marshal zu beobachten, obwohl er sich zur gleichen Zeit im Wohnzimmer aufgehalten hatte, schien Ways Vergnügen zu bereiten. Er zog ein großes Smartphone aus der Tasche, das während des Interviews vor ihm auf dem Tisch gelegen hatte, wie sich der Marshal nun erinnerte.

„It's all here! Cameras everywhere and I can check every corner in real time. State of the art. I'm not senile, you know!"

Der Marshal nickte grimmig. Hätte man ahnen können, dass ein fast achtzigjähriger Mann sein gesamtes Haus mit Kameras gespickt hatte, deren Bilder er live auf seinem topmodernen Smartphone verfolgen konnte? Nein, senil war der alte Herr bestimmt nicht.

„Wow, that's smart", versuchte er den aufgebrachten Hausherrn mit einer Portion Honig ums Maul zu besänftigen. Dann beeilte er sich, seinen Irrtum aufzuklären. Als Ways gesagt habe, das Badezimmer liege auf dem *first floor*, sei er nach oben gegangen, da man im Deutschen darunter den ersten Stock verstehe. Dieser werde im amerikanischen Englisch aber korrekt als *second floor*, also wörtlich zweiter Stock bezeichnet, wie ihm erst gerade wieder eingefallen sei. Derlei direkte Übersetzungen, die scheinbar unkritisch seien, aber in die Irre führten, nenne man unter Dolmetschern „falscher Freund". Ob das nicht komisch sei? Das fand Ways offenbar nicht.

„False friend?", echote er mit verständnislosem Blick und noch wütender als zuvor, da er offenbar den Eindruck hatte, der Marshal nehme ihn nicht ernst. „There's only one false friend here and that's you! And the only thing funny is your strange colleague with the sunglasses who probably isn't even a journalist in the first place! I'll teach you a lesson, you crooks!"

Er legte an. Das war es dann wohl. Der Marshal als falscher Freund enttarnt, der seltsame Kollege mit der Sonnenbrille kein Journalist, und nun bekamen die beiden Betrüger eine Lektion erteilt. Jetzt konnte den Marshal nur noch ein Hechtsprung in eines der Zimmer retten. Er wollte sich gerade zur Seite werfen, als erneut ein Piepton erklang, wie man ihn von Smartphones kannte.

„Was that yours or mine?", fragte Ways und ließ das Gewehr wieder sinken. Dem Marshal war es herzlich egal, wer ihm in diesem Moment das Leben gerettet hatte, doch ein Blick auf sein Handy zeigte, dass er keine Mitteilung erhalten hatte.

„I … I think you got a message, Sir!", stammelte er.

„Hold on!"

Der Alte ließ das entsicherte Gewehr sinken, behielt es jedoch mit einer Hand locker im Anschlag und zog sein Smartphone hervor.

„Sweet Jesus, he's at the safe!", rief er im selben Moment aus und wandte sich der Treppe zu.

Offenbar hatte ihm sein Smartphone gemeldet, dass sich ein Unbefugter gerade am Tresor zu schaffen machte, und aufgrund der lückenlosen Kameraüberwachung war es auch nicht schwer herauszufinden, wer dieser Unbefugte war. Als Ways merkte, dass der Marshal Anstalten machte, ihm zu folgen, richtete er erneut das Gewehr auf ihn:

„Back off, son, you stay here!"

Mit diesen Worten schob er den Marshal, der mit erhobenen Händen zurückwich, mit seinem Gewehrlauf in den Fitnessraum. Der Schlüssel drehte sich im Schloss. Fieberhaft hämmerte der Marshal eine SMS ins Handy:

Er kommt nach unten und ist bewaffnet!

Kaum hatte er die letzten Zeichen mit zitternden Fingern eingegeben, als ein charakteristischer Signalton vor der Tür ertönte, gefolgt von einem höhnischen Lachen.

„No point, buddy, I've got his cell here, he won't read your message, whatever it is you wanna tell him!"

Die Schritte des Alten entfernten sich, und der Marshal rüttelte verzweifelt an der Tür. Der Irre war in größter Gefahr, und er konnte ihn nicht warnen, da Ways ihm offenbar das Handy entwendet und es an sich genommen hatte, bevor er nach oben gekommen war. Die Nachricht des Marshal war ins Leere gelaufen. Er riss mit aller Macht am Türknopf, doch die stabile Konstruktion gab nicht nach.

In diesem Moment ertönte ein Schuss.

Der Marshal erstarrte und brachte mit wild klopfendem Herzen sein Ohr direkt an die Tür, um besser lauschen zu können. Berstendes Glas, das war berstendes Glas! Dann, fast zeitgleich, ein Geräusch, das auf einen dumpfen Aufprall hindeuten konnte, gefolgt von einem Schrei. War das nicht die sich überschlagende Stimme des Alten, der irgendeine Verwünschung schrie? Und kam da nicht jemand … Tatsächlich, da waren hastige Schritte auf der Treppe, und jetzt kamen sie den Flur entlang gerannt!

„Marshal!"

Noch nie hatte er sich so gefreut, die Stimme des Irren zu hören.

„Hier! Letzte Tür im Gang!", rief er, so laut er konnte, und hörte im selben Moment, wie draußen hastig am Schlüssel genestelt wurde. Das metallische Klacken des sich öffnenden Schlosses war fast so schön, wie eine Elvis-Komposition des *Royal Philharmonic Orchestra*. Der Irre stürmte in den Raum, und der Marshal glaubte, seine weit aufgerissenen Augen hinter den dunklen Brillengläsern erkennen zu können. In der Hand hielt er einen beschädigten Außenspiegel.

„Packen Sie das schnell ein!", keuchte der hagere Mann atemlos, knallte die Tür hinter sich zu und verschloss sie mit dem Schlüssel, den er vorher geistesgegenwärtig abgezogen hatte. Er hatte sein Käppi verloren, und der Marshal fragte sich unwillkürlich, ob das pechschwarze Haar, das ihm verschwitzt in die Stirn hing, gefärbt oder echt war.

„Jesus, Liam, sind Sie verletzt?", fragte er, während er den Spiegel in seinem Rucksack verstaute.

„Nein, alles gut", entgegnete dieser, tief durchatmend an die verschlossene Tür gelehnt, und strich sich mit einer fahrigen Bewegung die Haare glatt. „War aber verdammt knapp. Und er hat Elvis erschossen!"

„Elvis erschossen?"

„Ja. Genau in die Stirn. Guter Schuss!"

Der Marshal starrte den Irren an, der diese Worte in merkwürdiger Nüchternheit hervorgebracht hatte.

„Ah, verstehe, das Bild!", grinste er plötzlich erleichtert. „Dachte mir schon, das klang wie klirrendes Glas! Hab noch versucht, Sie mit einer SMS zu warnen, aber Ways hatte sich offenbar Ihr Handy geschnappt. Bin ich froh, dass Sie ihn trotzdem noch rechtzeitig bemerkt haben!"

„Hab ich nicht", entgegnete der Irre trocken und ließ seinen Blick prüfend über die verschiedenen Fitnessgeräte gleiten, die um sie herumstanden. „Ihre Nachricht hat mir das Leben gerettet. Meinen Sie übrigens wirklich, jetzt ist die richtige Zeit für Fitness, Marshal?"

„Wie jetzt … hab ich nicht?" zitierte der Marshal fragend und war so gespannt, von den Ereignissen unten zu erfahren, dass er sowohl den launigen Hinweis auf ihr sportliches Umfeld als auch das Poltern und kaum wahrnehmbare Keuchen auf der Treppe am Ende des Korridors ignorierte.

„Es hat eigentlich alles gut geklappt", erzählte der Irre und rüttelte an der mit dickem Sicherheitsglas geschützten Tür, die auf der gegenüberliegenden Seite des Zimmers zur Veranda führte. Sie war verschlossen. „Das Schlafzimmer befindet sich unten. *First floor* ist …"

„… ein falscher Freund und bedeutet im amerikanischen Englisch Erdgeschoss, ist mir inzwischen auch aufgefallen, vielen Dank!", unterbrach ihn der Marshal ungeduldig. „Und, haben Sie den Tresor sofort gefunden?"

„Immer der Reihe nach", brummte der Irre. „Sie sind ganz schön ungeduldig, oder?"

„Warten Sie … Stimmt, wenn ich die lange Liste meiner Tugenden vor meinem geistigen Auge Revue passieren lasse, taucht Geduld nicht darin auf!"

„Sie sind erstaunlich heiterer Stimmung, wenn man bedenkt, dass direkt vor unserer Tür gleich ein alter Mann mit Knarre auftauchen wird, um uns eine Kugel zu verpassen. Zumal die verfluchte Tür zur Veranda abgeschlossen ist und ich keinen Schlüssel entdecken kann!"

So nervös hatte man den Irren noch nicht erlebt. Der Marshal schluckte. In seiner Erleichterung über die Unversehrtheit seines Begleiters, der ihm auf seltsame Weise ans Herz gewachsen war, hatte er tatsächlich für einen Moment vergessen, dass die Gefahr keineswegs vorüber war.

Schon näherten sich im Flur Schritte, und im selben Moment klopfte es wild an die Tür.

„Come out with your hands up!", keuchte Ways mehr als er rufen konnte. Trotz seiner Erschöpfung schien die Wut ihm neue Kräfte zu verleihen.

„Mit erhobenen Händen herauskommen, damit er uns direkt über den Haufen schießen kann?", fragte der Marshal rhetorisch. „Ich glaube nicht! Also, was war da unten los?"

„Es stimmte alles! Der Tresor ist hinter einem verglasten Aloha-Poster in die Wand im Schlafzimmer eingelassen. Die Kombination stimmte auch, und der Spiegel lag gleich vorne an, also hab ich ihn mir geschnappt."

„Sehr gut!", lobte der Marshal. „Jetzt haben wir allerdings noch das Austauschexemplar im Rucksack …"

„This is my last warning!", ertönte es vor der Tür. „Come out or I come in and then you're done for! I just want my mirror back, then you can go!"

„Von wegen letzte Warnung und er will nur den Spiegel zurück, da lachen ja die Hühner", verfiel der Marshal unwillkürlich ins Flüstern. „Ich glaube eher, wir sind erledigt, wenn wir ihn reinlassen!"

„Ja, bleiben wir am besten einfach, wo wir sind, zumal er wahrscheinlich nicht in gerader Linie durch die Tür schießen kann, da der Flur zu eng ist, um das Gewehr richtig anzulegen. Allerdings kann er das Schloss kaputtschießen. Wir müssen jetzt jedenfalls handeln. Lassen Sie uns 911 anrufen. Besser die Cops als *Six Feet Under*!"

Das schien dem Marshal wenig zu gefallen, aber er musste dem Irren Recht geben, dass es im Zweifelsfall besser war, die Polizei zu rufen als sich die Radieschen von unten anzusehen.

„Gut, wenn's sein muss!", gab er nach, während das Klopfen an der Tür immer wilder wurde und Ways sich in endlosen Verwünschungen erging. Er zückte sein Handy und starrte erstaunt auf das Display.

„Kein Netz? Eben ging es doch noch!"

„Bei mir auch nicht!", sagte der Irre mit einem konsternierten Blick auf seine Uhr.

„Ach, und sonst hat Ihre Uhr immer ein Netz?", spottete der Marshal.

„Sicher", entgegnete der Irre ruhig. „Ist schließlich eine Smartwatch, leben Sie hinterm Mond? Deswegen konnte ich Ihre Warnung ja überhaupt nur empfangen, als ich gerade den Tresor geschlossen und das Bild wieder darüber gehängt hatte."

„Auf der … auf der Uhr haben Sie meine Nachricht empfangen?", stotterte der Marshal fasziniert, das immer lauter werdende Hämmern und Schreien an der Tür ignorierend.

„Na klar", erwiderte der Irre, dem trotz seiner zur Schau getragenen Gelassenheit der Stolz über seine technische Überlegenheit anzumerken war. „Ich höre das Signal, lese Ihre Nachricht auf der Watch, drehe mich um, schaue direkt in die Mündung der Winchester, ducke mich gerade noch rechtzeitig und dann …"

Ein Schuss krachte, und das Türschloss wurde ein Stück aus der Verankerung gepresst. Die Männer wichen bleich zur Seite und aus dem Schussfeld der Tür.

„Danke für diese anschauliche Darstellung", sagte der Marshal, bemüht, die Fassung zu wahren.

„Er hat Elvis direkt …"

„ … in die Stirn geschossen, ja, das sagten Sie bereits!"

„Dann hab ich ihn über den Haufen gerannt und bin die Treppe hoch, um nach Ihnen zu sehen. Hätte versuchen sollen, ihm noch das Gewehr zu entwenden!"

„Ja, und überhaupt, schönen Dank auch, dass Sie mir den Alten mit seiner Knarre nach oben geschickt haben, um in Ruhe an den Tresor zu kommen!", schnappte der Marshal. „Wollten wohl unbedingt bei Elvis damit punkten, aber jetzt sieht es so aus, als ob keiner von uns Gelegenheit haben wird, ihm den verdammten Spiegel zu übergeben!"

„Papperlapapp!", verteidigte sich der Irre. „Als Sie raus sind, war der Alte irgendwie abgelenkt und hat immerzu auf sein Handy gestarrt. Alle Heiterkeit wie weggeblasen, und Schnaps gab's auch keinen mehr. Naja, war wohl besser so. Jedenfalls flucht er plötzlich wie ein Rohrspatz, springt auf, schnappt sich mein Handy vom Tisch ehe ich's verhindern kann und läuft Richtung Treppe. Hab mir gedacht, es dürfte kein Problem für Sie sein, den alten Mann eine Weile aufzuhalten, und ich könnte die Zeit nutzen, unten nach dem Tresor zu schauen, da mir unser Irrtum aufgefallen war. Vorher hab ich Ihnen aber noch die SMS in die Watch diktiert. Konnte ja nicht ahnen, dass der Alte sich auf dem Weg nach oben eine Waffe greifen würde. Eine echte Winchester 73 übrigens, tolles Gewehr!"

Ein zweiter Schuss ertönte, und der Aufprall der Kugel auf dem metallenen Schloss verursachte ein hässliches Geräusch. Noch hielt die Konstruktion, doch einen dritten Schuss würde sie wahrscheinlich nicht überleben.

„Ja, und sie ist noch gut in Schuss!", nickte der Marshal grimmig.

„Verschonen Sie mich mit Ihren Wortspielen, wir müssen etwas tun! Kommen Sie, wir nutzen die Gerätschaften als Kugelfang!"

Der Irre hatte recht, es war keine Zeit mehr zu verlieren. Fieberhaft schleppten und schoben die Männer verschiedene Fitnessgeräte in den hinteren Teil des Raumes und versuchten, diese zu einem möglichst undurchlässigen Schutzwall aufzutürmen, während Ways' Tiraden vor der Tür immer unverständlicher wurden.

„Und Sie können wirklich Nachrichten von Ihrer Uhr verschicken und empfangen?", fragte der Marshal atemlos, während er keuchend ein großes Butterfly-Gestell mit dem Irren in die Ecke hievte.

„Sicher", schnaufte dieser in einem Ton, der sich am besten als akustisches Augenrollen bezeichnen ließ. „Und telefonieren kann man damit auch!"

Der Marshal starrte ihn fasziniert an und sah so aus, als ob er noch viele Fragen hätte. In diesem Moment krachte ein dritter Schuss, und das Türschloss zerbarst mit solcher Macht, dass einzelne Holz- und Metallteile bis in die hintere Ecke des Raumes flogen, wo die Männer in einem wüsten Durcheinander verschiedene Fitnessgeräte zu einer löchrigen Wand ineinandergeschoben hatten.

„Dann wäre jetzt vielleicht der richtige Moment, genau das zu tun!", schrie der Marshal mehr, als er sprach.

„Selbst die Watch braucht ein Netz, um telefonieren zu können!", schrie der Irre zurück und duckte sich neben ihm hinter den improvisierten Schutzwall, denn in diesem Moment wurde die Tür aufgetreten, und Ways betrat leicht schwankend den Raum.

Als er das merkwürdige Konstrukt in der hinteren Ecke des Raumes entdeckte, stutzte er und lachte dann auf. Der Alkohol schien den gesetzten *Southern Gentleman* in einen rasenden alten Mann verwandelt zu haben, und sein eigener Hinweis auf die Wirkung, die das Gift bei ihm entfaltete, erschien im Nachhinein als Warnung – eine Warnung, die sie zu spät erkannt hatten, denn in diesem Moment entsicherte Ways erneut seine Winchester und höhnte:

„What's that, the Berlin Wall? You really think this is going to protect you from a good old Winchester bullet?"

Ja, den *antifaschistischen Schutzwall*, der das eingemauerte Westberlin umgeben hatte, in dem der Marshal aufgewachsen war, hätten sie jetzt gut gebrauchen können. Selbst wenn die aufgetürmten Geräte noch die eine oder andere Kugel abfangen konnten: Ihre Lage war aussichtslos.

„Vielleicht ist das der richtige Moment, um aufs Du umzusteigen, was meinen Sie?", fragte der Marshal, der den merkwürdigen Drang verspürte, die Dinge zu regeln, bevor sie von einem betrunkenen alten Mann, der nicht wusste, was er tat, ins Nichts geschossen wurden.

„So etwas mache ich eigentlich nur im Notfall, nicht einmal mit den Kollegen im Büro duze ich mich", brummte der Irre und zog den Kopf ein, als eine Kugel aus Ways' Winchester an einem der Metallpfeiler abprallte, hinter denen sie zusammengekauert Schutz gesucht hatten.

„Ist das hier nicht so etwas … ein Notfall?" Der Irre zögerte kurz und reichte ihm die Hand, wobei er weiter durch die aufgetürmten Gerüste spähte, um Ways' Bewegungen zu verfolgen.

„Liam. Ich werde dich aber weiter Marshal nennen, wenn's recht ist."

Dafür würde es ohnehin nicht mehr viele Gelegenheiten geben. Ways hatte während ihres kurzen Dialoges nachgeladen, entsicherte nun erneut sein Gewehr und trat langsam näher.

„Wir sehen uns in der nächsten Dimension, Marshal!", flüsterte der Irre.

Elvis has left the building

Fast konnte man sich daran gewöhnen, in diesem Land ständig in die Mündung einer Waffe zu starren, dachte der Marshal resigniert, während er durch die verschachtelten Metallstreben spähte und Ways mit der Winchester im Anschlag bedrohlich näherrücken sah. Er fühlte sich plötzlich unendlich müde. Sollte er doch schießen, der verrückte Alte, er hatte keine Lust mehr, zu rennen oder sich zu verstecken.

Sie hatten durch eine Verkettung unglücklicher Umstände und eigene Dummheit ihre Mission verfehlt, und das deprimierte den Marshal mehr, als alles andere. Zwar war der richtige Spiegel in dem Rucksack verwahrt, den er noch immer auf dem Rücken trug, doch was nützte das schon, wenn sie ihn Elvis nicht mehr überbringen konnten?

Dann ging plötzlich alles sehr schnell. Soeben tauchte in einem Moment angespannter Stille die Gestalt des Alten neben ihnen auf, da wirbelte etwas Schwarzes durch den Raum. Ein Kick, ein Schrei, und Ways ließ das Gewehr mit einem Fluch fallen.

„Sorry, Lonan!", sagte Elvis und strich sich seinen schwarzen Karateanzug glatt. „This all went terribly wrong, and I just had to step in before you're shooting my friends."

In der Tat, es war einiges schiefgelaufen, und dass Elvis plötzlich aufgetaucht war, um sie davor zu bewahren, über den Haufen geschossen zu werden, ja, dass er die beiden immer noch hinter den Geräten am Boden kauernden Männer, die der Szene gebannt folgten, als seine Freunde bezeichnete, waren Eindrücke, die der Marshal wie in Trance wahrnahm.

„Jesus …", stammelte Lonan und sah Elvis mit weit aufgerissenen Augen an.

„Don't stare at me like some ghost", entgegnete dieser grinsend, seine Karate-Kampfstellung entspannend, und fügte hinzu: „Then again … strictly speaking, I am, aren't I?"

Man konnte es Ways nicht verübeln, dass er seinen wohl bis heute wichtigsten Klienten anstarrte wie einen Geist, zumal diese Wahrnehmung streng genommen ja auch gar nicht falsch war, wie Elvis zutreffend angemerkt hatte. Es war offenkundig, dass er die Szene ebenso genoss wie einst das erste Zusammentreffen mit den Männern im Esszimmer von Graceland. Der Endzeit-Elvis, den sie erst in den frühen Morgenstunden dieses schicksalhaften 16. August an der Treppe ins Untergeschoss von Graceland verabschiedet hatten, war erneut verwandelt und diesmal auf dem Zeitstrahl acht Jahre zurückgesprungen. Der Unterschied war so frappierend, dass man auf den ersten Blick kaum glauben wollte, dass es sich um den gleichen Mann handelte.

Vor ihnen stand, wie der Marshal mit Kenneraugen registrierte, mit einem zufriedenen Lächeln um die Lippen der Elvis des Jahres 1969 – ein Jahr, nachdem er im schwarzen Lederanzug auf kleiner Bühne wieder den Kontakt zu einem Live-Publikum gesucht und der Welt bewiesen hatte, dass der alte Zauber nichts von seiner Wirkung verloren hatte. 1969 war das Jahr, das Elvis' reguläre Rückkehr auf die Bühne markierte, in dem der King wieder das Zepter übernahm. Es war der blühende Frühling vor einem traumhaften Sommer, der ein Jahr darauf für alle Ewigkeit in *Elvis – That's the Way It Is* auf Zelluloid gebannt werden würde. Der Mann sah blendend aus und schien von innen zu strahlen. Seine Bewegungen waren schnell und geschmeidig, den Schwarzen Gürtel in Karate hatte er nicht in der Lotterie gewonnen. Die Haare waren nicht mehr zur Tolle frisiert, sondern hingen ungezähmt in die Stirn. Der dunkle Karateanzug, den er auch auf der Bühne getragen hatte, schmiegte sich wie eine zweite Haut an die schlanke Figur und wurde optisch durch einen schwarzroten Gurt ergänzt, den er locker um die Hüfte geschlungen hatte.

Ways starrte den Mann, der ihm mit einem gekonnten Fußtritt die Waffe aus der Hand gekickt hatte, noch immer in ungläubigem Schrecken an, und man konnte dabei zusehen, wie es hinter seiner Stirn arbeitete. Wie alle rational denkenden Menschen kam er, nachdem der erste Schock überwunden war, rasch zu der Erkenntnis, dass seine Sinne ihm einen Streich spielten und es eine einfache Erklärung dafür geben müsse, dass Elvis vor ihm stand, der vor genau vierzig Jahren nicht weit von hier zu Grabe getragen worden war.

„I'm impressed, you're one of a kind, I've never seen such a compelling Elvis lookalike before!", sagte der Alte mit heiserer Stimme und musterte den Mann im Karateanzug aufmerksam von Kopf bis Fuß.

Die Männer wagten sich aus ihrer Deckung und grinsten: Ways reagierte genau wie sie bei ihrer ersten Begegnung mit Elvis, indem er zu dem Schluss kam, sein Gegenüber sei der überzeugendste Doppelgänger, den er je gesehen habe. Gerade einmal drei Tage war es her, dass sie selbst Elvis zu nächtlicher Stunde das erste Mal gegenübergestanden hatten, aber dem Marshal kam es vor wie eine halbe Ewigkeit, ja, wie die Sequenz aus einem anderen Leben, und sein Erfahrungsvorsprung verlieh ihm ein merkwürdiges Gefühl von Überlegenheit.

„Hast du das Mobilfunknetz hier drin lahmgelegt?", fragte er Elvis auf Deutsch und so beiläufig wie möglich, als sei es für ihn die normalste Sache von der Welt, mit Elvis in einer fremden Sprache zu kommunizieren. War es das nicht sogar tatsächlich: irgendwie normal?

„Klar", nickte Elvis. „Die Cops können wir hier jetzt nicht gebrauchen. Wenn sie nicht sowieso schon durch die Ballerei von irgendjemand gerufen wurden."

„Schönen Dank, das wäre fast ins Auge gegangen", schnaufte der Irre und wirkte dabei ernsthaft verärgert.

Der nur knapp verfehlte Schuss von Ways und die anschließende Hetzjagd durch das Haus waren offenbar nicht spurlos an ihm vorübergegangen.

„Genau deswegen habe ich ja interveniert", zuckte Elvis mit den Achseln. „War eigentlich nicht geplant, aber ich hatte plötzlich kein gutes Gefühl mehr bei der Sache."

„So, Elvis speaks German now", unterbrach Ways ihn in diesem Moment und meinte mit seinem ironischen Hinweis darauf, dass der echte Elvis kein Deutsch gesprochen hatte, den unwiderlegbaren Beweis dafür gefunden zu haben, dass der Mann in dem schwarzen Karateanzug ein Fake sein musste. Elvis lächelte und legte Ways eine Hand auf die Schulter, und seine Stimme klang milde, ja fast sanft, als er sagte:

„It's me, Lonan. Look at me! I'll explain everything as best as I can but we don't have much time and I have to ask you a favor. You still got that workshop in the basement?"

„Yes, sure …", stammelte Lonan, der sowohl von Elvis' Zusicherung, für alles eine Erklärung zu haben, als auch seiner Bitte um einen Gefallen sichtlich überfordert war. Was sollte die Frage nach seiner Schmuckwerkstatt im Keller? Und warum hatten sie nicht viel Zeit?

„These crooks …", setzte er an und deutete auf den Marshal und den Irren, „ … they pretend to be journalists but they're just after my safe!"

Elvis schien von der Aussage, die beiden angeblichen Journalisten seien nur Gauner, die es auf Ways' Tresor abgesehen hätten, wenig überrascht.

„Anything missing?", fragte er ruhig, und das leise Glimmen in seinen Augen verriet, dass er die Antwort auf die Frage, ob etwas fehle, bereits kannte. Das brachte Ways sichtlich in Verlegenheit.

„I don't know", gab er sich ahnungslos.

Elvis blinzelte den Männern kaum merklich zu.

„Boys, if you took anything from Lonan's safe, then give it back now!"

Der Marshal zögerte kurz, doch Elvis' Anweisung, alles zurückzugeben, das sie aus dem Tresor entwendet hatten, ließ an Deutlichkeit nichts zu wünschen übrig. Er nestelte an seinem Rucksack und kramte eine gefühlte Ewigkeit darin, wobei er angestrengt in das Innere starrte.

„Sieh zu, dass du ihm den Richtigen gibst!", wies ihn Elvis auf Deutsch an.

„Du meinst, den Falschen!", grinste der Marshal, während er weiter in den Rucksack spähte, um unter den beiden Spiegeln das nachgemachte Exemplar ohne Gravur ausfindig zu machen.

„Du bist wirklich ein ziemlicher Klugscheißer!", brummte der Irre. „Gib ihm das verdammte Ding!"

Endlich schien der Marshal fündig geworden zu sein und zog einen Gegenstand aus seinem Rucksack.

„Well, we found *this*!"

Als Ways den an der Halterung abgebrochenen Außenspiegel sah, schoss ihm die Röte ins Gesicht, und er begann zu stottern: Was, ein Spiegel? Wie sei der denn in seinen Tresor gekommen? Und sähe der nicht aus wie von einem Auto?

„Yes", bestätigte Elvis und setzte eine nachdenkliche Miene auf. „A 1955 Cadillac perhaps?"

Doch bevor der Alte auf die Anspielung reagieren konnte, lachte der Mann im Karateanzug und legte seinem Juwelier freundschaftlich die Hand auf die Schulter.

„It's none of our business what's in your safe, Lonan. You just take it back and we're done!"

Ways sah Elvis an, und in seinem Blick lag eine Mischung aus Verwunderung und Dankbarkeit. Richtig, es ging niemanden etwas an, was in seinem Tresor lag. Er würde den verdammten Spiegel jetzt einfach zurücknehmen, und dann war's das. Er griff mit zitternder Hand nach dem glänzenden Chromstück, das der Marshal ihm hinhielt.

„I didn't know what was happening … I caught the guy with the sunglasses red-handed and..."

„ … and then you shot me in the head, Lonan!", sagte Elvis und machte dabei ein so unbewegtes Gesicht, dass nicht zu erkennen war, ob er Ways seinen Kopfschuss wirklich verübelte oder nicht. Dieser starrte ihn einen Moment an und schien zu dem Schluss zu kommen, dass seine Bemerkung, er habe den Typ mit der Sonnenbrille in flagranti ertappt, wohl nicht als Rechtfertigung für den abgegebenen Schuss ausreichte.

„I didn't mean to …", kam er wieder ins Stottern. „I was actually …"

Der Alte hielt erneut inne. Vielleicht erschien es ihm plötzlich nicht mehr opportun, zuzugeben, dass der Kopfschuss keineswegs nur zur Warnung abgegeben worden war, sondern tatsächlich dem Irren gegolten hatte. Er schwieg und schaute trotzig drein.

„I know you've been through a lot since you lost Angela. This is not the Lonan I used to know", zeigte Elvis Verständnis für den Mann, der ihm in den Siebzigern jedes noch so ausgefallene Schmuckstück nach Maß erstellt und seit dem Tod seiner geliebten Frau vor einem Jahr viel durchgemacht hatte. Dabei hatte er sich unter dem Druck der Verhältnisse offenbar so verändert, dass er selbst Elvis fremd erschien. Zudem schien der reichlich genossene Alkohol eine verheerende Wirkung auf Ways zu haben, der in diesem Moment wirkte, als sei er aus einem bösen Traum erwacht. Er schluckte, und man sah, wie sehr Elvis' Worte und Anteilnahme ihn aufwühlten.

„She ... she passed away last year", murmelte er und kämpfte mit den aufkommenden Tränen. „I really miss her, you know, and I hold on to everything that reminds me of her."

Ein schiefer Blick des Alten, den man als schuldbewusst interpretieren konnte, wenn man wusste, was in seinem Tresor gelegen hatte. So verständlich die Trauer über den Tod seiner geliebten Frau im vergangenen Jahr war, so sehr man nachvollziehen konnte, dass er an allem hing, was ihn an sie erinnerte, es konnte dennoch nicht als Blankoschein für alle seine Handlungen gelten.

„I feel for you, Lonan, she was a great person, smart and always fun to be with", sagte Elvis mit unverändert sanfter Stimme. Die kleine Lobeshymne auf die verstorbene Frau seines Freundes war anteilnehmend und authentisch, und der alte Mann schien auch den letzten Rest seiner Wut verloren zu haben. Er werde alles erklären, fuhr Elvis fort, es sei nichts als ein Missverständnis, ein schief gelaufener Dumme-Jungen-Streich. Sorry, Lonan! Er wandte sich an die Männer und fuhr auf Deutsch fort:

„Geht ihr schon mal vor nach Graceland, wir treffen uns im Wohnzimmer, ich habe hier noch etwas mit Lonan zu erledigen. Ihr habt, was wir brauchen?"

Der Marshal nickte und hoffte inständig, dass er sich nicht vertan hatte. Gut, wandte sich Elvis wieder Ways auf Englisch zu, der ihre Unterhaltung mit fragendem Gesichtsausdruck verfolgt hatte. Er hielte es für das Beste, wenn seine Freunde jetzt gingen. Er selbst werde noch kurz bleiben, um alles aufzuklären. Und wo ginge es noch gleich zur Werkstatt?

Die Männer staksten, Elvis und Ways voran, über den mit Holzsplittern und Metallteilen übersäten Boden durch die Reste der zertretenen Tür. Sie durchquerten schweigend den engen Flur und liefen im Gänsemarsch die Treppe nach unten, wo ihr Weg nach draußen sie noch einmal durch das Wohnzimmer führte, wo das Interview stattgefunden hatte, das niemals in irgendeiner Zeitung erscheinen würde. Ways ließ es sich nicht nehmen, die Männer zur Tür zu begleiten. Er kramte in seiner Hosentasche und zog ein Handy hervor.

„No offence!", drückte er es dem Irren in die Hand und versuchte sich an einem Lächeln.

„None taken!", erwiderte dieser ungerührt und ließ das Gerät in seiner Tasche verschwinden.

Die Tür schloss sich hinter ihnen, und der Marshal äffte sogleich nach:

„Nichts für ungut! Schon in Ordnung! Echt jetzt? Der Typ hätte dich um ein Haar umgelegt!"

„Immer cool bleiben", brummte der Irre, der seine Contenance offenbar wiedergefunden hatte. *„Et hätt noch emmer joot jejange*, wie wir im Rheinland sagen." Er zückte sein frisch wieder in Besitz genommenes Smartphone, vertiefte sich kurz in die Karten-App und gab dann die Richtung vor: „Hier entlang!"

Sie folgten dem gleichen Weg zurück, den sie gekommen waren, und für den Marshal schienen einmal mehr Raum und Zeit zu verschwimmen, da er das Gefühl hatte, diese Straßen zuletzt am Vortag durchquert zu haben, obwohl es tatsächlich nur wenige Stunden her war. Soeben hatten sie den Lehr Drive erreicht, als in hohem Tempo ein Polizeiwagen um die Ecke bog. Als die beiden Beamten der Männer gewahr wurden, kam das Fahrzeug mit der leuchtenden, aber nicht eingeschalteten Sirene auf dem Dach abrupt zum Stehen, und das Fenster auf der Fahrerseite wurde heruntergefahren.

„Evening!", grüßte ein älterer Cop am Steuer und musterte die Männer unverhohlen in einer Mischung aus Misstrauen und Neugier, während sein jüngerer Kollege sich herüberbeugte, um sie besser in Augenschein nehmen zu können.

„Hello", übernahm der Irre das Wort und verfiel dabei wieder so gekonnt in seinen gespielten deutschen Akzent, dass sich der Marshal nur mit Mühe das Lachen verkneifen konnte.

„Going for a walk?"

Der Irre tat, als habe er die Frage, ob sie einen Spazier-gang machten, nicht verstanden, und starrte den Frage-steller mit unbewegtem Gesicht an.

„Yes, walk!", schaltete sich der Marshal nun in das Spiel ein und war bemüht, dabei besonders einfältig dreinzu-schauen.

„I see", nickte der Polizist. „Where you're from?"

„Germany", beantwortete der Irre wahrheitsgemäß die Frage nach ihrer Herkunft, wobei er das Wort mit extra langem „ö" am Anfang aussprach. Der Marshal biss sich auf die Lippen. Auch die Beamten warfen sich einen viel-sagenden Blick zu und sahen so aus, als seien sie um Be-herrschung bemüht, doch besann sich der Ältere noch rechtzeitig, warum sie angehalten hatten und fragte:

„Just wondering, Gentlemen, did you hear any guns-hots on your way by any chance?"

„Gun … what?", fragte der Irre mit deutschem „w" und sah dabei aus, als würde er das Geräusch eines Schusses selbst dann nicht erkennen, wenn man eine Waffe direkt neben seinem Ohr abfeuerte.

„Shot!", vervollständigte der zweite Beamte auf dem Beifahrersitz das Wort und verzog das Gesicht. Als er in die verständnislosen Gesichter der Männer blickte, seufz-te er „Jesus!" und zog seinen Colt aus dem Holster. Die Männer wichen mit gespieltem Schrecken zurück.

„Put that back!", gebot der Ältere seinem jungen Kolle-gen barsch, die Waffe wieder einzustecken. „They're from Europe!"

Er tippte sich kurz grüßend an die Mütze.

„Never mind, good night and have a safe way home!"

„Crazy Europeans!", hörten die Männer den Jüngeren noch sagen, während die Scheibe wieder hochfuhr. Dann gab der Wagen Gas und verschwand um die Ecke. Die Männer sahen sich an.

„Immer diese durchgeknallten Europäer! Machen abends einfach so Spaziergänge und hören nicht, wenn jemand rumballert!", lachte der Marshal, der in seinen kurzen Räuschen der Ausgelassenheit die Angewohnheit hatte, alles um sich herum zu vergessen. Doch der Irre zeigte schon wieder seine gewohnte Miene.

„Komm, Marshal! Es ist schon nach 23 Uhr, und wir sollten zurück nach Graceland. Elvis wird kaum den gleichen Weg nehmen wie wir, und wer weiß, vielleicht wartet er schon auf uns, wenn wir zurückkommen!"

Doch hier lag der Irre falsch. Als sie keine zehn Minuten später Graceland erleichtert durch den unverschlossenen Hintereingang betraten, fanden sie das Innere menschenleer vor. Die bleierne Stille hätte deprimierend wirken können, doch die Gewissheit, dass Elvis jeden Moment auftauchen würde, nahm dem Moment die Schwere. Die Männer ließen sich in die dicken, roten Polster von Ludwig dem XIV. sinken und merkten erst jetzt, wie erschöpft sie waren. Der Marshal schloss die Augen und durchlebte noch einmal ihr Zusammentreffen mit Ways: die freundliche Begrüßung an der Tür; das zunächst planmäßig verlaufende Interview in seinem engen Wohnzimmer ; der Umtrunk, dem sich der Irre nicht entziehen konnte, nachdem er zuvor den Marshal noch erfolgreich davon abgehalten hatte; seine fieberhafte Suche nach dem Tresor im Obergeschoss, das er mit dem Erdgeschoss verwechselt hatte; die Bedrohung durch den völlig verwandelten Alten, der ihn mit Waffengewalt oben einsperrte ; die Schüsse, der ins Zimmer stürmende Irre und ihre ebenso verzweifelten wie sinnlosen Versuche, sich zu verbarrikadieren, um Ways' Kugeln zu entgehen ; und dann der schwarze Blitz, wie aus dem Nichts, die Rettung durch … ja, wo zum Teufel blieb eigentlich Elvis?

Der Marshal musste in eine Art Dämmerzustand verfallen sein, denn als er wieder hochschreckte, zeigte die Uhr im Wohnzimmer schon zehn vor zwölf. Der Irre hing mit lang ausgestreckten Beinen in einem der schweren Samtsessel neben ihm und schnarchte leise. Moment, was war das? Hatte da nicht gerade jemand oben an der Treppe eine Tür geöffnet und leise wieder geschlossen? Der Marshal war mit einem Mal hellwach. Und dann sah er es. Auf den ersten Blick konnte man denken, es käme ein weißer Geist langsam die Stufen hinab gelaufen, doch dazu wirkte er zu vertraut. Etwas Übersinnliches hatte die Figur in jedem Fall.

„Liam!"

Der Irre öffnete träge die Augen, um im selben Moment abrupt hochzufahren, als auch er die weiße Gestalt auf der Treppe entdeckte. Unwillkürlich standen sie auf und folgten schweigend mit den Augen, während Elvis gemächlich, als wolle er die Wirkung seines Erscheinens steigern, die letzten Stufen nach unten nahm.

„Hi, guys! Sorry für die Verspätung, Lonan hat länger gebraucht, als erwartet."

Er hatte sich ein letztes Mal verwandelt, und es schien, als habe er sich für ihren Abschied noch einmal richtig herausputzen wollen. Vor ihnen stand der Elvis des Jahres 1970. Dem Jahr von *That's the Way It Is*. Dem Jahr, in dem die Bombe gezündet wurde, die exakt sieben Jahre später im Kopf eines zehnjährigen Jungen im ummauerten West-Berlin explodiert war, der nun hier im Innersten von Graceland stand und sich wunderte, wie menschlich diese Gestalt doch war, die ihm aus dem Kinosessel und im Bild stets so übermenschlich erschienen war. Eine athletische Figur, von Kopf bis Fuß in leuchtendem Weiß. Hoher Stehkragen – es hieß, Elvis habe seinen Nacken nicht gemocht, da er ihm zu kurz erschienen sei. Das Oberteil halb geöffnet. Links und rechts schwarze Nieten, kunstvoll über silberne Kettchen zusammengehalten, die früher Elvis' wilden Bewegungen auf der Bühne nicht immer standgehalten hatten. Die Kettchen waren es auch, die dem Anzug seinen Namen gaben. Ein breiter, geflochtener Fransengürtel um die schlanke Taille. Nach unten weit auslaufende Schlaghosen im typischen Siebzigerjahre-Stil. Weiße Lederstiefel statt der sprichwörtlichen *Blue Suede Shoes*. Ein klares, offenes Gesicht, das Kraft und Tatendurst ausstrahlte. *Tiger Man* von Kopf bis Fuß. Der Übergang in die nächste Dimension sollte nicht an einer unpassenden Garderobe scheitern, hatte sich der Mann wohl gedacht, der zu Lebzeiten gerne neben dem christlichen Kreuz auch einen Davidstern und das hebräische Chai-Symbol um den Hals trug, da er „nicht aufgrund eines Formfehlers den Zutritt zum Himmel verweigert" bekommen wollte, wie er es nannte.

„Der *Chain Suit*", stellte der Marshal fest, als Elvis vor ihnen stand, und er konnte nicht verhindern, dass in seiner Stimme eine Spur Ehrfurcht durchklang.

„Dachte mir, das wäre was für euch", entgegnete Elvis und lächelte, sodass seine Backenknochen leicht hervortraten. „Hoffe, es gefällt auch meiner Mum, wenn ich sie endlich wiedersehen kann!"

„Da bin ich sehr optimistisch", nickte der Irre hinter seiner Sonnenbrille. „Waren die Cops eigentlich noch bei euch?"

„Ja, die Nachbarn hatten sie gerufen, aber Lonan konnte sie zum Glück schnell davon überzeugen, dass sich nur beim Reinigen des Gewehrs ein Schuss gelöst hatte, so etwas passiert hier alle Naslang. Schwieriger war es, Lonan zu erklären, warum ich vierzig Jahre nach meinem Tod plötzlich auftauche, um ihm eine Waffe aus der Hand zu schlagen, mit der er zwei Typen umlegen will, die ich geschickt habe, um seinen Tresor zu knacken."

Der Marshal grinste.

„Und wie hast du ihm das plausibel gemacht?"

Elvis wippte leicht auf den Füßen, sodass die langen Fransen seines Gürtels kaum merklich im Takt mitschwangen.

„Wir hatten nicht viel Zeit. Zu meiner Existenz konnte ich ihm nicht mehr sagen, als ich euch erzählt habe, mir ist ja selber nicht ganz klar, was hier abläuft. Und das

Interview ... naja, das war eine Art Mutprobe, hab ich ihm gesagt!"

„Mutprobe?"

„Musste mir ja was einfallen lassen! Hab gesagt, ich hätte euch herausgefordert, an seinen Tresor zu kommen. Natürlich solltet ihr nichts klauen. Nur einen Zettel von mir hinterlegen: *Grüße aus dem Jenseits, E. P.* oder etwas in der Art."

„Und der Spiegel?"

„War der Elefant im Raum, den wir ignoriert haben. Er dachte wohl, ich hätte nicht gecheckt, dass er von meinem Cadillac stammt, und ich habe ihn in dem Glauben gelassen."

„Und die Story mit der Mutprobe hat er dir abgenommen?"

„Ach, weißt du, wenn ein Mensch, den du seit Jahrzehnten unter der Erde wähnst, plötzlich quicklebendig in einem Karateanzug neben dir auftaucht und mit dir spricht, als wäre er nie weg gewesen, dann ist das sicher nicht das Einzige, was in diesem Moment wenig plausibel erscheint. Das müsstet ihr doch am besten wissen! Er war wirklich durch den Wind. Hat noch irgendwas von falschen Freunden und Unter- und Obergeschoss erzählt, was überhaupt keinen Sinn ergab."

Die Männer tauschten bedeutungsvolle Blicke, und der Irre wollte gerade zu einer Erklärung ansetzen, als der Marshal ihm zuvorkam:

„Wie auch immer, wir sollten jetzt noch rasch nach oben gehen, es ist gleich Mitternacht!"

Er brannte darauf, das sagenumwobene Obergeschoss von Graceland endlich mit eigenen Augen zu erleben. Würde es so aussehen, wie auf den wenigen im Internet verfügbaren, verschwommenen Bildern? Eng und zugestellt mit allerlei Möbeln und Krimskrams? Würde der Hausherr ihnen auch einen Blick in sein Allerheiligstes, das Schlafzimmer sowie das Badezimmer gestatten, in dem er ihre Welt verlassen hatte, um in eine andere einzutreten, in der sie seit nunmehr drei Tagen zu Gast waren? Doch Elvis schien es nicht eilig zu haben.

„*Hang on!* Ich hab da noch was für euch …"

Mit diesen Worten zauberte er zwei kleine Schmuckschatullen aus den Tiefen seines Anzugs hervor. Sie waren mit schwarzem Samt verkleidet und trugen in eleganter Schreibschrift Elvis' Initialen, E. P. Er hielt beiden Männern jeweils eine Schatulle hin und blickte sie an, ohne ein Wort zu sagen. Zögernd nahm der Marshal Elvis eine der edlen Boxen aus der Hand und öffnete sie mit unsicheren Händen. Der Irre tat es ihm nach. Als die beiden Männer mit spitzen Fingern fast zeitgleich ihre goldenen *TCB*-Halsketten in die Hand nahmen, war außer einem leisen Durchatmen im Raum kein Laut zu hören.

„Pleasure working with you", sagte Elvis, und es klang fast feierlich.

Teure Autos, Schmuckstücke, ja, Häuser … nichts hatte dem Jungen, der in frühen Jahren mit seinen Eltern in einer Zwei-Zimmer-Hütte in Tupelo, Mississippi aufgewachsen war, zu Lebzeiten mehr Freude bereitet als andere zu beschenken und ihr Glück zu teilen. Der Marshal, unfähig zu einer Reaktion, strich verzückt über das schwere Metall des Anhängers und fuhr mit den Fingern über die drei filigranen, jedoch massiv gearbeiteten Buchstaben: Obenan das C; unterhalb direkt anschließend, jeweils zur linken und zur rechten, das T und das B; zwischen den Buchstaben der gestaffelte, nach unten spitz zulaufende Blitz. Der Irre ließ prüfend die feine Kette durch seine Finger gleiten, als Elvis sie aufforderte:

„Dreht die Anhänger mal um!"

Die Männer taten wie geheißen und mussten zweimal hinsehen, um in der schummerigen Beleuchtung des Wohnzimmers die winzige Gravur auf der Rückseite ihrer Schmuckstücke zu erkennen.

„Zum Glück hatte Lonan noch zwei originale Ketten auf Lager", sagte Elvis, dem die Befriedigung über die Wirkung seines Geschenks anzusehen war. „Ich habe ihn gebeten, in seiner Werkstatt noch eure Namen auf der Rückseite einzugravieren, daher die Verspätung."

Der Marshal suchte vergeblich nach passenden Worten.

„Das ist … das ist …"

„Say no more", lächelte Elvis. „Sorgt nur dafür, dass der Original-Spiegel wieder an Mamas Cadillac kommt, und wir sind quitt!"

„Sure thing", murmelte der Irre, während er an seinem Nacken mit dem Verschluss nestelte.

Nachdem beide ihre Ketten angelegt hatten und die goldenen Blitze auf ihrer Brust prangten, schien Elvis endlich bereit.

„Gentlemen", nickte er ihnen mit einer leichten Kopfbewegung zu und wandte sich wieder zur Treppe. Der

Marshal beeilte sich, ihm zu folgen und hatte plötzlich ein mulmiges Gefühl. Elvis schritt betont langsam empor, während die Männer jede Stufe so vorsichtig, ja andächtig nahmen, als fürchteten sie, jeden Moment gestoppt zu werden.

„Elvis?"

Sie hatten die Treppe auf halber Höhe zurückgelegt, und der Irre war hinter dem Marshal auf seiner Stufe stehengeblieben, als er Elvis ansprach. Dieser hatte oben den Treppenabsatz erreicht und wandte sich nun fragend um, sodass die Männer seine schlanke, weiße Gestalt von unten betrachten konnten, was den Eindruck ihrer Erscheinung noch verstärkte.

„Werden wir dich wiedersehen?" Elvis blickte sie ohne zu antworten an, und für einen Moment schien es unklar, ob er die Frage verstanden hatte. Dann sagte er:

„Man wird sehen. Nicht jede Stunde ist gleich."

Gerade als die fragenden Blicke der Männer sich trafen, geschah es. Die Sonnenuhr im Wohnzimmer schlug Mitternacht, und die weiße Gestalt am oberen Ende der Treppe schien plötzlich vor den Augen des Marshal zu verschwimmen. Es war, als würden sich Elvis' Konturen innerhalb von Sekundenbruchteilen Stück für Stück vor ihren Augen auflösen, was ein derart furcherregender Anblick war, dass die Männer wie angewurzelt auf der Treppe verharrten. Dann war der Spuk vorbei, fast ebenso schnell, wie er gekommen war: Elvis war verschwunden. So, als wäre er nie da, als wäre das Ganze nur ein Traum gewesen.

Der Marshal griff sich unwillkürlich an die Brust und war erleichtert, das schwere Gold seines *TCB*-Anhängers in der Hand zu spüren. Er drehte sich um, und sein Blick prallte auf die dunklen Gläser des Irren, der eine Stufe unter ihm stand und hinaufschaute. Auch der Marshal wandte den Blick wieder nach oben, als würde er hoffen, Elvis würde noch einmal zurückkehren, einfach wieder auftauchen. Vielleicht war es wieder nur einer seiner üblichen Scherze? *Hahaha, reingefallen, ihr hättet eure Gesichter sehen sollen!* Wie oft hatte er zu Lebzeiten Freunde und Familie mit seinen *practical jokes* gefoppt. Doch es blieb still. Bleiern still. Wie ein dicker, undurchdringlicher Teppich umfing die plötzliche Lautlosigkeit das Haus, und es lag etwas so Trauriges darin, dass der Marshal das Gefühl hatte, es nähme ihm den Atem.

Einen Moment verharrten sie noch auf der Treppe, ohne ein Wort zu sprechen, dann wandte sich der Irre wortlos um und begann, die Stufen hinunterzugehen. Der Marshal zögerte. Er registrierte eine plötzliche, abgrundtiefe Erschöpfung, und seine Hand suchte unwillkürlich Halt am Treppengeländer. Ein letzter Blick nach oben. Nein, der Irre hatte recht. Elvis war gegangen, und ohne ihn blieb das Obergeschoss seines Hauses, was es seit vierzig Jahren war: ein unzugänglicher Schrein. Vielleicht war es sogar besser so, da Graceland auf diese Weise seine geheimnisvolle Aura bewahrte, die durch die Banalität des realen Seins möglicherweise zerstört worden wäre.

Ein letztes Mal hatte der Marshal das Gefühl, sich in einem Schleier zwischen Traum und Wirklichkeit zu bewegen, während er langsam die Treppe hinabstieg und sich in das Zimmer schleppte, das Elvis ihnen in den letzten Tagen als Zuhause zugewiesen hatte. Nun war es kein

Zuhause mehr, so wie das ganze Haus plötzlich nur noch eine leere Hülle zu sein schien. Als sie auf ihre Betten sanken, hatten sie nicht einmal bemerkt, dass sich der ganze Eingangsbereich von Graceland, Wohn- und Esszimmer, Flur und Treppe, wieder in den Zustand der Gegenwart zurückverwandelt hatten. Ludwig, der Sonnenkönig, hatte Graceland zeitgleich mit Elvis verlassen.

Das ganz normale Leben

Das Geräusch, das aus dem Eingangsbereich von Graceland in ihr Schlafzimmer herüberdrang, klang vertraut. Ein Schlüssel drehte sich im Schloss, und jemand öffnete die Tür. Wie ein Déjà-vu fühlte es sich an, dachte der Marshal, während er langsam aus seinem Dämmerschlaf erwachte und wie durch einen Schleier die morgendlichen Sonnenstrahlen registrierte, wie sie matt durch die Fenstervorhänge drangen. Der Irre war offenbar hochgeschreckt, denn er saß kerzengerade neben ihm im Bett und lauschte. Und jetzt … ja, war der Kerl denn völlig … warum rollte er sich plötzlich wie eine Katze vom Bett? Der Marshal setzte sich auf und lächelte nachsichtig.

„Entspann' dich, Liam! Tarnkappenmodus, schon vergessen?"

In diesem Moment erschien ein bekanntes, rötlich schimmerndes Gesicht in ihrer Tür.

„Hallo, Henry, wie geht's?", lachte der Marshal.

An dieser Stelle endete das Déjà-vu. Ob der Schock des Wachmanns größer war als der des Marshal oder umgekehrt, ließ sich nicht sagen, aber Henry war Profi genug, um blitzschnell zu reagieren.

„Goddamnit!", rief er aus und zog im selben Moment seine Waffe aus dem Holster. „Hands up and get off that bed immediately, but *slooow-ly*!"

Er zog das letzte Wort *laaangsam* künstlich in die Länge und senkte dabei leicht die Stimme, was die Wirkung seiner Worte wunschgemäß verstärkte.

„Hundert Punkte, Marshal!", stöhnte der Irre hinter dem Bett und lugte vorsichtig mit dem Kopf über den Bettrand, um mit ätzender Stimme hinzuzufügen: „Elvis ist nicht mehr da, schon vergessen?"

Der Marshal konnte nicht verhindern, dass ihm vor Scham das Blut in den Kopf schoss. Elvis hatte gewarnt, dass sie nur so lange innerhalb Gracelands für ihre alte Welt nicht wahrnehmbar sein würden, wie er noch da war. Die runde Mündung der schwarz glänzenden Waffe, in die der Marshal nun – zum wievielten Male? – starrte, war der endgültige Beweis: Elvis hatte das Gebäude verlassen. Doch zum Traurigsein war jetzt keine Zeit. Wie geheißen, rutschte der Marshal langsam vom Bett, während der Irre vom Boden aufstand, und sie hoben die Hände.

Henry schien für einen Moment von der fremden Sprache und der Situation gleichermaßen überfordert und verharrte mit der Pistole im Anschlag. Offenbar hatte er das kurz entstandene Schweigen zum Nachdenken genutzt, denn nun fragte er:

„So … where're you guys from? Do you speak English? And did I hear you say Henry?"

Ja, beeilte sich der Marshal auf Englisch zu erklären, bemüht, seinen Lapsus wiedergutzumachen. Sie kämen aus Deutschland und sprächen beide Englisch. Vor der gestrigen *Vigil* hätten sie sich ein bisschen Mut angetrunken. Sie wissen schon, der erste Besuch an Elvis' Grab, da brauchtes wir einen kleinen Mutmacher. Ja und dann, als alles vorüber war und wir als Letzte den *Meditation Garden* verließen und zum Ausgang gingen … da haben wir in einem unbeobachteten Moment einfach versucht, die Haustür von Graceland zu öffnen, als wir daran vorbeikamen. Tja und was soll ich sagen, die war offen! Also sind wir rein, aber wir waren so aufgeregt und so müde, dass wir beschlossen, erstmal direkt hier unten ein Nickerchen zu machen. Wir wollten eigentlich längst weg sein, und wir haben nichts angefasst!

Henry hatte aufmerksam zugehört, und je mehr der Marshal erzählte, desto röter wurde sein Gesicht. Der Marshal wusste besser als die meisten, was diese Farbe und die leicht aufgeschwemmten Züge bedeuteten, doch in diesem Fall mochte auch schiere Wut eine Rolle spielen, denn Henry zischte durch halb geschlossene Lippen nur ein Wort:

„Bullshit!"

„Yes, bullshit, Henry!", echote der Irre mit ruhiger Stimme.

Der Wachmann horchte auf.

„So, you do know my name!"

Natürlich würden sie seinen Namen kennen, antworte-te der Irre, und der Marshal konnte nicht umhin, ihn für seine Ruhe zu bewundern. Und nicht nur das, Henry, wir kennen die ganze Story!

„The whole story?", wiederholte der Wachmann und war so verblüfft von der Aussage des merkwürdigen Man-nes mit der Sonnenbrille und dem irisch gefärbten Ak-zent, dass er unwillkürlich seine Pistole ein Stück sinken ließ.

Ja, fiel der Marshal, mutiger geworden, nun ein. Sie wüssten, dass Henry vor Jahren beinahe seinen Job ver-loren hätte, da er vor Touristen prahlte, Elvis gesehen, ja, mit ihm gesprochen zu haben. Habe er damals nicht sogar angeboten, für ein paar Dollar einen persönlichen Kontakt herzustellen?

„A message", antwortete Henry tonlos, und es war bei-nahe unheimlich, wie die Röte in seinem Gesicht einer plötzlichen Blässe wich. „I said I could pass on a message and maybe he'd get back to them!"

Okay, kein direkter Kontakt, sondern nur die Be-hauptung, Botschaften an Elvis weitergeben und eventu-ell auch eine Antwort von ihm überbringen zu können, wiederholte der Irre mit unverändert ruhiger Stimme. Aber natürlich habe ihm keiner geglaubt. Und natürlich sei es töricht gewesen, mit derlei Behauptungen den Zorn Priscillas auf sich zu ziehen und seinen Job aufs Spiel zu setzen. Wie hätte sie denn auch ahnen sollen, dass dieser

Wachmann vielleicht ein bisschen korrupt, aber keineswegs ein Lügner war?

Diese Aussage verwirrte Henry endgültig, und man konnte sehen, wie er angestrengt versuchte, sich auf die Situation einen Reim zu machen. Wer waren diese Typen? Wie waren sie hierhergekommen? Warum sprachen sie so gut Englisch, obwohl sie angeblich aus Deutschland kamen? Und vor allem, worauf wollte der sonnenbebrillte Kerl mit seinen orakelhaften Andeutungen hinaus? Verspottete er ihn? Aber hatte er nicht selbst gesagt, dass er, Henry, kein Lügner sei, seine Geschichten von einem Kontakt zu Elvis also der Wahrheit entsprachen, auch wenn ihm niemand glaubte?

„We believe you", nahm der Marshal Henry die letzten Zweifel. „Cuz we've seen him as well!"

„You did?", fragte Henry, dessen Verwirrung und Misstrauen sichtbar der Erleichterung darüber wich, dass ihm endlich jemand zu glauben schien, ja, sogar behauptete, Elvis ebenfalls gesehen zu haben. Er senkte die Hand mit der Pistole, zögerte jedoch, sie schon im Holster verschwinden zu lassen.

„Let's talk", winkte er die Männer ins Wohnzimmer.

Erst jetzt wurden der Marshal und der Irre gewahr, dass die *Rote Phase* mit Elvis' Abgang ein jähes Ende gefunden hatte und Graceland sich auch für sie wieder im dezenten weißblau-ockerfarbenen Design der Gegenwart präsentierte. Sie nahmen auf dem langen, weißen Sofa Platz, und der Marshal fühlte einen Stich, als vor seinem geistigen Auge Elvis im schicken schwarzgelben Outfit erschien, wie er genau hier gesessen und an den Saiten seiner Gitarre gezupft hatte. Es fühlte sich an wie ein schöner Traum, der gleichzeitig nah und unendlich fern war.

„So, how do I know you guys are not just winding me up to get out of here?", versuchte Henry, die Glaubwürdigkeit der ungebetenen Besucher auf die Probe zu stellen, während er sich vor ihnen aufbaute. Sein Misstrauen, dass die beiden Gestalten ihn nur hereinlegen wollten, um ungeschoren davonzukommen, war nachvollziehbar.

So begannen die Männer, zu erzählen, wobei sie sich immer wieder gegenseitig ins Wort fielen, um noch eine Begebenheit, noch ein Detail ihrer Geschichte zu schildern: der grandios gescheiterte Dolmetscheinsatz des Marshal; die erste Begegnung mit Elvis im Esszimmer von Graceland; das nächtliche Bad im Pool zu dritt; ihr erstes Zusammentreffen mit Henry in ihrem Schlafzimmer, bei dem er sie weder sehen noch hören konnte, obwohl sie direkt vor ihm saßen; die wilde Jam-Session im *Jungle Room*; der erschossene Präsident im *TV Room*; die *Vigil*, die sie gemeinsam mit Elvis am Fenster von Graceland verfolgt hatten; das Racquetball-Match, bei dem Elvis gleichzeitig Spieler und Schiedsrichter zu seinen Gunsten gewesen war; die zweite Begegnung mit Henry, aus der Distanz vom Dach des Racquetball-Gebäudes; ihre Mission bei Ways, die nur dank Elvis keinen tödlichen Verlauf genommen hatte; und schließlich der Abschied in der vergangenen Nacht, der kein richtiger Abschied mehr geworden war. Es waren Bilder voller Lachen. Voller Emotionen. Erinnerungen an einen Mann, der weder richtig tot noch richtig lebendig war, in dem jedoch mit all seinen Verrücktheiten, seiner Verspieltheit, seiner sich nicht um Konventionen scherenden Spontaneität und seinem unbändigen Humor mehr Leben steckte, als in vielen Lebenden. In jedem Fall aber waren es Erlebnisse, die wie unter einem Brennglas mehr Gefühl, mehr Intensität in sich bargen als alles, was der Marshal in Jahren erlebt hatte. Als sie ihre Schilderungen beendet hatten, fühlte er sich merkwürdig erschöpft.

Henry hatte den Schilderungen der Männer atemlos gelauscht und seine Waffe schon nach wenigen Momenten achtlos auf den Kamin gelegt. Zeitweise war er wie ein Tiger vor ihrem langen Glastisch auf und ab gelaufen, hatte gelacht, sich die Haare gerauft oder einfach nur den Kopf geschüttelt. Und dann sprudelte es aus ihm heraus. Elvis sei ihm bei seinen Rundgängen mehrmals erschienen, immer in einer neuen Gestalt, immer aus einer anderen Zeit und mit einem neuen Outfit. Anfangs sei er vor Schreck fast in Ohnmacht gefallen, doch wäre Elvis so natürlich und entspannt gewesen, dass es ihm irgendwann fast normal vorgekommen sei, den toten Hausherrn irgendwo in Graceland plötzlich vor sich stehen zu sehen. Nein, gemeinsame Aktivitäten, wie von den Männern beschrieben, habe es nicht gegeben, nur einen kurzen Plausch hie und da, und als er auf die unselige Idee gekommen sei, sich durch seine außerirdische Bekanntschaft etwas hinzuzuverdienen, habe er um ein Haar seinen Job verloren und sei seither auf seinen Rundgängen Elvis nie wieder begegnet. Das sei so viele Jahre her, dass er mittlerweile selber fast den Glauben daran verloren hätte, Elvis wirklich begegnet zu sein. Gleichzeitig seien die Bilder und Eindrücke so überwältigend real gewesen, dass er oft an seinem Verstand gezweifelt und irgendwann zu trinken begonnen habe, um die widerstreitenden Stimmen in seinem Kopf zum Schweigen zu bringen. Doch nun, nach allem, was die Männer ihm berichtet hatten, gäbe es endlich Gewissheit, dass seine Begegnungen mit Elvis nicht nur Fantastereien gewesen seien.

„Thank you, guys!", schloss Henry, und seine Augen leuchteten. „So, he's really gone now, is he?"

Ja, Elvis war gegangen.

„And there're only four people who know the story: you two, Ways and myself, right?"

Richtig, nickte der Marshal, nur die drei Männer, die gerade im Wohnzimmer von Graceland saßen und Ways kannten die Wahrheit. Und es wäre am besten, wenn sie es dabei beließen, fügte er bedeutungsschwer hinzu. Auf jeden Fall, lachte Henry mit einer abwehrenden Handbewegung, er habe nicht vor, seinen Job ein weiteres Mal aufs Spiel zu setzen und sich als Spinner verspotten zu lassen.

„Jesus, the next tour starts in less than an hour!", rief er plötzlich mit einem Blick auf die Sonnenuhr über dem Kamin aus, die zehn nach neun zeigte.

Die Männer schauten sich an und realisierten erst jetzt, dass sie wieder vollständig in ihre alte Welt zurückgekehrt waren. Es war Donnerstagmorgen, der 17. August, und Henry musste sich beeilen, das übliche OK nach seiner Runde zu melden, damit die erste Touristenführung um zehn Uhr beginnen konnte. Die Feierlichkeiten zu Elvis' 40. Todestag waren vorüber, jetzt zog wieder der Alltag in Form der Heerscharen von Besuchern ein, die Tag für Tag, mit Audio-Guides bewaffnet, durch Graceland und das dazugehörige Gelände strömten. Niemand von ihnen würde ahnen, dass der Hausherr erst mit dem heutigen Tag das Gebäude tatsächlich verlassen hatte. Niemand würde es glauben, wenn die drei Männer im Wohnzimmer davon erzählten. Niemand musste es glauben, niemand musste es wissen.

Nachdem Henry in aller Eile die Spuren der Männer im Schlafzimmer von Elvis' Eltern beseitigt hatte, gingen sie, einer Eingebung des Irren folgend, in die Küche, um einen Blick in den Kühlschrank zu werfen, fanden diesen jedoch erwartungsgemäß leer und ordentlich gesäubert vor. Auch der zerschossene Fernseher im *TV Room* thronte wieder unbeschädigt in der Mitte, als habe Elvis nie sein mediales Attentat auf den Präsidenten verübt. Da war sie wieder, die ebenso unsichtbare wie unüberwindbare Mauer, die sie von der Dimension trennte, aus der sie kamen. Ein Indikator dafür, dass sie ganz und gar in ihre alte Welt zurückgekehrt waren, ließ sich nicht überhören: Der Magen des Marshal knurrte laut und vernehmlich.

„Ich habe einen Bärenhunger!", sagte er entschuldigend.

„Kein Wunder, wann haben wir das letzte Mal etwas gegessen, Liam?"

„Ist jedenfalls zu lange her", brummte der Irre missmutig, während sie Henry folgten, der sie zum Hinterausgang lotste.

„Bye, guys! And remember: What happens at Graceland, stays at Graceland!"

Der Wachmann mit dem roten Gesicht, der seine gezückte Waffe gegen ein freundliches Lächeln getauscht hatte, gab ihnen einige Anweisungen, in welche Richtung sie sich halten sollten, um das Gelände schnellstmöglich zu verlassen, dann schloss sich die Tür.

„Was in Graceland passiert, bleibt in Graceland", wiederholte der Marshal, und die Männer grinsten.

Ein letzter Blick auf die verschachtelte Rückseite des Gebäudes, die Fußgängerpassage und das stumme Racquetball Building, das so viele Geschichten zu erzählen hatte. Der Marshal ertappte sich dabei, wie sein Auge kurz am Sonnendeck des Gebäudes hängen-blieb, um vielleicht einen Blick auf Elvis zu erhaschen, doch schalt er sich im selben Moment für diesen törichten Gedanken.

„Komm, wir müssen ins Hotel", riss er sich los. „Wir haben unsere Mission noch nicht beendet!"

Als sie kurz darauf das *Days Inn* erreichten, liefen sie direkt in den Frühstücksraum, wo sich ihre Hoffnung erfüllte, dass sie Renner noch beim Frühstück antreffen würden. Er saß allein an einem der wenigen besetzten Tische und legte soeben die Zeitung beiseite, als sein Blick auf die beiden Männer fiel, die zügigen Schrittes durch den Saal auf ihn zugelaufen kamen. Bei ihrem Anblick sprang er wie von der Tarantel gestochen auf, und seine Lippen bewegten sich, ohne dass ein Ton über sie drang.

„Hallo, Herr Renner!", sagte der Marshal um ein selbstbewusstes Auftreten bemüht, blieb jedoch unwillkürlich einen Schritt hinter dem Irren zurück. Der Angesprochene holte tief Luft und wirkte wie ein Kanonier, der das Zündeisen an seine Kanone hält, doch bevor die

Lunte Feuer fangen konnte, kam ihm die tiefe Stimme des Mannes mit der Sonnenbrille zuvor:

„Wir haben hier etwas, das Sie interessieren könnte!"

Er gab dem Marshal einen Wink, und als dieser vortrat und den beschädigten Außenspiegel aus dem Rucksack nestelte, geriet Renner völlig aus dem Häuschen.

„Der Spiegel!", rief er laut aus, die verwunderten Blicke der anderen Frühstücksgäste ignorierend. „Wir haben ihn überall gesucht! Bei *Elvis Presley Enterprises* ist man überzeugt, der Dolmetscher sei damit durchgebrannt, und man sucht Sie!"

Der Marshal runzelte die Stirn.

„Nichts für ungut", sagte Renner, als er seinen Blick auffing. „Aber Ihr Auftritt bei der Übergabe des Pink Cadillac war wirklich …"

„Denkwürdig!", beendete der Irre unbewegt seinen Satz.

„Denkwürdig, na gut, nennen wir es so", gab sich Renner versöhnlich. „Wobei ich Ihnen schwer verzeihen kann, dass Sie mich um meine kleine Rede gebracht haben, die ich so lange vorbereitet hatte, aber vielleicht war das unter den gegebenen Umständen besser so!"

Das Lächeln, das er mit dem Marshal tauschte, konnte als Friedensangebot gelten. Nun musterte Renner aufmerksam den Spiegel von allen Seiten.

„Ist der original? Die Jungs von EPE machen uns die Hölle heiß, weil sie unbedingt den echten Spiegel wiederhaben wollen, sonst platzt die ganze Leihgabe an Deutschland! Und was noch schlimmer ist, sie haben gedroht, unseren Club zu verklagen, weil wir den Dolmetscher ja beauftragt haben. Es hieß, die Authentizität ließe sich anhand einer kleinen Gravur …"

„Hier, auf der Rückseite am unteren Rand!", beeilte sich der Marshal zu bestätigen.

„Tatsächlich! Und wo haben Sie … ich meine … wer hatte das gute Stück denn nun die letzten Tage?"

„Wir haben ihn im Auftrag von Elvis gefunden und zurückgebracht", erklärte der Irre wahrheitsgemäß. Offenbar wirkte diese Aussage in Kombination mit seiner todernsten Miene auf Renner erheiternd, denn er brach nach kurzem Stutzen in schallendes Gelächter aus.

„Ach so, klar, im Auftrag von Elvis", lachte er und strahlte über das ganze Gesicht. „Ich seh' schon, ihr wollt nicht darüber sprechen, und selbst wenn ihr den Spiegel geklaut und die letzten drei Tage damit spazieren gefahren seid, soll's mir recht sein. Hauptsache, das Ding ist wieder da! Und jetzt muss ich dringend telefonieren! Schon gefrühstückt?"

Während Renner kurz darauf sichtlich aufgeregt vor ihrem Fenster telefonierte, fielen die Männer mit wortlosem Heißhunger über das Frühstück her, und der Marshal sinnierte darüber, wie angenehm die weitgehende Unabhängigkeit von kulinarischen Genüssen in ihrer Graceland-Blase gewesen war. Sie waren kaum fertig, als Renner wieder in den Saal stürmte.

„Sind Sie fertig? Wir sollen zur Plaza kommen, um den Spiegel zurückzugeben!"

Sie verließen das Hotel und hatten die Plaza nach kurzem Fußweg erreicht. Der Marshal maß das Gelände mit den Augen und schauderte unwillkürlich, als die lachende

Menge in seinem Kopf kurz wieder zum Leben erwachte. Sie betraten das Gebäude durch den gleichen Eingang wie am Tag der Festlichkeiten und wurden von einem Angestellten, der über ihr Kommen scheinbar informiert war, in ein Büro geführt. Als die Tür sich schloss, saßen die drei Männer sich einen Moment schweigend gegenüber.

„Haben Sie den Spiegel?", fragte Renner überflüssigerweise. Der Marshal spielte kurz mit dem Gedanken, den nervösen EPC-Chef zu foppen, entschied jedoch, dass dies nicht der richtige Zeitpunkt sei und nickte nur.

„Wer kommt denn?", fragte der Irre in die Stille hinein. „Vielleicht Priscilla oder Lisa-Marie?"

„Nein", entgegnete Renner mit hörbarem Bedauern, „sie waren beide nicht verfügbar, aber sie werden in dieser wichtigen Angelegenheit sicher nicht irgendwen schicken!"

In diesem Moment öffnete sich die Tür, und ein junger Mann betrat den Raum. Er mochte auf Mitte Zwanzig gehen, war geschätzt eins fünfundsiebzig groß, und unter seinem lockig-ungebändigten Haar schimmerte ein Paar blauer Augen, in dem Schönheit und Melancholie um die Vorherrschaft rangen.

„Hi, I'm Benjamin!", stellte er sich vor. Es war nur ein angedeutetes Lächeln, das Elvis' einziger Enkel den Männern schenkte, untypisch für die oft überschwängliche Art der Amerikaner, doch wäre man nicht auf den Gedanken gekommen, ihm Unhöflichkeit zu unterstellen. Sein Blick, sein Tonfall, seine ganze Körperhaltung strahlten eine Schwermut aus, die insbesondere angesichts seines jungen Alters auffallend war.

Die Männer stellten sich vor.

„I saw you at the Vigil!", rutschte es dem Marshal heraus, bevor er realisierte, dass seine Anwesenheit bei der Mahnwache zu Elvis' 40. Todestag besser unerwähnt bleiben sollte.

„Ach, Sie waren auch bei der Vigil?", wunderte sich Renner. „Ich war bis zum Schluss da, hab sie aber nicht gesehen!"

„Wir haben das Ganze von drinnen am Fenster verfolgt", erklärte der Irre. Renner stutzte.

„Vom Fenster? In Graceland meinen Sie?" Er lachte etwas zu laut, um sich dann direkt an Benjamin zu wenden und mit deutlich deutschem Akzent zu sagen: „This guy is always good for a joke!"

Benjamin schaute verdutzt drein, und der Marshal beeilte sich, die peinliche Situation aufzulockern, indem er den Spiegel aus dem Rucksack zog.

„This is why you came here, I guess …"

Genau, nickte der junge Mann, dessen phlegmatische Ruhe einen Eindruck von Geistesabwesenheit vermittelte. Fast schien es, als kommuniziere Elvis' Enkel durch eine hauchdünne Wand mit seiner Außenwelt. Er musterte den Spiegel nur kurz und steckte ihn in einen mitgebrachten Beutel.

„Thank you, guys!", dankte er freundlich und schüttelte den Männern die Hand. Im selben Moment hatte er den Raum bereits verlassen.

„Keine Fragen, Euer Ehren!", schüttelte der Marshal den Kopf.

„Er war völlig desinteressiert!", sinnierte Renner enttäuscht. „Aber haben Sie die Ähnlichkeit mit seinem Großvater bemerkt? Unheimlich!"

„Genau das wird für ihn wie ein Fluch sein", murmelte der Irre nachdenklich. „Die ganze Welt misst ihn nur an Elvis, für den wahren Benjamin interessiert sich kein Mensch!"

Der Marshal nickte, einmal mehr beeindruckt von der Einfühlsamkeit der schrägen Gestalt mit der Sonnenbrille.

„Ja, das muss eine große Last sein."

Sie verharrten noch kurz schweigend in dem kleinen Büro, und als niemand Anstalten machte, sie abzuholen, verließen sie das Gebäude.

„Ich muss dringend noch im Elvis-Fanshop vorbeischauen, bevor es morgen nach Hause geht", sagte Renner, als sie wieder draußen standen.

„Da simma dabei", lächelte der Irre.

Am selben Abend – es blieben nur noch Stunden, bis das Taxi sie abholen würde, um zum Flughafen zu fahren – saßen sie zu dritt in der Hotelbar des Days Inn. Renner, der vergnügter Stimmung war, hielt sich diesmal auffallend zurück, den Marshal zum Trinken zu nötigen, und schien von leichten Gewissensbissen geplagt, als er zum Marshal sagte:

„Um nochmal darauf zurückzukommen … das Fiasko bei der Übergabezeremonie geht auch auf meine Kappe, schließlich habe ich Sie gedrängt, den Drink von Lisa-Marie nicht auszuschlagen. Natürlich wusste ich nicht …

aber ich hätte dennoch nicht … Sie haben jedenfalls was gut bei mir!"

Der Marshal lächelte und winkte ab.

„Danke, Herr Renner, weiß ich zu schätzen! Vielleicht fand Lisa es ja sogar lustig!"

Der EPC-Chef stutzte und sah ihn fragend an, verzichtete jedoch darauf, das Thema weiter zu verfolgen und deutete stattdessen mit wohlwollendem Lächeln auf die Flasche, aus der ihr Barkeeper den Männern gerade einschenkte.

„*Mountain Valley Spring Water*? Elvis' Lieblingswasser, schon klar, aber was ist so Besonderes daran?"

„Eigentlich nichts", entgegnete der Marshal und wirkte plötzlich entrückt. „Es weckt nur so schöne Erinnerungen."

Der Rückflug nach Deutschland war lang, und die Männer saßen getrennt voneinander, aber es machte keinen Unterschied, da der Marshal den Großteil der Zeit in seinem Sitz schlief. Als das Flugzeug über Frankfurt kreiste, rieb er sich die Augen und hatte das Gefühl, als pendele sein Ich zwischen unterschiedlichen Welten und könne sich nicht entscheiden, zu welcher es gehöre. Die deutschen Ausschilderungen, die ihm nach der Landung auf dem Weg zur Gepäckausgabe ins Auge fielen, vermittelten Vertrautheit und schienen dennoch einem vergangenen Kosmos anzugehören. Abgesehen von ein paar belanglosen Worten über den Flug und das Wetter sprachen die drei Männer nicht miteinander, als die Koffer auf dem Band wie in Zeitlupe an ihnen vorbeizogen. Renner hatte als erster seine Sachen beisammen und verabschiedete sich. Nun fehle nur noch der Pink Cadillac, plapperte er gut gelaunt, aber der werde erst in ein paar Wochen verschifft, wenn der Spiegel wieder montiert sei, und ginge aus organisatorischen Gründen zunächst nach Berlin. Und an den Marshal gewandt:

„Dolmetschen Sie nur oder kann man Sie auch als Fahrer buchen? Irgendwie muss der Wagen ja noch von Berlin nach Bad Nauheim kommen!" Er lachte, aber bei Renner wusste man nie genau, ob er eine Aussage ernst meinte oder nicht.

Bald darauf verließen auch der Marshal und der Irre die Gepäckausgabe und liefen schweigend nebeneinander zum Ausgang. Als die große Automatiktür sich öffnete, die in die Halle führte, blickten sie in erwartungsfrohe Gesichter, deren Strahlen bei ihrem Anblick jäh erlosch. Die Männer beeilten sich, der Empfangszone zu entkommen und blieben erst stehen, als der Trubel in sicherer Entfernung lag.

„Meine Familie und ein Haufen Freunde warten auf mich am Flughafen in Berlin", sagte der Marshal.

„Klar. Meine am Ende des Terminals. Und die Presse natürlich!", entgegnete der Irre.

Ein fester Händedruck.

„Pleasure working with you", sagte der Marshal.

„Ganz desgleichen!"

Wie zur Bestätigung schüttelten sie weiter kräftig die Hände.

„Was uns jetzt wohl zu Hause erwartet?", fragte der Marshal, nachdem sie sich gelöst hatten. Er konnte nicht verhindern, dass seine Stimme besorgt klang.

„Das ganz normale Leben!", zuckte der Irre mit den Schultern.

Er griff zu seinem Koffer, schulterte den Rucksack und nickte kurz zum Abschied. Der Marshal schaute dem merkwürdigen, groß gewachsenen Mann mit dem *TCB*-Käppi nach und fühlte sich plötzlich allein.

„Liam!"

Der Irre blieb stehen, wandte sich um und hob fragend den Kopf.

„Was meinte er mit: ‚Nicht jede Stunde ist gleich'?"

Sie standen sich in der großen Flughafenhalle gegenüber, nur wenige Meter voneinander entfernt, während Menschen mit Koffern und Taschen zwischen ihnen entlang hasteten. Der Irre schien nach einer Antwort zu suchen, blieb jedoch stumm.

„Weißt du …", sagte der Marshal so leise, dass es einige Meter entfernt schwer zu verstehen sein musste. „Ich vermisse ihn schon jetzt."

Der hagere Mann mit der Sonnenbrille schien kurz durchzuatmen.

„Wir haben ihn die letzten vierzig Jahre vermisst."

Ein stummes Nicken, dann wandte er sich erneut um und verschwand in der Menge.

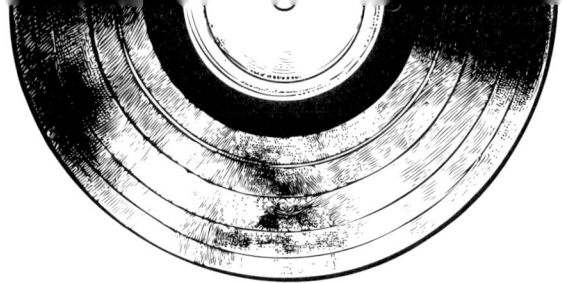

Der Regen prasselte mit solcher Wucht auf das weiße Dach des Autos, dass man Mühe hatte, sein eigenes
Wort zu verstehen. Der Pink Cadillac erwies sich zwar
als regendicht, doch die Schallisolierung ließ eindeutig
zu wünschen übrig. Der plötzliche Wetterumschwung
hatte sie überrascht, und der Marshal war froh, dass sich
die Himmelsschleusen erst geöffnet hatten, als sie gerade
an dem stattlichen Haus in der Neuen Straße angelangt
waren, das schon lange vor dem Einzug des Jungen, der
neben ihm in dem viel zu großen Beifahrersitz versank,
sein Zuhause gewesen war.

„Ist das da deine Mutter hinter dem Vorhang?", fragte
der Marshal, nachdem er den Motor abgestellt hatte, und
deutete in Richtung eines großen Fensters, das zur Straße
lag und zu Antons Wohnung gehörte. Der Junge reckte
den Hals und versuchte, durch die dicken Regenstrippen
etwas zu erkennen. Schließlich zuckte er die Achseln.

„Egal. Bei dem Regen kann ich sowieso nicht aussteigen."

Er warf dem Marshal ein pfiffiges Lächeln zu. Eilig
hatte er es nicht. Sie schwiegen und sahen zu, wie das

Wasser sturzbachartig über die Windschutzscheibe rann. Schließlich begann der Regen etwas nachzulassen. Wie oft hatte der Marshal als junger Mann in seinem VW-Käfer an gleicher Stelle gestanden und sich Zeit gelassen, nach oben zu gehen. Unsagbar wohl hatte er sich in dem ebenso alten wie unverwüstlichen Auto gefühlt, das ihm eine Freiheit gewährte, die er sonst entbehrte. Wie ein Fluchtauto war ihm der dunkelblaue 1303 manchmal erschienen. Ein treuer und verlässlicher Freund, allzeit bereit. Man konnte rechterhand der Straße überall entlang des Hauses parken, doch der Platz, an dem der Marshal ihr mit blitzendem Chrom veredeltes Schiff zum Stehen gebracht hatte, war etwas Besonderes. Das untere Geschoss seiner elterlichen Wohnung, hoch oben unter dem Dach des großen Mehrfamilienhauses, schloss zur Straßenseite mit einer verglasten Veranda ab. Der freundliche, lichtgeflutete Raum war für den Marshal fast ausschließlich mit schönen Erinnerungen verbunden und somit auf seiner Zimmer-Emotionsskala eindeutig der grünen Ampel zuzuordnen. Neben ihrer Nutzung als Sommer-Wohnzimmer diente die unbeheizte Veranda aufgrund ihrer straßenseitigen Lage dazu, nach Familienfeiern und sonstigen Festlichkeiten Gäste von oben zu verabschieden, die mit dem Auto gekommen waren. Oder den Sohn, der mit seinem knatternden 1303 zum Dolmetscherstudium in die Hunderte Kilometer entfernte Pfalz aufbrach. Für einen Moment meinte er oben, am Verandafenster, die winkenden Eltern zu sehen.

„Ich weiß, dass du dir die Geschichte nur ausgedacht hast, Marshal!", unterbrach Anton seinen Gedankenfluss.

Sie hatten bei herrlichem Spätsommerwetter eine ausgedehnte Spritztour mit dem Pink Cadillac durch Berlin unternommen, und Anton war von den Schilderungen des Marshal so fasziniert gewesen, dass er noch nicht einmal die staunenden Blicke und bewundernden Ausrufe der Passanten zu bemerken schien. Der Marshal hatte sein Glück kaum fassen können, als ihn keine zwei Wochen nach seiner Rückkehr Renners Anruf erreichte, ob er den Pink Cadillac persönlich von Berlin nach Bad Nauheim bringen wolle. Er könne sich keinen geeigneteren Partner für diese verantwortungsvolle Aufgabe vorstellen, hatte Renner ihm geschmeichelt, solange … An dieser Stelle hatte der EPC-Chef in seinem Redefluss innegehalten, und seine Verlegenheit überwand mühelos die Distanz der Telefonleitung.

„Ich weiß, was Sie meinen!", hatte der Marshal mit ruhiger Stimme entgegnet. „Kein Alkohol! Das liegt hinter mir."

Offenbar wartete Renner darauf, dass der Marshal seine Aussage noch erläuterte, doch als dies nicht geschah, hatte er es plötzlich eilig, das Gespräch zu beenden.

„Gut. Einzelheiten folgen per Mail. Ich verlasse mich auf Sie!"

Das Gefühl, mit dem der Marshal wenige Tage darauf Elvis' Wagen in Tegel in Empfang genommen hatte, war unbeschreiblich. Sich hineinzusetzen, den Motor zu starten und loszufahren, noch unbeschreiblicher. Seit seiner Rückkehr nach Deutschland hatte er keinen Schluck Alkohol mehr angerührt, und er war fest entschlossen, die alte Sucht ab jetzt in Schach zu halten, zumal solange er für dieses kostbare Gefährt zuständig war. Die Verantwortung drückte ihn nicht. Sie gab ihm Kraft.

Als er später an Antons Tür geklopft und Sandra gefragt hatte, ob er den Jungen auf eine Spritztour in Elvis' Auto mitnehmen dürfe, wusste er, dass es ein Heimspiel war. Seine Bemühungen der letzten Wochen, die Geschenke aus Memphis, sein gepflegtes Äußeres waren nicht ohne Wirkung geblieben. Vielleicht hatte Sandra den Eindruck gewonnen, er sei ein anderer Mensch geworden. Das konnte man von ihr allerdings nicht behaupten.

„Um 18 Uhr ist der Junge wieder zurück!", hatte sie beim Abschied gesagt und ohne eine Antwort abzuwarten die Tür geschlossen. Nun ging es bereits auf halb sieben, und der Regen hatte so weit nachgelassen, dass Anton problemlos aussteigen konnte, doch die lebhafte Darstellung der Abenteuer des Marshal im fernen Amerika schien ihn noch zu sehr zu beschäftigen.

„Gib zu, dass es ausgedacht ist!", bohrte er nun weiter, und es rührte den Marshal, wie der Junge ihn aus großen, braunen Augen mit der Offenheit des Kindes anschaute, das die Welt noch nicht kennt. Dabei hielt er das stattliche Pink-Cadillac-Modell fest in Händen, das der Marshal ihm aus dem Elvis-Fanshop als Geschenk mitgebracht hatte. Leuchtende Frontscheinwerfer, abnehmbares Dach und eine schwarz gekleidete Elvis-Figur inklusive, die man gut vor dem Kühler postieren konnte.

„Aber schau mal, Anton", schmunzelte der Marshal und nestelte etwas unter seinem T-Shirt hervor, „ich habe hier sogar die *TCB*-Kette, die Elvis mir geschenkt hat!"

„Mit der Gra … wie heißt das noch? Also, mit dieser Inschrift?"

„Überzeug dich selbst!"

Der Marshal nahm die Kette vom Hals und legte sie Anton in seine kleine, geöffnete Kinderhand. Der Junge musterte sie aufmerksam und wog sie in der Hand.

„Das ist bestimmt kein echtes Gold!"

„Bestimmt nicht", bestätigte der Marshal ernsthaft.

Dann entdeckte Anton die winzige Inschrift auf der Rückseite des Anhängers.

„Da braucht man ja eine Lupe! M-A-R-S-H-A-L!"

„Das bin ich", grinste der Marshal.

„Ja, aber die Kette hast du im Elvis-Shop gekauft, und deinen Namen kannst du überall reinritzen lassen, das haben Mama und Papa auch so mit ihren Eheringen gemacht!"

„Da hast du sicher recht", lächelte der Marshal, während er das kostbare Schmuckstück wieder anlegte. „Und der Zettel von Elvis, den wir bei unserem ersten Frühstück in der Küche von Graceland gefunden haben? Warte, hier ist er!"

„Hast du selber geschrieben", maulte Anton und würdigte das zerknitterte Stück Papier, mit dem der Marshal vor seiner Nase wedelte, kaum eines Blickes.

„Und wie findest du das Shirt, das ich von Elvis bekommen habe?", fragte der Marshal hartnäckig weiter und wandte sich auf seinem Fahrersitz einmal hin und her, um Anton den goldenen *TCB*-Blitz auf der Vorderseite und die Silhouette Gracelands auf dem Rücken zu präsentieren.

„Bestimmt auch aus dem Shop", zuckte Anton betont gleichgültig die Achseln, doch war ihm zunehmend Zweifel anzusehen, ob der Marshal nicht doch die Wahrheit sagte.

„*Elvis has (not) left the building*", las der Junge laut den Schriftzug auf der Rückseite des Shirts. „Was heißt ‚left'?"

„In dem Fall: ‚verlassen'!"

„Also steht da: *Elvis hat das Gebäude – in Klammern: nicht verlassen*", kombinierte Anton. „Ja, was denn nun? Hat er das Gebäude verlassen oder nicht?"

„Gute Frage", entgegnete der Marshal und blickte durch die Scheibe des Autos prüfend gen Himmel, als erwarte er von dort eine Antwort. „Weißt du, ursprünglich kommt der Spruch aus den Siebzigerjahren, als Elvis so viele Konzerte gab. Die Leute haben immer gehofft, dass er nach dem letzten Lied noch einmal auf die Bühne zurückkehren würde, aber Elvis gab nie Zugaben, sondern ist immer direkt mit seinen Leuten zu einer Limousine gerannt, die ihn schnell ins Hotel brachte, da er wusste, dass die Fans ihm auf den Fersen waren. Na, und der eine Typ aus seinem Clan, Al Dvorin, hieß er, glaube ich … der stellt sich am Schluss immer ans Mikrofon und sagt diesen Satz, damit die Leute nicht warten und das Gebäude verlassen. Heute benutzen wir den Spruch aber öfter auch unabhängig von Elvis, um scherzhaft zu sagen, dass etwas vorbei ist, verstehst du?"

Anton nickte.

„Weißt du was, Marshal?"

„Mmh?"

„Auch wenn die Geschichte natürlich erfunden ist …"

„Natürlich!"

„Ich finde, du solltest ein Buch darüber schreiben!"

Ohne eine Antwort abzuwarten, öffnete Anton die Autotür und stieg aus. Der Marshal blickte ihm nachdenklich nach. Als der Junge das Tor zum Haus öffnete, wandte er sich noch einmal um und winkte. Der Marshal winkte zurück und startete den Motor, der mit sattem Sound ansprang. Sein Blick fiel durch die Windschutzscheibe nach oben. Das Verandafenster war leer. Der Regen hatte aufgehört.

Dir hat das Buch gefallen?

Ich freue mich sehr, dass du mein Buch bis zu dieser Stelle gelesen hast. Wenn es dir gefallen hat, wäre es toll, wenn du ihm bei dem Online-Shop eine Bewertung gibst, bei dem du bestellt hast. Oder du schreibst bei einem deiner Lieblings-Buchportale eine Rezension.

Es ist nicht nur sehr schön, Meinungen zu meinem Buch zu lesen. Außerdem hilft es mir auch dabei, weitere Geschichten zu schreiben und neue Leser für meine Bücher zu finden.

KAMPENWAND
VERLAG

Connie Haller

ROMAN KAWA

DIE BUTTER
DER SCHLITTEN

Eine
bewegende
Geschichte von fünf
Menschen

Eine bewegende Geschichte
von fünf Menschen

Liebesroman

ISBN: 978-3986601553

www.kampenwand-verlag.de

Dramen, Affären
und Exzesse

Roman

ISBN: 978-3988658081

www.chiemsee-verlag.de